KB104059

김영수

한국을 대표하는 『사기』 전문가이자 중국고전 학자. 중국에서
가장 먼저 설립된 섬서성 한성시 사마천학회 정식 회원이다.
한국학중앙연구원에서 고대 한중 관계사를 주제로 석사 및 박사
과정을 수료했고, 20년 가까이 100여 차례 중국 전역을 돌아다니며
역사 현장을 답사했다.

2007년 가을에는 교육방송에서 특별기획 '김영수의 사기와
21세기'를 32회에 걸쳐 강의하여 큰 반향을 불러일으켰고, 그 뒤로
줄곧 대기업과 벤처기업 및 공공기관에서 『사기』를 조직과
경영에 접목해 '응용 역사학'을 강의하고 있다. 2007년부터
사마천장학회를 설립해 사마천의 후손들을 돕고 있으며, 같은 해
서촌 마을의 명예촌민이 됐다. 2013년 사마천 제사 때에는
비중국인으로는 유일하게 중국 중앙방송인 CCTV, 호북TV 등과
인터뷰를 하는 등 중국에서도 인정받는 『사기』 전문가이다.
펴낸 책으로 『사마천, 인간의 길을 묻다』, 『사마천과의 대화』,
『역사의 등불 사마천, 피로 쓴 사기』, 『사기의 리더십』,
『사기의 경영학』, 『난세에 답하다』, 『현자들의 평생 공부법』 등이
있고, 한글세대의 입체적 이해를 돕기 위한 『사기』 완역 작업을
진행 중이다.

하루 명언 공부

하루 명언 공부

내 삶에 지혜와 통찰을 주는 명언 명구 365

김영수 지음

유유

고전은 오래된 미래

영화 「클래식」을 보면 주인공 지혜가 엄마의 옛날 물건 속에서 학창시절 남자 친구와 주고받았던 연애편지를 찾아 읽은 뒤 촌스럽다는 듯 피식 웃으며 "그래, 클래식하다고 해 두지 뭐!" 하고 말하는 장면이 나온다. 클래식이란 단어가 이제는 고리타분하다는 정도를 넘어서서 촌스럽고 심하면 우스꽝스럽다는 뜻으로까지 쓰이고 있다. 하지만 그러면서도 사람들은 클래식을 찾는다. 명품에도 클래식이란 단어를 갖다 붙이고 우아하고 세련되고 값비싸 보여도 클래식을 동원한다. 클래식의 뜻이 다방면으로 크게 확대되었음을 보여 주는 현상이다.

가만히 따져 보면 클래식의 대상은 대부분 서양이다. 동양이 대상인 경우에는 '클래식'보다 '고전'이라는 말을 많이 쓴다. '동양 클래식'이 아니라 '동양 고전'이라고 하는 것이 보통이다. 동양의 골동품이나 명품에도 클래식이라는 수식어는 잘 붙지 않는다. 서양 음악은 클래식이라 부르면서 동양 음악은 그냥 '동양 음악' 내지 '동양의 고전 음악'이라 한다. 클래식이나 고전이나 매한가지인데 두 단어는 동서양을 구별하고 은근히 차별의 냄새마저 풍긴다.

이렇든 저렇든 오늘날 클래식과 고전은 모두 복합적인 의미를 지닌다. 잠깐 두 단어의 뿌리와 의미를 살펴보고 넘어가자. 먼저 '고전'古典에서 고古자는 열 십+자와 입 구口자로 이루어져 있다. 사람의 입으로 전해져 10대까지, 즉 오래도록 이어져 온 전典이 고전이다. 전典은 기록된 책이나 문장을 뜻한다. 클래식은 로마시대에 여섯 계급의 시민계급 가운데 가장 높은 계급을 클라시쿠스Classicus라고 부른 데서 비롯되었다. 여기서 뜻이 변하여 최고 수준의 예술품, 걸작을 가리키는 단어가 되었고, 특히 르네상스를 경험한 유럽에서는 그리스와 로마의 미술과 문예를 예술의 이상적인 전형으로 여겼기 때문에 이런 것들이 가치판단의 기준 또는 양식이 된다는 의미에서 '고전적'이라는 표현을 썼다.

이런 배경을 종합해 의미를 좀 더 넓게 정의하자면 현재는 국가와 특정 시대를 벗어나, 만들어진 당시는 물론 현재, 미래에까지도 비판을 받고 그 값어치가 확인되어 하나의 모범으로 영구성을 갖추었다고 생각되는 모든 종류의 예술품을 고전이라 부르고 있다. '오랜 세월을 거쳐 온갖 비평을 이겨 내고 남아서 널리 애독되는 시대를 초월한 걸작'이라는 고전의 사전적 정의가 새삼 더 와닿는다.

"미래에 대한 최고의 예언가는 과거"라는 말이 있다. 역사를 성찰하면 현재의 내 모습이 정확히 보이고 미래의 방향도 설정할 수 있다는 의미이다. 과거를 엿보기 위해서는 그 시대의 책, 고전을 읽어야 한다. 원전을 통째로 읽지 못하거나 읽을 수 없다면 입문을 돕는 안내서의 도움을 받아도 좋다. 그렇게라도 고전에 가까이 다가가고 나아가 독서의 유익함도 깨달을 수 있다면 금상첨화다. 독서는 생각을 끌어내고 생각은 자신을 돌아보게 한다. 고상한 말로 '성찰'의 기회를 준다. 생각의 차이가 빈부의 차이를 낳고 성찰의 차이가 행복의 차이를 낳는다. "성찰할 줄 아는 현명한 자는 마지막에 멍청해지지만, 성찰할 줄 모르는 못난 자는 마지막에 가서야 총명해진다"는 말도 있다. 좋은 독서는 살아가는 방법을 지시하기도 하며 그 방법은 또한 생각에서 나오고 더 지혜로운 방법은 더 깊은 생각, 즉 성찰에서 나온다.

성찰을 돕고 삶의 지혜를 더하는 고전 속 명구 365개를 골라내 각각의 문장에 엮은이의 생각을 덧붙였다. 독자는 엮은이의 말에 무조건 따를 필요 없이 그저 '이 대목을 이렇게 이해할 수도 있구나' 생각하며 자신의 생각을 얹어 해당 구절을 음미해 보기 바란다. 마음이 더 동하면 해당 책(고전)에 도전해 보아도 좋다.

2013년에 출간한 『일일일구』를 재단장하여 이 책 『하루 명언 공부』로 다시 펴낸다. 그때도 서문에 고전 이야기를 썼고 지금도 고전 이야기를 한다. 모든 책이 다 좋다고 말할 수는 없지만 적어도 고전은 나쁜 책이 아니다. 고전이 만능은 아닐지라도 '오래된 미래'로서 현대인의 삶을 성찰하게 하는 좋은 기회를 줄 것이라 믿는다. 어려운 상황에서도 책을 다시 꾸며 준 유유 출판사의 조성웅 대표에게 깊은 감사의 말을 전한다.

2020년 2월

김영수

고전의 힘을 믿으며

현재는 과거의 그림자이다. 그렇다면 과거는 빛이 된다. 고전古典 역시 현재를 비추는 빛이다. 과거가 단순히 지나간 시간에만 머물러 있는 것이 아닌 까닭이 여기에 있다. 고전은 지금 우리의 모습을 비추는 거울의 작용을 한다. 이 점에서 고전의 현재성은 역사의 현재성과 같다.

길게는 수천 년 전에 출간되었고, 당시로서는 획기적이었던 고전을 이제 와 통째로 읽고 이해하기란 여간 어려운 일이 아니다. 여기에 수천 년 동안 다양한 해석과 해설 그리고 평가가 보태어지면서 고전 한 권이 곧 학문이 되었으니 고전을 온전히 독파하는 일은 더 어렵고 힘든 일이 되었다. 그럼에도 고전에 대한 갈망은 더 깊어지고 있다. 최근의 인문학 열기는 그 한 단면을 절실하게 반영한다. 인문학 고전에서 현재를 비추는 빛을 발견했기 때문이리라.

이 책은 중국 고전에서 깊은 지혜와 통찰을 담은 구절을 가려내어 관련 대목을 살피고 엮은이의 생각을 보탠 것이다. 가능한 한 짧되 인상과 여운이 오래도록 남는 대목을 골랐다. 그런 다음 매일 한 구절씩 소개해 나갔다. 고전 한 구절을 통해 하루에 한 가지 문제를 생각해 보자는 취지였다. 이렇게 일 년 동안 작업한 결과물이 한 권의 책으로 묶였다.

이 작업을 하면서 좋은 이야기, 훌륭한 말씀은 선인先人이 이미 다해 놓으셨다는 사실을 실감했다. 짧게는 몇 글자, 길어야 스무 자 남짓한 문장은 그 자체로 더 바랄 것 없는 삶의 좌표요, 교훈이었다. 나는 이를 선인이 실천을 위한 방향을 제시하고 길까지 닦아 놓은 것이라고 받아들였다. 따라서 이 책은 '하루에 한 구절'이지만 사유를 자극하고 행동을 바꾸는 알찬 '실천 강령'이라 할 수 있다. 이것이 바로 고전의 힘 아니겠는가?

지금 우리 사회는 여러 면에서 힘들고 혼란스럽다. 여러 가지 원인이 있겠지만 우리 안의 이기심과 물질에 대한 지나친 욕망이 빚어낸 문제가 많다고 생각한다. 사회 전반은 물론 개개인도 자기 성찰이 절실한 상황이다. 종교인들 중에는 경전의 한 구절을 매일, 수시로 읽으면서 자신의 언행을 반성하고 좀 더 나은 세상을 만들기 위해 애쓰는 이들이 많다. 종교인이 아니더라도 자신이 살아가는 이 사회의 구성원으로서, 이제 우리 모두 자신의 언행과 삶의 행태를 되돌아볼 때다. 많이 늦었다. 모쪼록 하루 한 문장, 1년에 365가지 고전의 빛을 쬐고 생각하면서 우리 현실을 깊게 인식하고 반성하며 바꿔 나갔으면 하는 바람이다. 이 작은 책이 매일 한 구절씩 되새김질하는 시간을 독자에게 선물할 수 있길, 기도하는 마음으로 희망해 본다.

2013년 12월
'겨울의 추위가 심한 해일수록
오는 봄의 나뭇잎은 한층 푸르다.'

구성

개정판 서문: 고전은 오래된 미래
초판 서문: 고전의 힘을 믿으며

+

1월 ~ 12월

+

명구 찾아보기

[1·1]	[2·1]	[3·1]	[4·1]	[5·1]	[6·1]
[1·2]	[2·2]	[3·2]	[4·2]	[5·2]	[6·2]
[1·3]	[2·3]	[3·3]	[4·3]	[5·3]	[6·3]
[1·4]	[2·4]	[3·4]	[4·4]	[5·4]	[6·4]
[1·5]	[2·5]	[3·5]	[4·5]	[5·5]	[6·5]
[1·6]	[2·6]	[3·6]	[4·6]	[5·6]	[6·6]
[1·7]	[2·7]	[3·7]	[4·7]	[5·7]	[6·7]
[1·8]	[2·8]	[3·8]	[4·8]	[5·8]	[6·8]
[1·9]	[2·9]	[3·9]	[4·9]	[5·9]	[6·9]
[1·10]	[2·10]	[3·10]	[4·10]	[5·10]	[6·10]
[1·11]	[2·11]	[3·11]	[4·11]	[5·11]	[6·11]
[1·12]	[2·12]	[3·12]	[4·12]	[5·12]	[6·12]
[1·13]	[2·13]	[3·13]	[4·13]	[5·13]	[6·13]
[1·14]	[2·14]	[3·14]	[4·14]	[5·14]	[6·14]
[1·15]	[2·15]	[3·15]	[4·15]	[5·15]	[6·15]
[1·16]	[2·16]	[3·16]	[4·16]	[5·16]	[6·16]
[1·17]	[2·17]	[3·17]	[4·17]	[5·17]	[6·17]
[1·18]	[2·18]	[3·18]	[4·18]	[5·18]	[6·18]
[1·19]	[2·19]	[3·19]	[4·19]	[5·19]	[6·19]
[1·20]	[2·20]	[3·20]	[4·20]	[5·20]	[6·20]
[1·21]	[2·21]	[3·21]	[4·21]	[5·21]	[6·21]
[1·22]	[2·22]	[3·22]	[4·22]	[5·22]	[6·22]
[1·23]	[2·23]	[3·23]	[4·23]	[5·23]	[6·23]
[1·24]	[2·24]	[3·24]	[4·24]	[5·24]	[6·24]
[1·25]	[2·25]	[3·25]	[4·25]	[5·25]	[6·25]
[1·26]	[2·26]	[3·26]	[4·26]	[5·26]	[6·26]
[1·27]	[2·27]	[3·27]	[4·27]	[5·27]	[6·27]
[1·28]	[2·28]	[3·28]	[4·28]	[5·28]	[6·28]
[1·29]	[2·29]	[3·29]	[4·29]	[5·29]	[6·29]
[1·30]		[3·30]	[4·30]	[5·30]	[6·30]
[1·31]		[3·31]		[5·31]	

[7·1]	[8·1]	[9·1]	[10·1]	[11·1]	[12·1]
[7·2]	[8·2]	[9·2]	[10·2]	[11·2]	[12·2]
[7·3]	[8·3]	[9·3]	[10·3]	[11·3]	[12·3]
[7·4]	[8·4]	[9·4]	[10·4]	[11·4]	[12·4]
[7·5]	[8·5]	[9·5]	[10·5]	[11·5]	[12·5]
[7·6]	[8·6]	[9·6]	[10·6]	[11·6]	[12·6]
[7·7]	[8·7]	[9·7]	[10·7]	[11·7]	[12·7]
[7·8]	[8·8]	[9·8]	[10·8]	[11·8]	[12·8]
[7·9]	[8·9]	[9·9]	[10·9]	[11·9]	[12·9]
[7·10]	[8·10]	[9·10]	[10·10]	[11·10]	[12·10]
[7·11]	[8·11]	[9·11]	[10·11]	[11·11]	[12·11]
[7·12]	[8·12]	[9·12]	[10·12]	[11·12]	[12·12]
[7·13]	[8·13]	[9·13]	[10·13]	[11·13]	[12·13]
[7·14]	[8·14]	[9·14]	[10·14]	[11·14]	[12·14]
[7·15]	[8·15]	[9·15]	[10·15]	[11·15]	[12·15]
[7·16]	[8·16]	[9·16]	[10·16]	[11·16]	[12·16]
[7·17]	[8·17]	[9·17]	[10·17]	[11·17]	[12·17]
[7·18]	[8·18]	[9·18]	[10·18]	[11·18]	[12·18]
[7·19]	[8·19]	[9·19]	[10·19]	[11·19]	[12·19]
[7·20]	[8·20]	[9·20]	[10·20]	[11·20]	[12·20]
[7·21]	[8·21]	[9·21]	[10·21]	[11·21]	[12·21]
[7·22]	[8·22]	[9·22]	[10·22]	[11·22]	[12·22]
[7·23]	[8·23]	[9·23]	[10·23]	[11·23]	[12·23]
[7·24]	[8·24]	[9·24]	[10·24]	[11·24]	[12·24]
[7·25]	[8·25]	[9·25]	[10·25]	[11·25]	[12·25]
[7·26]	[8·26]	[9·26]	[10·26]	[11·26]	[12·26]
[7·27]	[8·27]	[9·27]	[10·27]	[11·27]	[12·27]
[7·28]	[8·28]	[9·28]	[10·28]	[11·28]	[12·28]
[7·29]	[8·29]	[9·29]	[10·29]	[11·29]	[12·29]
[7·30]	[8·30]	[9·30]	[10·30]	[11·30]	[12·30]
[7·31]	[8·31]		[10·31]		[12·31]

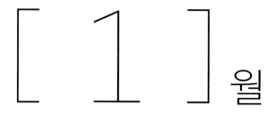

[1] 월

岳州守歲

夜風吹醉舞
庭火對酣歌
愁逐前年少
歡迎今歲多

한시 번역은 김영진 박사의 도움을 받았다.

새해를 맞으며

— 장열 (張說)*

밤바람 너울너울 취하여 춤추는 이의 소매에 불고
모닥불 불그레 상기되어 노래하는 이 얼굴 비추네.
근심일랑 묵은해와 모두 사라지고
기쁨일랑 새해 맞아 새록새록 자라라.

* 장열은 낙양 사람으로, 당나라 현종 때 재상을 지냈다.
문장이 뛰어나 대규모 편찬 사업에는 거의 모두
참여했으며 조정의 문장을 많이 다루었다고 한다. 시호는
문정(文貞)이다.

뱀의 구슬

蛇珠 (사주)

『수신기』는 중국 동진東晉의 역사가 간보干寶가 편찬한 지괴志怪 소설집으로, 그중에 이런 이야기가 있다. 수후隨侯가 외출을 나갔다가 부상을 당한 큰 뱀을 발견하고는 영험 있는 동물이라 생각해서 약으로 치료해 주었다. 일 년 남짓 후 그 뱀이 큰 구슬을 물고 와 은혜에 보답했다. 구슬은 순백색에 밤에도 달처럼 빛이 났다. 훗날 이 구슬은 '수후주'隨侯珠 또는 '영사주'靈蛇珠, '명월주'明月珠 등으로 불렸는데, 진기한 보물을 가리키는 용어만이 아니라 남다른 재능을 비유할 때 끌어다 쓰는 단어가 되었다. 한 해의 첫날, 은혜를 갚은 영물인 뱀의 '사주'와 같은 귀한 재능이 온 세상에 펼쳐질 수 있길 소망한다.

말 한마디가 가마솥 아홉보다 무겁다.

一言九鼎(일언구정)

전국 시대 조나라의 평원군平原君은 강력한 진秦나라의 공격에 직면하여 초나라와 동맹을 맺고자 했다. 초나라로 갈 수행원을 선발하는 과정에서 모두에게 무시당하던 무명의 모수毛遂가 스스로를 추천하여, 수많은 인재를 제치고 발군의 활약을 펼쳤다. 이에 평원군은 "모수 선생이 한번 초나라에 가니 조나라는 가마솥 아홉과 종묘의 큰 종보다 무거워졌고, 모수 선생의 세 치 혀는 백만 군사보다 강했소."라고 했다. 여기서 '말 한마디가 가마솥 아홉보다 무겁다.'一言九鼎라는 명구가 파생되었다. 말의 중요성에 대한 경구는 동서양을 막론하고 늘 강조되어 왔다. 말을 그만큼 하찮게 여기기 때문이다. 말을 가려서 하고, 자신의 말에 무게와 책임을 부여하는 한 해가 되었으면 한다.

밭의 경계를 서로 양보하고,
나이 많은 사람에게 양보하다.

讓畔讓長(양반양장)

은殷나라 말기, 주周 부락의 서백西伯(훗날 문왕文王)은 말없이 선행을 실천하고 있었다. 이에 제후들은 일이 있으면 너 나 할 것 없이 서백을 찾아와 공정한 판결을 요청했다. 어느 날 우虞와 예芮 사람들 사이에 송사가 발생했는데 해결이 나지 않자 주 부락의 서백에게 도움을 청해 왔다. 주 부락 경계에 들어서니 밭을 가는 사람은 밭의 경계를 서로 양보하고, 백성은 나이 든 사람에게 양보하는 풍속이 보편화되어 있었다. 우와 예 사람들은 서백을 만나 봤자 창피만 당할 것이라 생각하고 서로 부끄러워하며 돌아갔다.

여기서 '밭의 경계를 양보하다.'라는 뜻의 '讓畔'(양반)은 순舜 임금이 역산歷山에서 농사를 지을 때 주위 사람에게 밭의 경계를 양보했다는 데서 기원한다. 위정자가 덕정을 베풀면 백성과 풍속이 선해진다.

시는 마음에 있는 생각을 말한 것이요,
노래는 소리를 길게 늘인 것이다.
노랫소리의 장단고저는 가사의 길이에 따르며,
음률은 어떤 곡이나 선율이든
본래의 시, 본래의 소리와 화음을 이루어야 한다.

詩言意, 歌長言, 聲依永, 律和聲 (시언의, 가장언, 성의영, 율화성)

전설 속 순 임금이 여러 인재의 재능에 맞추어 업무를 나누어 맡기면서, 음악을 관장하는 전악典樂으로 임명한 기夔에게 시와 노래, 소리와 화음의 상호 관계를 이야기한 대목이다. 상고上古 시대 역사 문서이자 특히 서주 초기의 역사를 보존하고 있는 중요 사료 『상서』尚書에도 비슷한 구절들이 있는 것으로 보아 사마천司馬遷은 이 구절들을 참조하여 적절한 표현으로 바꾼 것이 아닌가 한다.

순 임금은 이 말에 이어서 여덟 종류의 악기가 내는 소리인 '팔음' 八音이 서로 어긋나지 않고 잘 어울려야 신령과 사람이 기쁜 마음으로 교감할 수 있다고 말한다. 이에 기는 "아! 저는 돌로 만든 악기들을 쳐서 모든 짐승조차 따라 춤추게 할 수 있습니다."라고 화답했다. 음악은 화음을 이루는 악기 소리에 맞추어 적절한 가사를 노래로 부르고 춤으로 나타내는 것이다. 순 임금의 말대로 이런 요소들은 잘 어울려야 하고, 그러면 기의 말대로 짐승조차 덩실덩실 춤추게 만들 수 있다. 음악의 본질과 기능에 관한 가장 오랜 기록이자 정확한 지적이 아닐 수 없다.

실패를 초래하는 이유로
자신을 모르는 것보다 큰 것은 없다.

敗莫大於不自知(패막대어부자지)

『여씨춘추』에는 이 말에 앞서 "진晉나라 혜공惠公과 조괄趙括은 자신을 몰랐기에 남의 포로가 되었고, 찬도鑽荼와 방연龐涓 그리고 태자 신申은 자신을 몰라 목숨을 잃었다."라는 대목이 더 있다. 자신을 아는 일보다 어려운 일이 없다고들 한다. 리더가 자신을 모르면 더 큰일이다. 조직의 존망과 연관되기 때문이다.

압도적인 전력에도 불구하고 항우項羽는 끝내 유방劉邦에게 패하고 자결로 일생을 마감했다. 항우는 죽는 순간까지 자신이 왜 패했는지 모른 채 자신이 잘못한 것이 아니라 하늘이 자신을 시기해서 망하게 한 것이라며 하늘을 원망했다.

노자老子는 『도덕경』道德經에서 "자신을 아는 사람은 한 차원 높고" "자신을 이기는 사람은 강하다."라고 했다. 『오월춘추』吳越春秋에도 "남을 아는 것은 쉽지만, 자신을 아는 것은 어렵다."라는 대목이 나온다. 남을 아는 것보다 자신을 아는 것이 더 어렵다. 남에게는 엄격하고 자신에게는 너그러운 것이 인간의 약점이다. 따라서 남을 알아서 이기는 것보다 자신의 단점을 알아 이를 극복하는 일이 더 힘들고 중요하다.

계찰이 (자신의) 검을 걸어 놓다.

季札掛劍 (계찰괘검)

계찰季札은 춘추 시대 오나라 왕 수몽壽夢의 막내아들로 어질고 유능하기로 천하에 이름을 떨쳤다. 기원전 550년 무렵 계찰은 노魯나라와 진晉나라에 사신으로 파견되어 가는 길에 서徐라고 하는 작은 나라를 지나게 되었다. 서나라의 국군國君은 계찰이 차고 있는 검이 마음에 쏙 들었으나 차마 달라고 할 수가 없었다. 계찰은 그의 마음을 눈치 챘지만 큰 나라에 사신으로 가는 신분이라 그에게 검을 줄 수 없었다. 임무를 마친 계찰이 돌아오는 길에 다시 서나라를 들렀는데 안타깝게 그사이 국군이 세상을 떠났다. 계찰은 그의 무덤을 찾아가 무덤 옆 나무에 자신의 검을 걸어 놓았다. 시종이 죽은 사람에게 검이 무슨 소용이냐고 묻자 계찰은 "그렇지 않다. 당초 내가 그에게 검을 줄 마음을 먹었다. 그러니 그가 죽었다고 해서 마음을 바꿀 수 있겠는가."라고 했다. 말로 내뱉지 않고 마음속으로 한 약속이라도 지켜야 한다는 계찰의 말이 조금은 고지식하게 들리지만 약속을 헌신짝처럼 내팽개치는 우리 현실에 대한 경종으로 받아들이기에 충분하다.

맛있는 미끼 아래로는
죽으러 오는 물고기가 있기 마련이다.

香餌之下, 必有死魚(향이지하, 필유사어)

『삼략』은 황석공黃石公이란 정체불명의 인물이 지었다는 병략서兵略書이다. 이 대목은 『군참』軍讖이라는 책에서 인용한 것인데, 이 대목에 이어서 "후한 상이 따르면 용감한 병사가 있기 마련이다."重賞之下, 必有勇夫라고 하면서 "그렇기 때문에 예禮는 선비가 돌아오는 곳이고, 상賞은 선비가 죽을 곳이다."故禮者, 士之所歸; 賞者, 士之所死라고 덧붙인다. 이익으로 유혹하면 따라오기 마련이라는, 사람의 이기심과 세태에 대한 비유이다. 세상의 이치가 대체로 이렇다. 이 말은 때로 이익이라면 물불 가리지 않고 욕심을 부리는 사람을 가리킨다. 하지만 이 명구의 본뜻은 사람을 얻어서 일을 해내려면 거기에 맞는 조건과 격려가 따라야 한다는 말이다. 자기 속만 차리려고 타인에게 각박하게 굴면 사람이 따르지 않는 법이다. '必有死魚'(필유사어)를 '必有懸魚'(필유현어, 미끼를 무는 물고기가 있기 마련이다)로 쓰는 경우도 있다.

모시는 군주와 공을 다투면 욕을 당한다.

事君數, 斯辱矣 〔사군수, 사욕의〕

공자孔子의 제자 언언言偃의 말을 인용한 대목이다. 이어서 "친구와 공을 다투면 사이가 멀어진다."朋友數, 斯疏矣라는 말이 나온다. 자신이 모시는 군주(리더)와 공을 다투면 틀림없이 군주의 부족한 점을 떠들게 되어 결국은 욕을 당한다는 뜻이다. 이 말은 오늘날로 보자면 적절치 않다. 누가 세웠건 모든 공을 군주에게 돌리라는 봉건적이고 수동적인 사유 방식을 보여 주기 때문이다. 물론 예나 지금이나 자신이 세우지 않은 공을 가로채거나 남이 세운 공을 인정하지 않으려는 풍조는 여전하다. 하지만 백성과 다투는 정치가 가장 못난 정치라 했듯이, 부하와 공을 다투는 리더는 가장 못난 리더라 할 것이다. 그런 점에서 이 구절은 부하가 아닌 리더의 입장에서 되새겨 봐야 한다.

최상의 정치는 있다는 것조차 모르게 하는 것이다.

太上不知有之(태상부지유지)

노자가 정치의 경지를 논하면서 최선의 정치란 이런 것이라고 말한 대목이다. 이다음은 백성이 친근감을 느끼고 좋아하는 정치親而譽之, 그다음은 백성을 겁먹게 하는 정치畏之, 다음은 미움과 욕을 먹는 정치侮之라 했다. 각각 무치無治(억지로 일삼지 않는 정치), 덕치德治(덕으로 이끄는 정치), 법치法治(엄하게 법으로 다스리는 정치), 폭치暴治(포악한 정치)라 부를 수 있겠다. 사마천도 『사기』史記 「화식열전」貨殖列傳에서 정치 수준의 다섯 단계를 언급한 바 있는데, 가장 나쁜 정치를 "백성과 다투는" 것이라 했다. 노자나 사마천이나 나쁜 정치에 관한 한 생각이 거의 일치하는 것 같다. 백성들은 좋은 정치는 그만두고라도 나쁜 정치는 보지 않기를 바랄 것이다.

말이 많으면 실수하기 마련이다.

言多必失 (언다필실)

명나라 때 주용순朱用純이 쓴 「주자가훈」을 보면 "처세에는 말 많은 것을 경계해야 한다. 말이 많으면 실수하기 마련이다."處世戒多言, 言多必失라고 했다. "말은 신중해야 하고, 행동은 경솔해서는 안 된다."라는 말도 있다. 다 말을 조심하라는 경고다. 그래서 말을 할 때는 그것을 행할 수 있는지 없는지 살펴야 하고, 행동을 할 때는 자기가 한 말대로 하고 있는지를 살피라고 했다. 이것이 바로 언행일치言行一致다. 요즘은 말과 행동이 일치하지 않는 것은 말할 것 없고, 말을 함부로 하는 사람이 하도 많아서인지 언행일치가 진부하게 들린다. 씁쓸한 세태다.

누에 치는 집 또는 궁형

蠶室(잠실)

잠실은 말 그대로 누에를 치는 집이나 방이다. 고대의 천자나 제후에게는 반드시 공식적으로 뽕밭이나 잠실이 있었다. 백성의 누에치기를 장려하기 위해서였다. 이 단어가 언제부터인가 생식기를 자르는 형벌인 '궁형'宮刑을 은유하게 되었다. 특히 사마천이 억울하게 궁형을 당한 후로는 억울한 형벌로 치욕을 당한 처지를 비유하게 되었다.

여기에는 실질적인 이유도 있다. 궁형을 당한 죄수는 찬바람이나 찬 기운을 피해야 했고, 누에를 치는 잠실이 따뜻했던 까닭에 이곳으로 보내졌다. 당나라 때 시인 백거이白居易는 「독사」讀史 다섯 수 가운데 한 수에서 "사마천은 잠실로 보내졌고, 혜강嵇康은 영어囹圄의 몸이 되었다."라고 했다. 감옥에 갇힌다는 뜻의 '영어'囹圄는 사마천이 친구에게 쓴 「보임소경서」報任少卿書에서도 쓰인 바 있다.

고봉이 보리를 떠내려 보내다.

高鳳流麥(고봉유맥)

동한 시대 사람인 고봉은 젊은 날부터 독서를 너무 좋아했다. 그의 집은 농사를 지으며 살았으나 그는 공부를 고집하여 밤낮으로 책에 파묻혀 살았다. 하루는 고봉의 아내가 일을 하러 나가면서 마당에 말리는 보리를 닭들이 쪼아 먹지 않도록 잘 좀 보라고 당부했다. 아내의 당부에 고봉은 닭을 쫓는 작대기를 들고 그러겠노라 대답했다. 아내가 나가자 고봉은 바로 책을 꺼내 들고는 책 속에 빠졌다. 언제부터인가 하늘에서 비가 쏟아지기 시작했지만 고봉은 닭을 쫓는 작대기를 든 채 책을 읽느라 보리가 빗물에 다 떠내려가는 것도 몰랐다.

보리가 떠내려간다는 뜻의 '流麥'(유맥)은 훗날 '麥流'(맥류), '棄麥'(기맥, 보리를 버리다), '麥不收'(맥불수, 보리를 거두지 못하다), '中庭麥'(중정맥, 뜰의 보리) 등 다양하게 변용되어 마음을 다해 책을 읽거나 공부하는 모습을 나타내게 되었다. 고봉만큼은 못 되더라도 우리 사회에 독서향이 많이 풍기면 좋겠다.

법령은 간단명료해야지 번거로워서는 안 된다.

法令省而不繁(법령생이불번)

『손자병법』孫子兵法과 더불어 병법서의 쌍벽을 이루는 『오자』는 『오기병법』吳起兵法이라고도 한다. 전국 시대의 군사 전문가 오기吳起는 그 자신이 뛰어난 장수이자 개혁 정치가였다. 그는 훗날 자신의 실제 경험을 이론으로 정리했는데 그것이 『오자』이다. 그는 이 책의 「논장」에서 장수의 자질 등을 논하며 장수의 명령은 간결해야지 번거로워서는 안 된다고 강조한다.

이 논리는 비단 군사에만 적용되는 것이 아니다. 조직이나 국가 통치에도 그대로 적용된다. 번거로운 법령은 백성을 힘들게 만들기 때문이다. 그래서 한나라를 세운 유방은 진秦나라의 번잡하고 가혹한 법령을 다 없애고 세 조항만 남기겠다는 '약법삼장'約法三章의 공약을 발표하여 민심을 얻고 나아가 천하를 다시 통일할 수 있었다.

마음이 죽는 것만큼 큰 슬픔은 없다.

哀莫大於心死 (애막대어심사)

장자莊子는 이 세상 슬픔 가운데 마음의 죽음보다 큰 것은 없으며 육체의 죽음은 그다음이라고 말한다. 육신은 살아 있어도 마음이 죽으면 온기 없는 고목나무와 다를 바 없다. 기대도 희망도 목표도 추구도 없기 때문이다. 이런 삶은 진짜 죽음보다 더 무섭다. 말 그대로 '살아 있어도 죽은 것이나 마찬가지'인 '생불여사'生不如死다. 남녀 간의 애정도, 친구 간의 우정도, 조직의 인간관계도, 통치자와 백성의 관계도 마음이 죽어서는 다 소용없다. 미움보다 더 무서운 것이 무관심이란 말이 그래서 나왔을 것이다. 마음의 죽음을 일으키는 가장 큰 원인은 뭘까? 기대가 실망으로 변하는 그 순간이 아닐까.

오이가 익을 때

瓜時(과시)

춘추 시대 초기 산동반도에 위치한 제나라의 통치자 양공襄公은 대단히 문란했다. 배다른 여동생과 사통을 했고, 여동생이 시집을 간 뒤에도 간통을 저질러 국제적으로 물의를 일으켰다. 약속도 잘 지키지 않아서 대부 연칭連稱과 관지보管至父에게 군대를 이끌고 규구葵丘라는 먼 지방에 주둔케 하면서 다음 해 '오이가 익을 때'면 다른 사람과 교대시켜 주겠다고 한 언약을 지키지 않았다. 이에 앙심을 품은 연칭과 관지보는 역시 양공과 사이가 좋지 않던 공손무지公孫無知와 안팎으로 결탁했고 반란을 일으켜 양공을 죽였다. '과시'瓜時라는 단어는 이런 고사를 모르면 전혀 짐작이 가지 않는 단어인데, 구체적으로 기한을 정한 약속을 가리키는 재미있는 단어다. 약속을 지키지 않은 양공의 결말이 의미심장하다.

때가 되지 않았는데
억지로 자라게 할 수 없고,
조건이 갖추어지지 않았는데
억지로 일을 성사시킬 수 없다.

時不至, 不可强生; 事不究, 不可强成 (시부지, 불가강생; 사불구, 불가강성)

세상사 이치가 그렇다. 기다려야 할 것은 기다려야 한다. 이 대목을 읽으면서 문득 우리 교육의 현실이 뼈저리게 다가왔다. 선행학습이다, 과외다 하여 아직 때가 아닌 어린 새싹들을 마구 뽑아 대고 있다. 잘 알려진 '발묘조장'拔苗助長이 바로 이것을 지적한 말이다(여기서 '조장'助長이란 단어가 파생되었다). 뿌리가 제대로 박히지 않은 모를 억지로 뽑아 올려 커 보이게 하려다 결국 모를 죽게 만들었다는 이야기이다. 인간만큼 더디게 성장하는 동물도 없다. 또 사람마다 다르게 자란다. 각자에 맞는 시기와 조건이 있는 법이다. 일찍 피어서 일찍 시드는 꽃이 아닌 늦게 피더라도 오래 피어 있는 꽃으로 키우는 게 옳지 않을까. '선행학습은 아동 폭력이다'라는 말이 크게 와닿는 현실이다.

재부가 위로 몰리면 백성은 흩어지고,
재부가 아래로 분산되면 백성은 하나로 뭉친다.

財聚則民散, 財散則民聚〔재취즉민산, 재산즉민취〕

부가 일부에게 쏠리느냐 고루 나누어지느냐에 따라 민심의 향배
가 결정된다는 명구이다. 송나라 때 채양蔡襄은 재물의 쓰임에 관
한 글에서 "신이 듣기에 백성은 나라의 근본이라 근본이 튼튼하
면 나라가 평안하다고 들었습니다."라고 한 다음 『예기』의 이 명
구를 인용한다.

부의 쏠림 현상은 예나 지금이나 별반 달라진 것이 없는 것 같다.
다만 귀천이 분명했던 왕조 체제에서 부가 집중되는 것과 민주 체
제에서 부가 상위 몇 퍼센트에 쏠리는 것은 분명 질적인 차이가
있다. 더욱이 부의 쏠림이나 독점이 기득권이나 권력에 의해 고
착화된다면 그 사회는 불공정과 불평등으로 인해 혼란에 빠질 것
이다. 부의 균형과 분배의 문제를 그저 이념의 문제로 치부해서는
안 되는 까닭이 여기에 있다. 자유가 먼저냐 평등이 먼저냐의 선
택에서 저울추가 갈수록 평등 쪽으로 기울고 있는 것 같다.

옥을 캐는 자가 돌을 깨서 옥을 꺼내듯,
인재 선발은 단점을 버리고 장점을 취하는 것이다.

采玉者破石拔玉, 選士者棄惡取善〔채옥자파석발옥, 선사자기악취선〕

동한 시대의 유물주의 철학자 왕충王充은 유가儒家를 대표하는 공자와 맹자孟子를 신랄하게 비판하여 오랜 세월 이단으로 몰렸던 불우한 사상가였다. 허무맹랑한 천명론天命論을 철저하게 배격하고 인간의 작용과 의지를 강조한 그는 사람을 쓰는 용인用人의 문제를 절묘하게 돌에서 옥을 꺼내는 것에 비유한다. 왕충은 유능한 인재라도 선과 악이 공존한다고 지적한다. 인재란 처음부터 특출난 존재가 아니며, 장점을 살리고 단점을 버리는 과정을 거쳐야 자신의 능력을 한껏 발휘할 수 있다는 것이다. 인재의 장점을 칭찬하고 격려하면 단점은 어느 순간 줄거나 심지어 장점으로 바뀐다. 칭찬은 인재의 가장 중요한 양식이다. 흠부터 잡고 보는 불량한 우리네 풍토에 대한 일갈로 들린다.

큰 간신과 큰 속임수는
마치 충성스럽고 믿음직해 보인다.

大奸似忠，大佞似信（대간사충, 대녕사신）

송나라 때 인물인 여회呂誨가 왕안석을 탄핵하며 올린 상소에 나오는 말이다. 큰 도적은 도적처럼 보이지 않는다는 말도 있듯이, 얼핏 정말 충성스럽게 보이는 자를 경계하라는 말이다. 송나라 때는 당쟁이 심했는데 그러다 보니 당파끼리 충간忠奸 논쟁을 벌여 서로를 간신으로 지목하는 현상이 만연했다. 충忠과 간奸을 어떻게 가리며, 선과 악을 어떻게 분별하는가?

그 사람이 평소 선善을 행하며 살았는가를 보면 될 것이다. 그렇다면 리더의 입장에서 부하의 충간은 어떻게 가려낼 수 있을까? 귀에 거슬리는 바른말에 귀를 기울이면 된다. 자신의 행실을 감추려야 감출 수 없는 현대 사회에서 간신은 어떤 자일까? 아마도 '도적이 도리어 몽둥이를 치켜든다.'라는 의미의 적반하장賊反荷杖을 하는 자일 게다.

명성을 낚으려는 자치고
덕 있고 유능한 사람 없다.

釣名之人, 無賢士焉〔조명지인, 무현사언〕

진짜 어질고 유능한 인재는 헛된 명성을 탐하지 않는다. 관중管仲
은 이 말에 이어 "이익을 구하는 군주치고 왕업을 이루는 군주는
없다. 현명한 사람의 행동은 그 몸을 바르게 하지 그 명성은 잊는
다. 왕업을 이루는 군주는 도를 행하되 공을 생각하지 않는다."라
고 했다. 자신이 하는 일이 옳다면 그에 따른 명예나 이익은 염두
에 두지 않아야 제대로 행할 수 있다. 옛사람이라 해서 명성을 마
냥 배척한 것은 결코 아니다. 명성을 추구했고 필요로 하기도 했
다. 하지만 실질實質이 기초가 되어야 한다. 명성이 실질을 앞지르
는 '명성과실'名聲過實을 경계한 것이다. 명성은 늘 실질적인 선행과
함께 오는 법이다. 말이 앞서는 자는 대개 나쁜 행동으로 그 말을
배신한다. 그래서 선인들은 말을 앞세우지 말라고 경계한 것이다.

점이란 글자의 눈썹이자 눈이다.

點者字之眉目 (점자자지미목)

다분히 철학적인 이 명구는 남송 시대 서예가이자 예술가였던 강기姜夔가 서예 이론서인 『속서보』에서 한 말이다. 서예에서 글자에 점 하나 찍는 것은 사람의 눈썹과 눈만큼 중요하다는 뜻이다. 서예를 처음 시작할 때 배우는 글자 '永'(영)은 맨 위 점을 찍는 것으로 시작한다. 이 점이 어떻게 찍히느냐에 따라 글자 전체의 모양과 기운이 결정된다.

얼굴에서 사람의 인상을 좌우하는 부위로서 눈과 눈썹은 절대적인 비중을 차지한다. 말 그대로 인상을 결정한다고 할 수 있다. 눈, 코, 입이 서로 자기 자랑을 하면서 아무것도 하는 일 없는 눈썹이 맨 위에 가서 붙어 있는 것에 의문을 품자, 눈썹은 자기가 입 아래에 붙어 있다면 얼굴 꼴이 뭐가 되겠느냐고 반박했다는 우화도 같은 맥락이다. 서예에서 글자의 시작인 점의 중요성을 눈썹과 눈에 비유한 강기의 논리가 자못 인상적이다.

한 자의 책을 읽는 것이
한 치의 행동만 못하다.

讀得一尺, 不如行得一寸（독득일척, 불여행득일촌）

책을 많이 읽는 것도 중요하지만 실천이 더 중요하다는 것을 지적한 명구이다. 그래서 옛사람은 한 글자를 읽으면 행동으로 한 글자를 얻어야 한다고 강조한다. 실천이 따라야만 독서가 완성된다고 본 것이다. 이른바 배워서 현실에서 활용해야 한다는 '학이치용'學以致用의 정신이다. '경세치용'經世致用도 같은 맥락이며, 왕수인王守仁의 '지행합일'知行合一은 이런 것들을 위한 기본자세에 다름 아니다. 예나 지금이나 현실과 실천을 벗어난 죽은 독서와 공부는 지식인의 자위自慰에 지나지 않는다. 더욱이 실천 없는 공부를 가지고 행세하려고 하면 세상에 해를 끼치게 된다. 사이비가 판을 치는 것도 지식이 행동을 따르지 못하기 때문이다.

허구의 말은 믿기 어렵고,
돌고 돌아 전해진 말에는 진실이 결여되어 있다.

訛言難信, 轉聞多失 (와언난신, 전문다실)

당나라 때의 역사 평론가인 유지기劉知幾는 그의 대표적인 저서 『사통』에서 효자로 이름난 증삼曾參이 사람을 죽였다거나, 제갈량諸葛亮이 아직도 살아 있다거나 하는 허구의 말은 모두 길에서 주워들어 입으로 전해진 것이라 믿을 수 없다고 했다. 유지기의 말은 마치 SNS 시대를 살고 있는 지금 우리의 모습을 예견이라도 한 듯 자못 폐부를 찌른다. 문제는 진실과 허구를 가려서 듣고 볼 수 있는 최소한의 눈과 귀를 갖추지 못한 우리의 천박한 인식일 것이다. 이 때문에 가짜가 진짜를 어지럽히고以假亂眞, 사이비似而非가 설치는 현상이 만연해 있다. 이 점에서는 많이 배웠다고 하는 지식인도 예외가 아닌 것 같다. 가짜와 거짓이 세상을 어지럽히고 있다.

경륜을 품고 나라의 대업을 중흥시킬
뛰어난 인재가 어느 시대인들 없었을까?

經綸中興業, 何代無長才 (경륜중흥업, 하대무장재)

시성詩聖으로 불리는 당나라 때의 시인 두보杜甫는 「술고」 세 편 가운데 세 번째 시에서 이렇게 읊었다. 아무리 형편없는 시대라도 인재는 있기 마련이다. 문제는 위정자가 인재를 알아보지 못해 쓰지 못할 때 생긴다. 그러면서 두보는 한나라 고조高祖 유방의 공업功業은 소하蕭何와 조참曹參에게서 나오지 않았느냐고 말한다. 이 시는 대개 유능한 인재를 제대로 쓸 줄 몰랐던 당시의 황제 숙종肅宗에 대한 풍자의 성격이 강하다. 천리마가 없다고 걱정할 것이 아니라 천리마를 가려내는 백락伯樂과 같은 눈을 가진 리더와 사회적 시스템의 부재를 걱정할 일이다. 천리마는 늘 목을 길게 뺀 채 자신을 알아줄 백락을 기다리고 있다. 천리마의 울음소리에 귀를 기울이면 된다.

주랑이 뒤돌아보다.

周郎顧 (주랑고)

'주랑식곡'周郎識曲이라고도 하는 이 고사는 소설『삼국연의』三國演義에서 가장 매력적인 남자인 주유周瑜와 관련된 것이다. 주유는 젊어서부터 음악에 조예가 대단하여 연주에 조금만 문제가 있거나 틀려도 반드시 알아듣고는 고개를 돌려 연주자를 보았다고 한다. 여기서 '주랑이 뒤돌아보다.' 또는 '주랑이 곡을 알다.'라는 성어가 비롯된 것이다. 정사『삼국지』에도 버젓이 기록되어 있는 걸 보면 주유가 음악에 관한 한 일가를 이루었음은 사실인 것 같다.

이 밖에 음악에 깊은 조예를 보이는 경지나 사람을 지음知音이라고도 하는데, 친구가 연주하는 음악만 듣고도 친구의 심경을 헤아리는 우정의 최고 경지를 가리키거나 둘도 없는 친구를 의미할 때 쓴다. 음악을 아는 주유 같은 멋진 사람이 그립다.

자운의 집

子雲宅(자운택) 또는 子雲居(자운거)

'자운'은 한나라 때의 유명한 학자로『논어』論語를 모방한『법언』法言이란 저술을 남긴 양웅揚雄의 자다. 양웅은 명문가에서 태어났으나 다른 집안과 원한 관계 때문에 사천四川 민산岷山으로 이사하였고, 이때부터 농사를 지으며 가난하게 살았다. 집에 돈도 없고 하다 보니 찾아오는 손님도 없었다. '자운의 집'이란 말은 여기서 나왔다. 이 말은 '양웅택'揚雄宅, '양자택'揚子宅, '양자거'揚子居 등으로도 쓰인다. 집에 먹을 것도 없고 돈도 없어 찾아오는 사람 없는 한적한 집이란 뜻이다. 하지만 양웅은 이런 것에 전혀 개의치 않고 유유자적 시와 문장을 지으며 술과 더불어 즐겁게 살았다. '자운의 집'은 후대 시와 문장에서 늘 지식인의 가난한 생활을 비유하는 말로 사용되었고, 때로는 촉蜀, 즉 지금의 사천성四川省 지역을 가리키기도 했다. '안빈낙도'安貧樂道의 경지는 훌륭하긴 하지만 요즘 같은 세상에서는 정말 오르기 힘든 경지이기도 하다.

오 지방 소는 달을 보면 가쁜 숨을 내쉰다.

吳牛喘月(오우천월)

진晉나라 사람 만분滿奮은 바람을 싫어했다. 하루는 진나라 무제와 자리를 같이했는데 유리로 된 북쪽 창문을 본 만분은 그쪽이 뻥 뚫려 있는 줄 알고 난처한 기색을 드러냈다. 무제가 웃으며 까닭을 물으니 만분은 자신이 바람을 싫어하는 것이 물소가 달을 보면 가쁜 숨을 몰아쉬는 것과 같다고 대답했다.

만분이 이야기한 물소가 달을 보면 헐떡거린다는 말은 『태평어람』太平御覽에 나오는 오吳 지역 소에 관한 기록이다. 이 기록에 따르면, 오 지방의 소는 더위를 싫어해서 달을 보고도 태양인 줄 착각하고 숨을 헐떡거렸다. 이후 이 단어는 지독한 더위를 비유할 때 주로 사용되었지만 풍토로 인한 자연스러운 반응에 쓰이기도 한다.

추호 또는 추호의 아내

秋胡(추호) 또는 秋胡婦(추호부)

한나라 때의 학자 유흠劉歆이 짓고 진晉나라 때 갈홍葛洪이 모은 것으로 전하는 『서경잡기』는 총 132가지 고사로 이루어져 있다. 이 가운데 이런 이야기가 전한다.

추호秋胡는 노나라 사람으로 결혼한 지 석 달 만에 지방으로 발령을 받아 전근을 갔다. 삼 년 뒤 고향으로 돌아오는 길에 고향 마을의 교외에서 뽕잎을 따는 아리따운 처자를 만났다. 처자의 미모에 마음이 동한 추호는 그녀에게 황금을 주었다. 처자는 남편이 지방으로 전근을 가 있는 삼 년 동안 독수공방 지조를 지키며 지내 왔는데 오늘 뜻하지 않게 모욕을 당했다며 부끄러워했다. 추호도 부끄러워 얼른 그 자리를 빠져나와 집으로 돌아왔는데, 알고 보니 그 처자가 다름 아닌 자신의 아내였다. 추호가 다시 교외가 달려나가 아내를 만났지만 두 사람 모두 부끄러움에 어쩔 줄 몰라 했고, 아내는 결국 기수沂水에 몸을 던지고 말았다. 그 뒤 '추호'는 마음을 저버린 못난 남자를, '추호부'는 정절을 지킨 깨끗한 여자를 비유하는 단어가 되었다.

소인배는 늘 군자의 단점을 들추고,
군자는 소인의 장점을 버리지 않는다.

小人每拾君子之短, 君子不棄小人之長
（소인매습군자지단, 군자불기소인지장）

『증광지낭보』는 명나라 때의 소설가 풍몽룡馮夢龍이 편찬한 지혜 총서 『지낭』智囊의 증보판으로, 이 말은 여기에 나오는 명구이다. 원래의 대목을 다 옮기면 이렇다. "소인배는 늘 군자의 단점을 들추어내기 때문에 소인이라 하고, 군자는 소인의 장점을 버리지 않기에 군자라 하는 것이다." 타인의 단점까지 덮어 줄 필요는 없지만 그 사람의 장점은 보지 않고 기어코 사소한 단점을 들추어내서 그 사람을 깎아내리려는 풍조는 결코 바람직하지 못하다. 특히 도덕성이나 윤리와 관련된 자질이 아닌 이념이나 사상을 가지고 흠을 내려는 못된 사회적 기풍이 그러하다. 소인만 넘쳐 나다 보니 군자가 어떤 사람인지조차 기억이 나지 않는다. 세상이 삭막하다. 젊은이가 무얼 보고 배울까 걱정이다.

배움은 그 꽃을 찾는 것이 아니라
그 뿌리를 뽑아내는 것이다.

學非探其花, 要自拔其根 (학비탐기화, 요자발기근)

당나라 때의 시인 두목杜牧의 시에 나오는 한 구절이다. 공부는 눈에 보이는 성과에 만족해서는 안 되고, 그 근원을 찾아 본질적 내용을 체득해야 한다는 뜻이다. 성과 위주로 운영하다 보면 조직이 비인간적으로 변질되듯, 교육도 성적 위주로 흐르면 배우는 사람의 인성人性을 해치게 된다. 인간은 학습의 동물이다. 학습 자체가 인간의 욕망의 한 부분이다. 따라서 동물적 욕망과 학습 모두 인간을 전진시키는 원동력이 될 수 있다. 그러나 학습은 멈춰야 할 종착점이 없지만 욕망은 한시도 절제하지 않으면 안 된다. 같은 욕망이라도 학습은 동물적 욕망을 절제하는 반대편의 욕망이다. 그래서인지 두목은 "뿌리가 깊고 튼실해야 가지와 잎도 무성해진다."라고 말한다.

여러 사람의 지혜는
하늘도 예측할 수 있다.

衆人之智, 可以測天(중인지지, 가이측천)

여러 사람의 지혜를 한데 모으면 신비한 하늘의 현상이나 하늘의 뜻까지 헤아릴 수 있다는 말이다. 반면 독단獨斷하면 그 한 사람뿐이다. 여기서 말하는 여러 사람의 지혜란 오늘날로 보자면 사람들의 정보 그리고 그 정보에 대한 각자의 의견과 처리 방식이라고 보면 된다. 각자의 의견을 모아서 최종적으로 정책 결정에 반영하는 것이야말로 과학적인 관리 방식이자 정책 결정의 방식이 아니겠는가? 여러 사람의 힘이 모이면 하늘도 이긴다는 말도 있다. 바야흐로 현대 사회는 집단지성의 시대이다. 다양한 정보와 견해를 모아 합리적이고 과학적인 방법으로 걸러 필요한 정책과 대안으로 다듬어 내는 시스템의 구축이야말로 생존을 넘어 발전할 수 있는 가장 강력한 무기가 될 것이다.

[2] 월

咏柳

碧玉妝成一樹高
萬條垂下綠絲條
不知細葉誰裁出
二月春風似剪刀

버들을 노래함

— 하지장(賀知章)*

푸른 옥으로 다듬은 한 그루 나무 높기도 한데,
가지마다 늘어진 푸른 실타래.
가느다란 나뭇잎 누가 마름질했을까.
이월의 봄바람이 가위질을 했다네.

* 하지장은 당나라 현종 때의 시인이자 서예가로 명성이
높았으며 시선(詩仙) 이백(李白)을 발굴한 인물로도
유명하다. 이백 등 여러 시인과 교류하며 자유분방하게
살았던 시인이다.

소뿔에 책을 걸어 두다.

牛角掛書(우각괘서)

수나라 때 사람 이밀李密은 공부에 전념하기 위해 잠깐이라도 낭비하지 않으려 애를 썼다. 평소 존경하던 포개包愷를 방문하면서 이밀은 『한서』漢書를 챙겼는데, 길을 가면서 어떻게 하면 책을 읽을 수 있을까 궁리한 끝에 갯버들로 안장을 만들어 소의 등에 얹은 다음 소뿔에 책을 걸어 놓고 읽었다. 길을 가던 세력가 양소楊素가 이밀을 보고 어떤 서생이 이렇게 열심히 책을 읽느냐고 물었다. 양소를 알고 있던 이밀이 소에서 내려 인사를 드리자 양소는 뭘 읽고 있느냐고 물었고 양소는 「항우열전」項羽列傳을 읽고 있다고 대답했다.

이 일화는 그 후 독서와 관련해 많은 사람의 입에 오르내리는 가장 유명한 고사가 되었다. 이런 식으로 공부하는 선비를 '우각서생'牛角書生이라 부르기도 한다. 한편 이 고사에서 파생된 단어로는 '괘각'掛角(소뿔에 책을 걸어 두다), '한서우배독'漢書牛背讀(소 등에서 『한서』를 읽다), '서괘우각'書掛牛角(책을 소뿔에 걸어 두다) 등이 있다. 중국의 전통적인 아동용 교과서로 영향력이 컸던 『삼자경』三字經에도 분발하여 열심히 공부하라고 권유하는 의미에서 이 이야기가 인용되어 있다.

글쓰기에 필요한 네 가지 소중한 물건

文房四寶(문방사보)

과거 붓으로 글을 쓰던 시절 꼭 필요한 네 가지인 종이, 먹, 붓, 벼루를 우리는 '문방사우'文房四友라 불렀다. 하지만 중국에서는 '문방사보' 또는 '문방사사'文房四士라 쓴다. 『초각박안경기』는 명나라 때 작가인 능몽초凌濛初의 구어체 단편소설집이다(능몽초는 이 작품집에 이어 『이각박안경기』二刻拍案驚奇도 출간했다). 여기에 "아들 춘랑을 시켜 '문방사보'를 가져오게 해서는 바른 자세로 붓을 들었다가 갑자기 멈추었다."라는 대목이 보인다. 한편 송나라 때의 문인이자 강력하게 항금抗金을 주장한 애국자로서 1만 수가 넘는 시를 남긴 육유陸游는 평생 의지할 수 있는 선비들이라는 뜻으로 '문방사사'라 했다.

글을 쓰는 데 꼭 필요한 네 가지를 두고 우리와 중국의 문인은 글자 하나를 달리해 표현한다. 두 민족의 정서와 기질에서 미묘한 차이가 보인다. 이와 비슷한 예로 우리는 '주마간산'走馬看山이라고 하지만 중국은 '주마간화'走馬看花라고 한다. 어느 쪽이든 중국인 특유의 과장과 한자의 묘미를 엿볼 수 있다.

나이 오십이 되어서야 사십구 년의 잘못을 알다.

年五十而知四十九年非 (연오십이지사십구년비)

서한의 개국 황제 유방의 손자이자 당시 황제 문제의 이복동생인 회남왕淮南王 유안劉安은 자신의 문객들에게 잡가雜家에 속하는 백과전서인 『회남자』를 편찬하게 했다. 이 명구는 「원도훈」이라는 편에 나오는 것으로 그 앞뒤를 함께 소개하자면 이렇다.

"무릇 사람의 수명은 칠십이다. 그사이 자신의 거취와 행동을 날마다 달마다 뉘우치다가 죽음에 이르는 것이다. 그래서 거백옥蘧伯玉은 나이 오십이 되어서야 지난 사십구 년의 잘못을 알았다. 앞서가는 사람은 알아서 깨닫기 어렵지만 뒤에서 따라오는 사람은 남의 허물을 말하기 쉽기 때문이다."

사람은 나이가 들수록 그래서 경력과 경험이 늘수록 자신을 반성해야 할 필요성을 절감하게 된다는 말이다. 그런데 우리 주위를 보면 나이가 들수록, 경력이 늘수록 허물도 그만큼 쌓이는 사람이 참 많다. 하기야 그런 사람은 반성이 무엇인지도 모른다.

백성을 안정시키는 근본은
외교의 선택에 있다.

安民之本, 在於擇交 (안민지본, 재어택교)

나라와 백성의 안위에 영향을 미치는 요인은 많지만 안으로는 어떤 인재를 기용하느냐 하는 '용인'用人과 밖으로는 어떤 나라와 어떻게 지내느냐 하는 '외교'가 가장 중요하다.

전국 시대의 유세가 소진蘇秦은 연燕나라를 거쳐 조趙나라에 가서 조왕에게 여섯 나라가 연합하여 막강한 진秦에 대항하자는 '합종'合縱을 제안하며 이렇게 말했다. "백성을 안정시키는 근본은 외교의 선택에 있습니다. 선택이 적절하면 백성은 편안할 것이고, 외교가 적절하지 못하면 백성은 죽을 때까지 안정을 얻지 못합니다."

사실 외교를 잘하면 다른 분야는 걱정할 것이 없다. 관계 설정을 지혜롭게 푸는 일이야말로 최고의 경지이기 때문이다.

화려한 겉모습과 내재된 인품이 어울리지 않으면 반드시 나쁜 결과가 나온다.

服美不稱, 必以惡終 (복미불칭, 필이악종)

춘추 시대 제나라 경봉慶封이란 자가 노나라에 사신으로 왔는데 그 수레가 화려했다. 맹손孟孫이 숙손叔孫에게 "경봉의 수레가 별나게 화려하지 않은가."라고 하자 숙손은 "복장과 인품이 어울리지 않으면 끝이 좋지 않은 법인데 하물며 화려한 수레야……."라고 했다.

사람은 정신 수양이 공부에 앞서야 한다. 그래서 덕성德性이 내면에서 움직이고, 의례儀禮가 밖에서 움직여야만 군자의 기질과 풍모를 드러낼 수 있다고 하는 것이다. 외모와 내면의 품성이 완전히 일치할 수는 없지만, 지나친 외모 지상주의는 내면의 정신적 경지를 좀먹는다. 젊은이는 무용한 스펙 쌓기에 열중하고, 기성세대는 진퇴의 기로에서 방황하면서 물질은 물론 정신적 허영을 극단적으로 추구하는 것이 지금 우리의 모습이다. 이러면 나라가 병든다.

은혜를 베풀면 마음에 담아 두지 말고,
은혜를 입으면 잊지 않도록 하라.

施人愼勿念, 受施愼勿忘 〔시인신물념, 수시신물망〕

한나라 때 사람 최원崔瑗의 「좌우명」에 나오는 구절이다. 최원은
이 구절 앞에서 "타인의 단점을 말하지 말고, 자신의 장점도 떠벌
리지 마라." 無道人之短, 無說己之長라고 했다.

중국인은 은혜와 원수에 대한 관념이 대단히 강하다. 그래서 '은
혜와 원수는 대를 물려서 갚는다.'라는 속담이 있고, '대장부의 복
수는 십 년도 늦지 않다.'라는 속담도 있다. 사소한 은혜라도 꼭 갚
아야 한다는 보은報恩의 관념도 강하다. 한나라의 명장 한신韓信은
젊은 날 빨래를 직업으로 하는 아주머니에게 한 달가량 밥을 얻어
먹은 적이 있다. 훗날 그는 금의환향錦衣還鄉하여 천금으로 그 아주
머니가 베푼 은혜를 갚았다. '밥 한 번 얻어먹고 천금으로 갚았다'
라는 뜻의 고사성어 '일반천금'一飯千金은 여기서 나왔다.

우리가 흔히 인간관계에서 실망하는 가장 큰 원인 중 하나는 상대
에 대한 기대치다. 자신이 기대한 만큼 돌아오지 않으면 실망하고
결국은 관계가 멀어진다. '베푼 것은 돌아서서 잊고, 받은 것은 평
생 잊지 않는다면' 이런 실망은 없을 것이다. 그게 쉽지는 않겠지
만, 노력은 인간의 특권 아니던가.

평생 계획으로
사람을 심는 일만 한 것이 없다.

終身之計, 莫如樹人 (종신지계, 막여수인)

춘추 시대 최고의 정치가이자 경제 전문가인 관중管仲은 "일 년 계획으로는 곡식을 심는 것이 최선이고, 십 년 계획으로는 나무를 심는 것이 좋다."—年之計, 莫如樹穀, 十年之計, 莫如樹木라는 말에 이어 이 명구를 언급했다. 사람(인재)을 기르는 일이야말로 나라 발전의 근간이란 뜻이다. 관중은 이 말에서 곡식과 나무 그리고 인재를 기르는 일이 각각 단기, 중기, 장기 계획임을 암시하고 있다. 교육을 '백년지대계'百年之大計라고 하는 것도 같은 맥락이다. 다 같이 인재를 기르는 장기 계획이기 때문이다. 하지만 지금 우리의 교육은 백 년은커녕 십 년도 내다보지 못하는 단기 육성에만 열을 올리고 있다. 게다가 인성 교육은 외면한 채 무한경쟁만 강요하고 있다. 젊은이가 불행해지고 있다. 교육이 바로 서야 나라의 모든 분야가 제 기능을 발휘하고 국력이 커지며 국민이 행복해질 수 있다.

백 사람의 죽을 각오가
만 사람의 패배 의식보다 낫다.

百人之必死, 賢于萬人之必北 (백인지필사, 현우만인지필배)

전투에서는 병사의 수보다 믿음과 용기가 중요하다는 것을 강조하는 명구이다. 군대는 사기土氣를 먹고사는 집단이라는 말도 이와 비슷한 맥락이다. 이 명구는 단지 군사 방면에만 해당하는 말이 아니다. 무슨 일을 하든 자세가 중요하다는 의미로 이해할 수 있다. 실력이 비슷할 때는 용기와 자신의 실력에 대한 믿음이 강한 사람이 승리한다. 또 물질적 조건이 풍부하다고 해서 기업 경쟁에서 반드시 승리하는 것도 아니다. 게임의 룰이 공평하고, 페어플레이 정신에 입각한다면 굳센 의지와 강한 용기를 가진 사람이 수적 물질적 열세를 극복하고 경쟁에서 얼마든지 승리할 수 있을 것이다. 문제는 공평과 공정을 보편적 상식으로 생각하는 건전한 사회 인식에 달려 있다.

재능은 안에서 나오고,
배움은 밖에서 완성된다.

才自內發, 學以外成 (재자내발, 학이외성)

글자의 뜻만으로는 잘 이해가 되지 않는 구절이다. 재능은 타고나는 것이고, 배움은 이 재능에 의지해야만 얻을 수 있다는 뜻이다. 요컨대 선천적 재능과 후천적 노력 중 하나라도 없으면 안 된다는 말이다. 『문심조룡』에서는 이 대목에 이어 "많이 배웠으면서 재능에 굶주린 경우도 있고, 재능은 풍부하지만 배움이 빈약한 경우도 있다."有學飽而才餒, 有才富而學貧라고 말한다. 제대로 된 인격이 말과 행동의 일치에서 형성되듯, 학문이든 예술이든 종사하고 있는 모든 분야의 일에는 재능(관심, 흥미)을 끊임없이 갈고닦는 노력이 뒤따라야 한다. 천재는 99퍼센트의 노력, 1퍼센트의 재능이라는 말이 문득 떠오른다.

한번 뱉은 말은
네 필의 말이 끄는 마차로도 따라잡기 어렵다.

一言出口, 駟馬難追 (일언출구, 사마난추)

'발 없는 말이 천 리 간다.'라는 우리 속담을 떠올리게 하는 이 말은 『논어』「안연」顔淵의 "자공子貢이 말하길, 안타깝구나, 이 사람의 군자에 대한 말씀이. 네 필의 말이 끄는 마차도 혀를 따라잡지 못한다고 했소."라는 대목 중 뒷부분 '네 필의 말이 끄는 마차도 혀를 따라잡지 못한다.'駟不及舌에서 비롯된 것으로 보인다. 송나라 때의 정치가 구양수歐陽脩도 「사불급설설」駟不及舌說에서 이 속담을 인용하고 그 어원이 『논어』에 있다면서 속담의 말이 참 맞는 말이라 했다. 어느 쪽이든 한번 뱉은 말은 다시 주위 담기 어려우니 말조심하라는 뜻이다. 여기서 "한번 나온 말은 흰색으로 검은색을 물들이려는 것과 같다."나 "한번 나온 말은 금이나 옥으로도 바꿀 수 없다."라는 말도 파생되어 나왔다.

자고로 말조심하라는 속담이나 격언은 수없이 그리고 끊임없이 나왔건만 말(글) 때문에 남에게 피해를 주고 자신의 신세를 망치는 일 또한 끊임없이 발생하는 걸 보니 혀를 제대로 간수하는 일은 정말 어려운가 보다.

마음 가는 대로 따라가도
울타리를 벗어나지 않는다.

從心所欲不踰矩(종심소욕불유구)

공자는 우리 나이로 일흔세 살까지 살았다. 지금으로부터 약
2,560여 년 전에 태어난 분이니 말 그대로 천수를 누렸다고 할 수
있다. 공자는 세상을 뜨기에 앞서 자신의 삶을 '吾十有五而志于
學'(오십유오이지우학)으로 시작하는 서른여덟 자로 회고한 바 있다.
모르긴 해도 세상에서 가장 짧은 자서전일 것이다.

명구의 내용은 칠십 대에 접어든 자신의 언행의 경지를 요약한 것
인데, 무슨 일이든 무슨 말이든 마음 가는 대로 하거나 내뱉어도
그것이 상식의 틀을 벗어나거나 다른 사람의 마음을 불편하게 하
지 않았다는 뜻이다.

인생의 단계는 지식의 축적에서 지혜로 진전되며, 지혜의 깊이에
따라 깨달음의 차원으로까지 승화될 수 있다. 이 과정에서 문제는
늘 나아가고 물러남이다. 진퇴를 가려서 자신의 감당할 위치가 아
니거나 감당해서는 안 될 자리는 욕심내지 말아야 한다. 사회 전
체의 건강한 신진대사를 위해서라도 생물학적 수명이 준 한계를
겸허히 받아들이는 것이 지혜다.

나갈 때는 반드시 알리고,
돌아오면 반드시 얼굴을 보여라.

出必告, 反必面 (출필고, 반필면)

효孝에 대한 인식이 희미해진 지금에서 보면 이 말은 고리타분하기까지 하다. 하지만 조금만 생각을 달리해 보면 아주 평범한 이치를 담고 있는 '상인지도'常人之道, 즉 '보통 사람의 길'이다. 밖에 나갈 때 부모에게 말씀드리고, 돌아오면 돌아왔다고 알리는 일이 뭐가 어렵단 말인가? 어쩌면 이런 것이 사람의 도리이자 도덕이다. 입장을 바꾸어 남의 마음을 헤아려 보면 금세 알 수 있는 이치이다.

흔히 유교의 예의규범이나 도덕을 매우 번거롭고 어렵다고 말하는데 결코 그렇지 않다. 배운 사람이건 아니건 누구나 사람이라면 지킬 수 있는 상식선에 있다. 문제는 마음가짐이고 실천이다. 더욱이 지금은 군이 얼굴을 보이지 않더라도 전화나 다양한 통신 수단을 통해 자신의 행방을 얼마든지 알릴 수 있지 않은가? 한데 그것도 어려운 일인지 부모님께 전화 좀 드리라는 광고까지 나오는 실정이다.

죽음으로 바른말을 하다.

屍諫(시간) 또는 尸諫(시간)

위衛나라 대부 사어史魚가 병이 들어 죽게 되자 아들을 불러 "내가 여러 차례 거백옥蘧伯玉이 유능하다고 추천했으나 벼슬하게 하지 못했고, 미자하彌子瑕는 불초하니 내쳐야 한다고 했으나 내보내지 못했다. 신하로서 좋은 사람을 들이지 못하고 불초한 자를 내보내지 못했으니 제대로 된 장례를 받을 자격이 없다. 그러니 대청이 아닌 안방에다 염해라."라고 일렀다.

위나라 군주가 사어의 장례 방식에 의문을 품고 그 까닭을 물으니 아들이 자초지종을 고했다. 이에 군주는 거백옥을 불러들이고 미자하를 내치게 한 다음 제대로 된 예를 갖추어 사어의 장례를 치르게 했다. 그러면서 "살아서도 바른말, 죽어서도 바른말. 참으로 곧은 사람이로다."라고 칭찬했다. '시간'屍諫(尸諫)은 죽어 가면서도 바른말을 올린다는 뜻이다. 때로는 죽음도 불사하고 직간한다는 뜻으로 쓰인다. '사간'死諫이란 표현도 종종 보인다.

상갓집 개 또는 집 잃은 개

喪家之狗(상가지구) 또는 喪家之犬(상가지견)

천하를 주유하는 공자의 초라한 행색을 어떤 사람이 이렇게 묘사했다. 역대로 이 대목을 두고 '상갓집 개'와 '집 잃은 개' 두 해석이 맞섰다. 우리나라 번역본의 대부분은 '상갓집 개'로 옮겼다.

중국어에서 '喪'(상)은 'sang'으로 읽는데 1성으로 읽으면 '상가'喪家가 되고, 4성으로 읽으면 '집을 잃었다'라는 뜻이 된다. '상갓집 개'는 주인이 바빠서 제대로 챙겨 주지 못해 개의 몰골이 엉망임을 의미한다. 집 잃은 개로 해석하면 돌아갈 집도 없이 여기저기를 떠돌아다니는 개의 모습을 비유한다.

『유림외사』儒林外史에도 "바쁘기가 집 잃은 개 같고, 급하기가 그물을 빠져나온 물고기 같다."라는 대목이 보인다. 평생 천하를 떠돌며 자신의 사상을 전하려 무던 애썼던 공자의 일생을 돌이켜보면 이 대목은 '상갓집 개'가 아니라 '집 잃은 개'로 번역해야 옳지 않을까 한다.

배우기는 쉬울지 몰라도 좋아하기란 어렵다.

學易而好難 (학이이호난)

명나라 말 청나라 초의 혁신 사상가 선산船山 왕부지王夫之는 배움과 실천의 관계에 대해 다음과 같은 유명한 말을 남겼다. "배우기는 쉬울지 몰라도 좋아하기란 어렵고, 행하기는 쉬울지 몰라도 꾸준히 하는 것은 어렵고, 부끄러움을 느끼기는 쉬울지 몰라도 왜 부끄러운가를 알기란 어렵다."學易而好難, 行易而力難, 恥易而知難

이것이 바로 호학好學, 역행力行, 지치知恥 삼자의 관계이다. 배우길 좋아하고 힘써 행동으로 옮기는 과정을 충실하게 이행하면 자신의 언행에서 무엇이 부끄러운 것인지를 알게 된다. 왕부지는 그중에서도 '지치'를 특별히 강조했다. 부끄러움을 느끼고도 잘못을 인정하지 않거나 그것을 숨기기에 급급한 까닭은 사사로운 욕심과 체면 때문이지만 그 근원을 파고들면 왜 부끄러운지를 모르기 때문이라는 것이다. 다시 말해 자신의 공부와 실천에 따른 언행에 대한 성찰 부족이다. 그래서 맹자는 '부끄러움을 아는 것은 용기에 가깝다'知恥近乎勇라고 말했다.

하천은 쉼 없이 흐르기 때문에 바다에 이른다.

百川學海而至於海(백천학해이지어해)

한나라의 문장가 양웅은 이 말에 뒤이어 "구릉은 움직이지 않고 멈춰 있기 때문에 산이 될 수 없다." 丘陵學山而不至於山 라고 말한다. 하천과 구릉이 각각 바다와 산을 배우는데 하천은 바다에 이르고 구릉은 산이 되지 못한다. 수많은 하천이 끝내 바다에 이를 수 있는 것은 움직이는 덕분이다. 구릉이 아무리 애를 써도 산이 될 수 없는 까닭은 그 자리에 서 있기 때문이다. 양웅의 말하는 이치가 깊다.

양웅은 운동, 발전, 실천 등과 같은 진보적 관점과 정지, 부동, 공상 등과 같은 퇴행적 관점을 대비시키고 있다. 이를 배움에 적용시켜도 마찬가지다. 즉 배움을 실천으로 옮기고 사회에 기여할 수 있는 산 공부를 해야지 단순히 지식 축적이나 출세를 위한 배움은 퇴행적이라는 말이다. 그렇다면 인간에 대한 평가도 마찬가지일 것이다. 그 사람이 얼마나 좋은 쪽으로 움직여 왔는가에 따라 물인지 구릉인지가 가려질 터이다.

어려운 일을 처리하다 보면
식견이 늘어난다.

處難處之事, 可以長識 (처난처지사, 가이장식)

명나라 때 사람 서정직徐禎稷이 지은 「치언」의 한 대목이다. 서정직은 이 대목에 바로 이어서 "다루기 힘든 사람을 다루다 보면 자신의 성격을 연마할 수 있다."調難調之人, 可以煉性라고 말한다. 그러면서 "배움이 그 안에 있다."라고 덧붙였다.

흔히 눈물 젖은 빵을 먹어 봐야 성공할 수 있다고 말한다. 고난과 역경에 직면하여 깨지고 이겨 내는 과정을 거치면서 인간은 성장한다. 이것이 실제 경험이며, 인간은 이런 경험에서 배운다. 문제는 힘든 일과 어려운 사람을 대하다 보면 자신의 본성을 잃고 닳고 닳은 사람이 될 수 있다는 것이다. 자신의 심지를 지켜 가며 식견을 키우고 성격을 단련할 수 있다면 이 사회를 위한 좋은 인재로 성장할 수 있을 것이다.

백마를 타고 다니는 서생

白馬生(백마생)

동한의 충신 장담張湛은 광무제가 조회에 임하여 어쩌다 나태한 기색이라도 보일라 치면 바로바로 그 잘못을 지적하곤 했다. 광무제는 늘 백마를 타고 다니는 장담을 볼 때마다 '백마생'이 또 뭔 소리를 하러 온다고 했다. '백마생'은 본래 이렇게 장담이란 인물을 가리키는 말이었으나 그 뒤 바른말 하는 충직한 사람을 두루 가리키는 단어가 되었다. 이로부터 '바른말 하는 신하가 백마를 탄다.' 諫生乘白馬라는 말도 나왔는데, 역시 직간直諫을 잘하는 사람을 가리킨다.

과거 왕조 체제에서 임금을 보좌하든, 오늘날 각 분야의 리더를 보좌하든 옳고 그름과 잘잘못을 바로 지적하는 충직한 참모가 많아야 한다. 나라와 조직의 건강과 건전의 지표이기 때문이다.

포의 여자(포사)가 주(유왕)를 홀리다.

褒女惑周 (포녀혹주)

주나라 유왕은 잘 웃지 않는 포사褒姒를 웃게 하려고 비상시에나 피우는 봉화를 수시로 피우다 결국 외적의 침입을 받아 자신은 물론 나라까지 망쳤다.

이 고사는 그 후 많은 문장과 시에 인용되어 역사의 귀감이 되었다. 『시경』詩經 「정월」正月에서는 빛나던 주나라를 포사가 멸망시켰다고 대놓고 말했고, 사마천은 『사기』 「주본기」周本紀에서 이 고사를 비교적 상세히 소개했다.

이 고사에서 '포사의 웃음'이라는 '포녀소'褒女笑라는 단어를 비롯해 '봉화를 올려 웃음을 얻었다.'라는 뜻의 '거화취소'擧火取笑, '천금으로 웃음을 샀다.'라는 뜻의 '천금매소'千金買笑 등의 다양한 표현과 단어가 파생되었다.

'포의 여자(포사)가 주(유왕)를 홀리다.'라는 구절은 시인 이백李白이 친구에게 보낸 시에서 나왔다. 이백은 이 시에서 또 다른 망국 미녀 달기妲己가 은나라 주紂 임금을 망친 일도 함께 거론했다.

말채찍이 길어도 말의 배까지는 미치지 못한다.

鞭長不及馬腹〔편장불급마복〕

옛사람의 말을 인용한 이 대목은 힘이 미치지 못함을 비유한 것이다. 송나라 이지의李之儀는 「뇌당행」雷塘行이란 시에서 "말채찍이 길어도 말의 배에는 미치지 못하고, 인생은 유한하여 시간이 촉박하구나."鞭長不能及馬腹, 有限生涯時苦促라고 읊었다. 그런가 하면 곽말약郭沫若은 『고점리』高漸離라는 희곡 4막에서 "초나라와 진秦나라의 원한이 가장 깊었지만 진나라의 세력도 '편장불급'鞭長不及이라, 장차 천하에 큰 난리가 난다면 틀림없이 그곳에서 시작될 것이다."라고 하여 네 글자로 줄였다.

그 뒤 이 구절은 '편장막급'鞭長莫及, '편마복'鞭馬腹, '마복도편'馬腹逃鞭 등으로 변용되었다. 어느 것이나 미처 힘이 닿지 않음을 비유하는 표현이다. 힘이 미치지 못할 때는 그 분야에서 자기보다 나은 사람의 힘을 빌리는 것이 현명하다. 오늘날 요구되는 리더십이기도 하다.

벌의 허리

蜂腰(봉요)

『남사』「주홍직전」에 이런 대목이 있다. 주홍직周弘直은 사람이 방정하고 후덕하며 기개가 높았다. 누군가가 세 명의 주씨周氏 중 누가 가장 나은가를 물었는데, 사람들은 '벌의 허리' 같은 사람이 있다고 했다. 세 명의 주씨란 주홍직 삼형제인 주홍정周弘正, 주홍양周弘讓, 주홍직을 말한다. 세 형제 모두 나름대로 재능과 인품이 괜찮았는데, 가운데 주홍양이 반란군 장수 후경侯景 밑에서 벼슬을 하는 등 그 행적 때문에 사람들의 놀림을 받았다. 그래서 삼형제를 비교하면 주홍양이 '벌의 허리'처럼 가운데가 쏙 들어간 것이 가장 차이가 난다고 말한 것이다. '봉요'란 두 글자는 여러 사람의 능력과 인품을 비교할 때 중간에 위치한 사람이 가장 뒤떨어진다는 비유어로 절묘하게 사용되고 있다.

양이 끄는 수레가 이르다.

羊車到 (양차도)

진晉나라 무제는 황음무도하기 이를 데 없는 황제였는데 늘 양이 끄는 수레를 타고 비빈들의 처소를 찾았다. 그러다 보니 비빈들은 양을 자신의 처소로 유인할 온갖 아이디어를 내, 양이 좋아하는 부드러운 대나무 잎사귀를 자기 처소 앞에 꽂아 두거나 땅바닥에 소금물을 뿌려 양을 유인했다.

'양차'羊車는 궁중에서 말이 끄는 마차보다 작고 가벼운 수레로 마차 대신 이용되기도 했다. 훗날 '양차도'는 제왕이 궁중의 어떤 비빈에게 행차하는 것을 나타내는 용어가 되었다. 그래서 '양차부도' 羊車不到란 말도 생겨났는데, 양이 끄는 제왕의 수레가 이르지 않는다는 뜻으로 궁녀들의 원망을 대변했다. 어느 것이든 절대 권력을 가진 제왕의 기행을 가리키며, 이런 기행에 맞추기 위한 별별 일이 함께 나타났음을 보여 준다.

모든 사람이 칭송하다.

有口皆碑(유구개비)

지나가는 행인이 모두 한입으로 칭찬하는 것이 마치 죽은 사람을 위해 세운 비석 같다는 말에서 유래한 성어이다. 비석의 비문은 대체로 그 사람이 생전에 잘한 행적과 업적을 칭송하는 내용이다. 이런 칭찬의 내용이 많은 사람들의 입을 통해 나오기 때문에 '구비'口碑로 줄여서 쓰기도 한다. 이 말은 때로 사람들의 여론 또는 입을 통한 평가를 가리킨다. '칭송의 말이 길을 가득 메우다.'란 뜻의 '구비재도'口碑載道란 파생어도 있다. 서로를 헐뜯는 풍조가 만연한 지금의 세태에서는 딴 세상 이야기처럼 들리기도 하지만 이런 칭찬을 받을 수 있는 일과 사람이 많아져 세상이 조금이라도 나아졌으면 하는 바람이다. 한편 이 성어는 권력자에 대한 아부 일변도를 비꼬는 의미로도 이해할 수 있다.

밥 수레

食車(식차)

영화나 드라마를 야외에서 찍을 때는 출연진과 스태프의 식사를 위한 밥차가 따라다닌다. 이 밥차를 한자어로 하면 '식차'食車가 될 것이다. 옛 기록에서 '식차'의 내용은 사마광司馬光이 편찬한 편년체 역사서인 『자치통감』 수나라 양제 조항에서 찾을 수 있다.

위진남북조라는 대분열 시대를 마감하고 중국을 다시 통일한 수나라는 두 번째 황제인 양제의 황음무도한 통치로 망국의 길을 걷는다. 양제는 강남 강도江都로 놀러 가길 좋아했는데 한번 행차할 때마다 엄청난 수행원과 물자가 동원되었다. 그리고 양제가 지나는 오백 리 이내의 주와 현에서 먹을 것이 조달되었는데 많으면 한 주州에서 오백 대 이상의 수레에 먹을 것을 싣고 왔다고 한다. 여기서 밥 수레, 즉 밥차를 의미하는 '식차'라는 단어가 나왔다. 이후 '식차'는 무지막지하게 백성에게 피해를 주는 상징물로 정착하기에 이르렀다.

세 개의 거울

三鑒(삼감)

거울이 없으면 자신의 모습을 비추어 볼 수 없다. 통치자는 자신의 잘잘못을 백성을 통해 비추어 보아야 한다. 또한 과거 역사를 거울로 삼아 나라의 흥망성쇠에 대한 통찰력을 얻을 수 있어야 한다. 이를 흔히 동감銅鑒, 인감人鑒, 사감史鑒(또는 고감古鑒)의 '삼감'이라 한다.

『신당서』「위징전」에 보면 당나라 태종은 동으로 만든 거울로는 의관을 반듯하게 잡고, 과거의 거울로는 왕조의 흥망과 교체를 알고, 사람 거울로는 자신의 잘잘못을 밝힌다고 했다. 그러면서 위징이 죽자 자신의 잘잘못을 비춰 볼 수 있는 거울 하나를 잃었다며 슬퍼했다. 삼감은 '삼경'三鏡이라고도 쓰는데, 어느 경우나 이 세 거울을 나라를 다스리고 심신을 바로잡는 기준으로 삼았다는 점에서 일치한다. 지난 역사와 백성을 통해 통치의 득실과 잘잘못을 비춰 보는 리더만이 성공한 리더로 남아 있다는 사실을 알아야겠다.

삼 년이면 문사에 충분히 능통하다.

三冬足文史(삼동족문사)

한나라 무제 때의 문장가이자 풍자와 해학의 대가인 동방삭東方朔은 황제에게 올린 자기소개에서 열세 살부터 겨울을 세 번 보내는 동안 공부해 써먹을 수 있을 정도로 문사에 능통하게 되었다고 자화자찬했다. '삼동족문사'三冬足文史는 이후 타고난 자질이 뛰어나거나 학업에 뛰어난 성취를 보인 경우를 가리키는 용어가 되었다. 이 고사는 훗날 많은 시인묵객詩人墨客에게 영감을 주었고, '삼동'三冬, '삼동족용'三冬足用 등과 같은 적지 않은 파생어를 탄생시켰다. 동방삭의 자기소개에서는 그의 자부심 내지 오만함이 느껴지지만 한편으로는 유머러스했던 그의 기질을 함께 느낄 수 있다. 어쨌거나 '삼동족문사'는 열심히 공부해서 학업에서 볼만한 성취를 이룬 경우를 말한다. 시간이 길든 짧든 그동안은 최선을 다해 부지런히 노력해야 한다는 전제 조건이 따른다.

촉 지방의 개는 해를 보면 짖는다.

蜀犬吠日(촉견폐일)

오 지방의 소는 더위를 싫어해서 달을 보고도 태양인 줄 착각하고는 숨을 헐떡거린다는 '오우천월'吳牛喘月이란 고사를 소개한 바 있다. 그런데 사천성을 중심으로 한 촉蜀 지방의 개는 해를 보면 짖는다고 한다. 이 지역은 해가 나는 날이 드물기 때문에 해가 반짝 나면 온 동네 개들이 다 나와 해를 향해 짖는 것이다. 지역이든 사람이든 흔히 보지 못하는 것을 보면 신기하기 마련인가 보다.

지역 차이는 공간의 크기와 비례한다. 그 크기에 따라 기후나 풍토 차이가 결정되기 때문이다. 공간의 크기는 시간 차이도 결정한다. 그리고 시간의 차이는 사람의 생활 리듬을 좌우한다. 생활의 리듬에서 오는 차이는 결국 생활 방식에 영향을 준다. 이런 차이들이 사람의 성격이나 기질에 영향을 주는 것이다. 우리가 흔히 말하는 지방색이니 하는 말이 그것이다. 차이를 인정하고 살펴보면 촉 지방의 개가 해를 보고 짖는 것과 같은 흥미로운 사실을 많이 발견할 수 있다.

모든 병은 기 때문에 생긴다.

百病生於氣（백병생어기）

당나라 때의 의학서이자 가장 오랜 의학서인『소문』은 전설 속의 황제黃帝와 의사 기백岐伯의 문답 형식으로 되어 있다. 그중 한 대목인 '만병의 근원이 기氣'라는 이 구절이 눈에 띤다. 이 대목을 좀 더 보면, "노여워하면 기가 올라가고, 기쁘면 느려지고, 슬프면 약해지고, 두려우면 떨어지고, 추우면 모이고 …… 생각이 많으면 기가 뭉친다."라는 등 아홉 가지 기의 부조화와 그에 따른 증상이 나온다. 여기서 말하는 기란 체내의 정기를 가리킨다. 이 체내의 정기가 조화를 이루지 못할 때 각종 병이 생겨난다는 말이다. 그렇다면 이 기가 현대 의학에서는 무엇에 해당하는 걸까? 현대 질병의 가장 큰 원인이라고 하는 스트레스가 아닐까 하는 생각이 든다.

가짜가 진짜를 어지럽히다.

以假亂眞 (이가난진)

겉으로 보기에는 비슷하지만 본질적으로 다른 것을 사이비似而非라 한다. '비슷한 것 같은데 아니다.'라는 뜻으로『맹자』孟子에 나오는 대목이다. 대개 종교에서 많이 쓰지만 명품을 흉내 낸 가짜도 '사이비'라 할 수 있다. 문제는 이런 사이비가 사회적으로 횡행할 때다. 이럴 때는 '진짜가 가짜를 어지럽히는'以假亂眞 상황이 된다. 물건을 베낀 가짜도 문제지만 더 큰 문제는 우리 사회 각계각층에 이런 사이비 인간이 너무 많다는 사실이다. 하나같이 그럴듯한 명함에 화려한 학력과 스펙으로 치장했지만 정작 벗겨 보면 별 것 없거나 죄다 가짜투성이인 인간이다. 더욱이 이런 사이비가 사회 지도층이나 고위직을 차지하고 있어 가짜와 진짜를 구별조차 어렵게 만든다. 자신의 정체를 숨기기 힘든 시대임에도 이렇게 가짜가 진짜를 어지럽히는 현상이 만연한 까닭은 무엇일까? 우리의 눈과 귀를 가리는 '사이비' 매체 탓이 무엇보다 클 것이다.

'이가난진'以假亂眞은『안씨가훈』의 '이위난진'以僞亂眞에서 파생되어 나온 성어다. 뜻은 다 한가지이다.

월

三月

東方風來滿眼春
花城柳暗愁殺人
復宮深殿竹風起
新翠舞衿淨如水
光風轉蕙百餘里
暖霧驅雲撲天地
軍裝宮妓掃蛾淺
搖搖錦旗夾城暖
曲水漂香去不歸
梨花落盡成秋苑

삼월

—이하(李賀)*

동풍 불어오니 눈 안 가득 봄빛이라,
꽃무리 흐드러진 성안 우거진 버들 시름겹기 그지없네.
깊은 궁궐 대숲에선 바람이 이는데,
비취색 새로 입힌 옷깃 물처럼 깨끗하네.
비 온 뒤 바람에 흔들리는 혜초는 백 리도 넘게 이어지고,
따스한 안개는 구름 몰아 하늘과 땅 가득 채우네.
군장을 차려입은 궁녀들 긴 눈썹 가볍게 쓸고,
흔들리는 깃발 따라 늘어서 성안 길이 떠들썩하네.
곡강에 풍기는 향기 스러질 줄 모르고,
배꽃 쏟아져 내린 정원은 가을 풍경처럼 변했네.

* 이하는 당나라 때 천재 시인으로 당나라 황실의 후예이자
두보의 먼 친척이기도 하다. 낭만적이고 풍부한 상상력을
바탕으로 한 염세적인 시를 많이 남긴 그는 속세에서 뜻을
얻지 못하고 스물일곱의 젊은 나이로 요절했다.

미세한 것을 보고 장차 드러날 것을 알다.

見微知著(견미지저)

은나라 말기의 현자였던 기자箕子는 주紂 임금이 귀하디귀한 상아 젓가락을 식사 때 사용하는 것을 보고 "그가 상아로 만든 젓가락을 사용했으니 틀림없이 옥으로 만든 잔을 사용할 것이고, 옥으로 만든 잔을 쓴다면 틀림없이 먼 곳의 진기하고 괴이한 물건을 차지하고자 할 것이다. 수레와 말 그리고 궁실도 점점 이렇게 되어 돌이킬 수 없을 것이다."라며 은나라의 멸망을 예언했다. 여기서 나온 고사성어가 '견미지저'이다. 「오태백세가」吳太伯世家에는 '견미이지청탁'見微而知淸濁으로 약간 다르게 나오지만 뜻은 한가지다. '미세한 것을 보고 장차 드러날 것을 알다.'라는 뜻이다.

직관은 이렇게 미래에 대한 정확한 예측으로까지 발전할 수 있다. 하나를 보면 열을 알고, 바닷물이 짠지는 한 점만 찍어 맛보면 안다. 이 성어는 한나라 원강袁康이 지은 『월절서』越絶書에도 보이는데 "그러므로 성인은 미세한 것이 드러날 것을 알고, 처음을 보고 끝을 안다고 했다."라고 하여 후반부에 '도시지종'睹始知終이란 네 글자가 첨가되었다. '도시지종'은 흔히 '견시지종'見始知終으로 많이 쓴다.

매우 많은 돈 또는 부자

千金(천금)

여러 고전에 보면 아주 많은 돈이나 부자를 비유하는 단어로 '천금'이 심심찮게 나온다. 주나라 유왕은 총애하는 미녀 포사의 웃는 모습을 한 번 보려고 '천금'을 현상금으로 걸었다. 여기서 '천금으로 웃음을 사다.'千金買笑라는 말이 나왔다. 여불위呂不韋는 자신의 문객들과 『여씨춘추』呂氏春秋를 편찬한 다음 누구든 한 자라도 잘못된 곳을 고칠 수 있다면 한 자당 천금을 주겠다고 큰소리를 쳤다. '일자천금'一字千金의 유래다. 명장 한신은 젊은 날 자신에게 한 달 가까이 밥을 먹여 준 빨래하는 아낙에게 훗날 천금으로 은혜를 갚았다. '일반천금'一飯千金이란 고사성어가 나오게 된 배경이다. 또 『전국책』에 보면 인재를 갈구하는 젊은 연나라 소왕에게 곽외郭隗라는 현자가 죽은 명마의 뼈다귀를 천금을 주고 사 왔다는 우화를 통해 인재의 중요성을 강조하는데, 여기서는 '천금시골'千金市骨이라는 고사성어가 탄생한다. 그런가 하면 '천금지가'千金之家 또는 '천금지자'千金之子라는 표현도 있는데 모두 부잣집 또는 부잣집 자식을 가리킨다.

생명을 보양하려면 심신이 다치지 않는 것을 근본으로 삼아야 한다.

養生以不傷爲本 (양생이불상위본)

동진東晉 시대의 도사 갈홍葛洪이 편찬한 『포박자』는 일종의 문명 비판서라고도 할 수 있는데 양생술, 신선술 등 신비한 내용 및 정치와 사회는 물론 문명에 대한 날선 비판이 적지 않은 특이한 책이다. 여기서 갈홍은 생명을 잘 지키고 기르려면 생명의 근간인 몸과 마음을 다치지 않게 해야 한다고 말한다. 예를 들어 이기지도 못하는데 억지로 힘을 쓰면 몸이 다치고, 얻을 수 없는 것을 욕심을 부려 차지하려고 하면 마음이 상한다. 이렇게 몸과 마음이 상하는 것은 바로 쉽게 알아차릴 수 없지만 쌓이고 쌓이면 명을 단축하게 된다. 의학적으로 보자면 갈홍의 이런 주장은 예방의 중요성을 강조한 것으로 볼 수 있다. 진정한 명의는 병이 나타나기 전에 예방하는 의사라고 하지 않던가. 잠재된 위험이 많은 오늘날, 사회 각 방면에서 예측불가의 상황에 대비하는 인식이 강화되어야 할 것이다.

『남화』읽은 것을 후회하노라.

悔讀南華（회독남화）

폭넓고 깊이 있는 학문을 가지고도 타인에게 배척받는 경우나 지식인을 형용하는 전고이다. 당나라 때 재상 영호분令狐綯이 옛날 어떤 고사를 가지고 온정균溫庭筠에게 가르침을 청했다. 온정균은 "이 고사는 『장자』에 나오는 것입니다. 『장자』가 별스러운 책도 아닌데, 정무를 돌보시고 남는 시간에 고서 좀 읽으시지요."라고 했다. 이 말에 비위가 상한 영호분은 온정균이란 자가 재주는 있는지 몰라도 덕이 없다고 황제에게 아뢰었다. 이 때문에 온정균은 과거에 급제하지 못했다. 온정균의 시에서 "그 고사를 알았다고 사람의 원망을 샀으니 『남화』제2편 읽은 것을 후회하노라."라는 대목은 바로 이 일을 두고 한탄한 것이다.

개인의 명예와 세속의 이익을 위해 공부를 일삼은 자는 출세하여 부귀영화를 누리는 데 반해 제대로 반듯하게 공부한 참 지식인은 냉대를 받는 일이 많았고 지금도 별반 나아진 것은 없어 보인다. 온정균의 한탄이 안타깝지만 그래도 독서인의 자부심이 한껏 묻어나는 전고라 할 수 있다.

황금이 제아무리 많아도
인재 하나만 못하다.

黃金累千, 不如一賢 (황금누천, 불여일현)

서진西晉 시대의 자연철학자 양천楊泉의 대표적인 저서인 『물리론』의 한 대목이다. 『열자』列子에서는 "나라를 다스리는 어려움은 인재를 알아보는 데 있지, 자기 잘난 것에 있지 않다."라고 했다.

소위 글로벌 시대니 글로벌 경제니 하면서 전 세계가 하나가 되고 있는 오늘날, 모든 경쟁의 초점은 상품 경쟁에서 인재 경쟁으로 바뀌고 있다. 사마천은 "(나라의) 안정과 위기는 (통치자가) 어떤 정책을 내놓느냐에 달렸고, (나라의) 존망은 (통치자가) 어떤 인재를 쓰느냐에 달렸다."라고 했다. 이 대목은 『주서』周書 「왕패해」王佩解가 그 원전으로 보이는데, 정책과 인재를 한 나라의 안위와 존망에 연계시킨 탁월한 의식을 보여 준다.

인재는 위정자의 입에서 나오는 존재가 아니다. 정확하고 올바른 정책을 통해 길러진다. 말로만 떠들지 말고 교육 정책부터 잘 잡아야 한다.

몸이 도를 잃으면
옳고 그름을 가릴 수 없다.

身失道, 則無以知迷惑 (신실도, 즉무이지미혹)

한비자韓非子는 이 대목의 앞에다 "눈이 거울을 떠나면 얼굴(용모)을 단장할 수 없다."目失鏡則無以正鬚眉라고 했다. 사람으로서 갖추어야 할 도의와 원칙을 거울에 비유한 것인데, 거울에 얼굴을 비춰 용모를 바로 갖추듯이 서로 다른 의견에 귀를 잘 기울이라는 충고로도 사용된다. 한비자는 이 대목 앞에다 또 "거울에 비치는 작은 흉터는 거울의 잘못이 아니며, 도에 비추어 잘못이 드러나는 것은 도의 잘못이 아니다."鏡無見疵之罪, 道無明過之怨라고 했다. 그래서 성질이 급한 서문표西門豹는 부드러운 가죽을 가지고 다니면서 마음을 안정시키려 했고, 마음이 너무 너그러운 동안우董安于는 팽팽하게 당겨진 활시위를 가지고 다니면서 조금 급하게 행동하려고 애썼다고 한다. 그러면서 한비자는 일을 꾀함에 남는 것으로 부족한 것을 메워 주고, 긴 것으로 짧은 것을 이어 주는 통치자가 현명하다고 진단한다. 리더의 조정자 역할이 어느 때보다 강조되고 있는 시대를 살고 있다.

귀를 씻다.

洗耳(세이)

당나라 때 사람인 장수절張守節은 『사기』의 3대 주석서 가운데 하나인 『사기정의』史記正義에서 황보밀皇甫謐의 『고사전』에 나오는 재미난 전설 하나를 소개한다. 요 임금 때의 은자 허유許由는 요 임금이 천하를 자신에게 넘겨주려 하자 이를 거절한 것은 물론 들어서는 안 되는 소리를 들어 귀가 더러워졌다며 영수潁水 가로 달려가서 귀를 씻었다. 이후 '귀를 씻었다.'라는 의미의 '세이'洗耳는 자신의 몸을 깨끗하게 지키며 스스로를 숨기는 지조의 상징처럼 남게되었다. 즉 세속의 더러운 이익이나 명예와 대비되는 고결함을 뜻한다. 일설에는 허유가 귀를 씻는 모습을 본 농부가 그 연유를 알고는 더러운 이야기를 듣고 귀 씻은 물을 소에게 먹일 수 없다며 소를 끌고 상류로 올라갔다고도 한다. 이백은 「고풍」古風이란 시에서 "세상에 세이옹洗耳翁(허유처럼 귀를 씻은 고결한 사람)이 없는데 누가 요와 도척盜跖을 알리오."라고 했다. 참으로 꿈에서나 나올 이야기이지만 세상이 하도 혼탁하다 보니 '세이'라는 단어만으로도 마음이 다소 깨끗해지는 것 같다.

세 글자로 옥사를 일으키다.

三字獄〈삼자옥〉

남송 시대 우국충절의 대명사 악비岳飛는 간신 진회秦檜의 모함과 어리석은 임금 고종 때문에 억울하게 처형당한다. 당시 악비가 옥에 갇히자 한세충韓世忠이 진회에게 따지고 들었고 이에 진회는 얼버무리며 '막수유'莫須有라고 대답했다. '막수유'란 '어쩌면 그럴지도 모른다.', '대개 그런 일이 있는 것 같다.'라는 뜻의 모호한 말이다. 진회는 사건의 진상을 정확하게 밝히지 못한 채 심증만 가지고 이렇게 말한 것이다. 그러자 한세충은 "그 세 글자 가지고 천하를 설득할 수 있겠느냐." 하고 다그쳤다. 여기서 '세 글자로 옥사를 일으킨다.'라는 뜻의 '삼자옥'三字獄이 파생되어 억울한 옥사를 일으킨다는 전고가 되었다. '막수유'라는 근거도 없는 심증만 가지고 악비를 모함한 진회는 그 후 천고의 죄인이 되어 지금 악비의 무덤 앞에 무릎을 꿇고 있다. 없는 것을 만들어 내는 것도 문제지만 버젓이 만천하에 드러난 사실조차 부정하는 뻔뻔스러운 자들은 뭐라 불러야 하나? '철면피'鐵面皮가 우선 떠오른다.

어리석은 자는 늘 자기가 옳다고 여기길 좋아한다.

愚而好自用(우이호자용)

이 대목에 이어 "천한 자는 혼자 판단하고 혼자 행동하길 좋아한다."賤而好自專라는 문장이 나온다. 그러면서 「중용」에서는 이런 자에게는 재앙이 그 몸에 미친다고 경고한다. 이 두 구절은 뜻은 크고 높은데 실제로 이루는 것은 하나도 없는 자를 비판한다. 보통 사람이 이런 성향을 가지면 사람들로부터 외면당한다. 권력을 가진 자가 이런 성향이면 앞에서는 섬김받는 것 같아도 뒤에서는 손가락질당한다. 나라의 지도자가 이런 성향이면 백성과 불통하고 불화하여 결국은 나라를 망친다. 오늘날은 자기 잘난 맛에 사는 지도자가 아닌 자기보다 잘난 인재를 쓸 줄 아는 지도자를 요구한다. 잘났지만 어리석은 지도자가 널려 있다.

황금이나 옥처럼 귀한 가지와 잎사귀
또는 고귀한 신분

金枝玉葉 (금지옥엽)

당나라 때 사람 왕건王建의 사詞 중 "나비야, 나비야. 금지옥엽으로 날아드는구나."에서 나온 표현이다. 훗날 황족이나 출신이 고귀한 사람을 일컫는 단어가 되었다. 『삼국연의』에 보면 "장비가 이 말을 듣고는 눈을 크게 뜨고 냅다 고함을 질렀다. '우리 형님은 금지옥엽이시다. 너 같은 놈이 감히 우리 형님을 현제賢弟라 불러?'"라는 대목이 나온다. 유씨 황가의 피가 흐르는 유비를 깔보았다며 고함을 질러 대는 장비의 입에서도 '금지옥엽'이란 단어가 튀어나왔다. 옛날에는 황족이나 정말 고귀한 신분에게만 사용된 용어지만 지금은 집집마다 금지옥엽이 하나 이상은 다 있다. 문제는 그 금지옥엽들이 커서는 귀한 존재가 되지 못하고 '찌질이'가 되거나 세상을 나쁘게 만드는 현실이다. 자기 자식만 잘되면 그만이라는 사고방식으로 막돼먹은 인간으로 키운 결과다.

금속 악기의 울림과 돌 악기의 진동

金聲玉振〔금성옥진〕

산동성 곡부曲埠는 노나라의 도읍이자 공자孔子의 고향이다. 곡부에는 곳곳에 공자의 유적이 남아 있는데, 공자의 사당인 공묘孔廟, 공자의 옛집인 공부孔府, 공자의 무덤인 공림孔林을 삼공三孔이라 하여 가장 중시한다. 공자의 사당으로 들어가는 입구에 서 있는 돌문(중국에서는 이를 패방牌坊이라 부른다)에는 공자의 인품과 업적을 상징하는 글들이 있어 눈길을 사로잡는다. 그중에서 '금성옥진'金聲玉振은 '집대성'集大成이란 단어와 함께 『맹자』孟子에 나온다. 맹자는 공자를 "성인 중에서도 때에 맞게 절제하여 중용을 지키는 시중時中이라 할 수 있는 분이니 집대성이라 하는 것이다. 집대성이란 (관현악 협주곡에서) 금속 악기의 울림이요, 돌 악기의 진동이다. 금속 악기의 울림은 시작의 조율이고, 돌 악기의 진동은 종결의 조율이다."라고 칭송한다. '금성옥진'은 훗날 위대한 인물의 덕과 업적이 멀리까지 환히 드러난다는 뜻이 되었는데, 속된 말로 하자면 어느 분야의 '종결자'인 셈이다.

근심은 욕심을 많이 부리는 데서 생겨난다.

患生於多欲(환생어다욕)

『회남자』의 관련 대목을 보면 이렇다. "복은 억지로 일삼지 않음으로써 생기고, 근심은 욕심을 많이 부리는 데서 생기며, 피해는 대비하지 않음으로써 생긴다. 더러움은 거친 데서 생겨난다. 성인은 착한 일을 베풀 때는 모자라면 어쩌나 걱정하고, 화를 대비할 때는 혹시 화를 피하지 못하면 어쩌나 걱정한다." 福生於無爲, 患生於多欲, 害生於弗備, 穢生於弗耨. 聖人爲善若恐不及, 備禍若恐不免

세상사 이치는 예나 지금이나 다를 바 없다. 지나친 욕심과 무방비와 무대책이 어떤 결과를 불러오는지 허구한 날 수도 없이 목격하며 사는 것이 현대인이다. 『회남자』의 그다음 대목도 의미심장하다. "먼지를 뒤집어써 놓고 먼지가 눈에 들어가지 않길 바라고, 물을 건너면서도 물에 젖지 않기를 바라는 것은 불가능하다. 그래서 자신을 아는 사람은 남을 원망하지 않고, 명命을 아는 사람은 하늘을 원망하지 않는다. 화도 복도 다 자기가 짓는 것이다."

좋은 활은 당기기 어렵지만
높고 깊게 박힐 수 있다.

良弓難張, 然可以及高入深〔양궁난장, 연가이급고입심〕

『묵자』의 해당 대목을 마저 인용하면 이렇다. "좋은 말은 타기 어렵지만 무거운 짐을 싣고 더 멀리 달릴 수 있다."良馬難乘, 然可以任重致遠 좋은 활은 쏘기가 어렵지만 일단 잘 당겨서 시위를 떠나면 목표에 높고 깊게 박힐 수 있으며, 좋은 말은 올라타기 쉽지 않지만 일단 잘 길들이면 무거운 짐을 실을 수 있고 더 멀리 달릴 수 있다는 말이다. 여기서 활과 말은 인재의 특성을 비유하는 단어이다. 인재는 대개 남다른 재주와 실력을 갖고 있지만 부려먹기 쉽지 않은 특성이 있기 때문이다. 대범한 인재일수록 대체로 개성이 강한 편이다. 따라서 그 개성과 기세를 꺾으려 하지 말고 적절한 방법으로 잘 살려서 이끌면 그 능력을 더욱 크게 발휘한다. 그러기 위해서는 중용重用(소중하게 쓰라는 뜻)해서 믿고 맡기는 위임委任을 실천하는 과감하고 허심탄회虛心坦懷한 리더가 꼭 필요하다.

산은 높낮이가 아니라
신선이 살아야 명성이 난다.

山不在高, 有仙則名 (산부재고, 유선즉명)

당나라 중기의 문인이자 정치가인 유우석劉禹錫이 지은 글에 나오는 대목이다. 뒤이어 나오는 구절은 "물은 깊고 얕음이 아니라 용이 있어야 신령스럽다 한다."水不在深, 有龍則靈이다. 명산이나 이름난 물이 그러한 것은 높이나 깊이 때문이 아니라 거기에 서려 있는 기운 때문이라는 뜻이다. 사람도 마찬가지다. 여기서 말하는 신선과 용은 정신과 생명을 비유하는 단어이다. 개인이건 사업을 하건 크게 성공한 사람의 면면을 보면 나름의 정신적 지주가 있고 정신적 수준을 갖추고 있다. 그렇지 않으면 성공과 성취를 오래도록 유지하기 어렵다. 혹자는 산을 정직正直으로, 물을 기지機智로 보기도 한다. 어느 한 분야에서 자타가 공인하는 명성을 얻으려면 그 자신만의 특별한 정신적 경지를 보여 줄 수 있어야 한다. 기업에서 창업 정신을 중시하는 까닭이 거기에 있다. 개인의 삶을 지탱해 줄 좌우명座右銘을 한번 생각해 보자. 기업에서는 창업 정신을 수시로 되새겨 보자.

천 리 길도
발아래서부터

千里之行, 始於足下 (천리지행, 시어족하)

'천 리 길도 한 걸음부터'라는 우리 속담과 꼭 같은 의미의 성어이다. 중국의 발 마사지 집에 많이 붙어 있는 글귀이기도 하다. 『도덕경』의 관련 대목을 같이 보면 이렇다. "두 팔로 안을 만큼 큰 나무도 털끝 같은 싹에서 자라고, 구 층 높이의 축대도 흙을 쌓아 올려 된 것이다." 무슨 일이든 시작은 있는 법이고, 아무리 큰 뜻과 계획도 작은 실천에서 시작된다. 뜻만 크고 계획만 거창해서는 제대로 마무리를 짓기 힘들다. 모든 일에 시작은 예외 없이 있지만 끝은 없을 수 있다. 중도에 포기하거나 일을 그르쳐 끝을 보지 못하는 경우가 많기 때문이다. 그래서 노자는 "세상 사람들의 일을 보면 다 될 무렵에 실패하기 일쑤다. 끝에 가서도 처음처럼 신중하게 해야 일을 망치지 않는다."라고 경고한다. 초발심初發心을 잃지 말라는 것도 같은 의미다.

가벼움은 무거움의 시작이고,
작은 것은 큰 것의 근원이다.

輕者重之端, 小者大之源(경자중지단, 소자대지원)

진충陳忠은 이 말에 이어서 "그러므로 둑은 개미구멍 때문에 무너지고, 기氣는 침 끝에서 새어 나간다. 그래서 현명한 사람은 작은 것에 신중하고, 지혜로운 사람은 낌새를 잘 알아채는 것이다."故隄潰蟻孔, 氣洩鍼芒. 是以明者愼微, 智者識幾라고 말한다. 작은 것에 신중해야 큰 것에 겁먹지 않을 수 있고, 가까운 것을 경계해야 먼 것에 얕잡히지 않을 수 있다. 모든 일의 변화는 미세한 것에서 비롯되는 법이다. 중대한 변화일수록 미세한 변화가 점점 쌓여서 나타난다. 하나를 보면 둘을 알고 나아가 열도 알 수 있다고 한다. 미세한 변화의 낌새를 알아채는 사람이 지혜로운 사람이고, 그 변화에 대비하는 대책을 마련하는 사람이 현명한 사람이다.

꽃을 질투하다.

妬華(투화)

『태평어람』에 인용된 『투기』妬記에 재미난 이야기가 나온다. 무양 武陽 출신의 여자가 완선무阮宣武에게 시집을 갔는데 시기와 질투 가 보통이 아니었다. 그 집의 복숭아나무 한 그루가 언젠가 꽃과 잎을 흐드러지게 피우자 완선무가 그 아름다움에 감탄을 금치 못 했다. 이 모습을 본 여자가 크게 화가 나서 노비를 시켜 그 나무를 베고 그 꽃을 죄다 꺾게 했다. 이 이야기에서 꽃을 질투한다는 '투 화'妬華라는 단어가 파생되어 나와 지나친 시기와 질투를 비유하는 말이 되었다. 인간의 복잡다단한 마음 중에 질투심이 가장 무섭다 고 하더니 정말이지 꽃마저 질투한 사람이 있었나 보다. 인간사 불행의 대부분이 시기와 질투에서 비롯된 것이고 보면 불가항력 이라는 생각도 든다.

발이 차면 심장이 상하고,
백성이 원망하면 나라가 상한다.

足寒傷心, 人怨傷國 (족한상심, 인원상국)

전설 속 신비로운 인물인 진秦나라 때 황석공黃石公의 『소서』에 나오는 한 대목이다. 앞뒤 구절까지 다 소개하면 이렇다. "기둥이 약하면 집이 무너지고, 나라를 보좌하는 사람이 약하면 나라가 기운다. 발이 차면 심장이 상하고 백성이 원망하면 나라가 상한다. 산이 무너지려면 그에 앞서 흙이 흘러내리고, 나라가 쇠퇴하려면 그에 앞서 사람이 피폐해진다."柱弱者屋壤, 輔弱者國傾. 足寒傷心, 人怨傷國. 山將崩者下先隳, 國將衰者人先弊

사람의 몸이나 집의 상태나 나라의 정치나 안정을 유지하는 이치는 한 가지라는 말이다. 기초가 약하면 중심이 흔들릴 수밖에 없다. 정치나 정국의 안정은 고정되어 있는 것이 아니다. 늘 운동 상태에 있다. 거기에는 백성의 이해와 지지가 중요한 동력으로 작용한다. 그래서 민심을 천심이라 하고, 민심을 얻는 자가 천하를 얻는다고 하는 것이다.

굽은 것을 지나치게 바로잡으려 하다.

矯枉過正(교왕과정)

과유불급過猶不及이란 말이 있다. 지나친 것은 모자란 것이나 마찬가지라는 뜻이다. 교왕과정矯枉過正과 같은 맥락에 있는 성어이다. 굽은 것을 바로잡는 것은 좋지만 지나치게 힘을 주면 다른 쪽이 휘어져 버린다. 사물이나 인간의 치우친 점이나 잘못을 바로잡으려고 과하거나 가혹한 방법을 쓰면 그 자신이 한쪽으로 치우치거나 잘못된 길로 빠진다. 흔히 자기만 옳다고 고집하는 독선獨善적인 사람들이 이런 함정에 빠지는 경우가 많다. 독선적인 사람이 흔히 빠지는 함정이 독단獨斷이며, 그 사람이 통치자라면 독재獨裁로 흐르는 것은 시간문제이다. 그래서 균형均衡이 필요하고, 평형平衡이 필요하며, 평정平靜이 필요한 것이다.

길을 알다.

識途(식도) 또는 識路(식로)

춘추 시대 제나라의 재상 관중과 대신 습붕隰朋은 환공을 따라 고죽국孤竹國 정벌에 나섰다. 봄에 갔다가 겨울에 돌아오는데 길을 잃었다. 이에 관중은 "늙은 말의 지혜를 이용할 수 있습니다."라고 했다. 그래서 늙은 말을 앞장세우고 그 뒤를 따라 마침내 길을 찾을 수 있었다. 관중은 이 원정길에 나선 경험이 있는 노련한 말을 이용하여 길을 찾아냈던 것이다. 이후 식도識途(또는 식로識路)는 원래 자리로 되돌아온다는 뜻이나 경험이 풍부하여 앞장설 수 있음을 비유하는 단어가 되었다. 우리 사회 각 분야가 제 방향을 찾지 못하고 갈팡질팡할 때 흔히 '어른'이 없다고들 한다. 길을 잘못 든 우리에게 정신이 번쩍 나게 채찍질을 가할 수 있는 진짜 어른이 절실하다.

얼굴을 찡그리다.

嚬蹙 (빈축)

적절치 않은 언행으로 다른 사람의 얼굴을 찡그리게 만드는 것을 '빈축을 산다.'라고 표현한다. 글자가 매우 어렵지만 '빈축'이란 단어는 두 글자 모두 얼굴을 찡그린다는 뜻이다.

이 단어에는 재미난 이야기가 들어 있다. 춘추 시대 월나라의 미녀이자 중국 4대 미인의 한 사람인 서시西施에게는 가슴에 통증을 느끼는 지병이 있었던 모양이다. 그래서 수시로 가슴 쪽을 움켜쥐거나 문지르며 얼굴을 찡그렸는데 다른 여자들이 보기에는 이 모습이 더할 나위 없이 아름다웠다. 이에 여자들이 너 나 할 것 없이 서시를 따라 인상을 찡그렸는데, 그 모습이 어땠겠는가?

훗날 이 단어는 못난 여자가 예쁜 여자의 약점이나 못난 행동까지 따라한다는 뜻으로 사용되었고, 지금은 앞서 말한 대로 적절치 않은 언행으로 다른 사람의 기분을 상하게 하여 이맛살을 찌푸리게 하는 경우에 두루 사용되고 있다. 서시와 한 마을에 살던 못난 동시東施가 서시를 따라했다고 해서 '동시빈축'東施嚬蹙이란 성어도 생겨났다. 외모 지상주의가 요즘 일만은 아니었던 모양이다.

옳지 못한 것도 습관이 되면 옳은 것이 된다.

習非成是(습비성시)

인간의 언행은 반복되면 일정한 패턴이 생긴다. 몸에 배면 습관이 된다. 양웅은 옳지 못한 것도 계속 반복되어 습관이 되면 옳은 것을 이기는데, 하물며 옳은 것이 몸에 배면 옳지 않은 것을 이기는 것이야 말해서 무엇하겠느냐고 반문한다. 문제는 옳지 않고 그른 것에 익숙해지면 그것을 옳고 좋은 것으로 여기는 것이다.

개인의 습관도 조직의 운영도 나라의 정책도 마찬가지다. 습관은 한번 몸에 배면 고치기 힘들고 버리기 힘들다. 고정관념도 그렇다. 큰일을 하는 사람일수록 이런 것들에 주의해야 한다. 노력보다 중요한 것이 방법이란 말이 있듯이 정확한 방법에 노력이 따른다면 더할 나위 없을 것이다.

물의 흐름이 맑으려면
반드시 그 근원이 깨끗해야 한다.

.

淸其流者, 必潔其源〔청기류자, 필결기원〕

우리 속담의 '윗물이 맑아야 아랫물이 맑다.'라는 말과 상통하는 명구이다. 수나라 때 사람 이문박李文博이 한 말인데, 이문박은 이 구절에 이어 "가지(백성)를 바로잡고 싶으면 모름지기 그 줄기(관리)가 곧아야 합니다."正其末者須端其本라고 말한다. 그러면서 몇몇 탐관오리를 다스리는 것도 필요하지만 그보다는 고위직의 기강을 바로잡을 것을 강조했다.

정당치 않은 방법으로 인재를 시험해 보라는 측근의 말에 당나라 태종은 근원이 흐린데 어찌 흐름이 맑기를 바라겠느냐며 호통을 쳤다고 한다. 편법과 변칙 나아가 불법이 판을 치는 세상이다. 모든 불법과 부도덕의 온상溫床은 근원이다. 통치자를 비롯한 사회 각계각층의 리더가 근원이라는 말이다. 자신이 백성의 노동과 세금으로 살아가는 존재임을 명확하게 인식한다면 이런 황당한 일들이 덜 일어날 것 같다.

산속의 재상

山中宰相(산중재상)

도홍경陶弘景은 어려서부터 도 닦기를 좋아하여 열 살 때 이미 도사 갈홍의 『신선전』神仙傳을 읽고 연구할 정도였다. 여기에는 아버지가 첩에게 살해당한 유년기의 비통한 경험이 크게 작용한 것으로 본다. 벼슬을 하긴 했지만 이내 내던지고 구곡산句曲山(모산茅山)에 은거하며 신선과 약초를 찾아다녔다. 그리고 스스로 '도은거'陶隱居라 불렀다.

제나라를 이은 양나라의 무제는 나라에 무슨 일이 있을 때마다 그를 찾아가 자문을 구할 정도로 그를 신뢰했다. 이 때문에 세상 사람들은 도홍경을 '산중재상'이라 불렀고, 이는 훗날 시나 문장에 끊임없이 인용되었다.

고고한 인품을 가진 진짜 인재들이 세상을 등진 채 숨어 지내는 세상을 우리는 난세라 부른다. '산중재상'을 속세로 나오게 할 길을 함께 찾아야 한다. 그것이 난세를 끝내는 길이기도 하다.

적어도 넷은 안다.
또는 적어도 넷은 그 돈을 안다.

四知(사지) 또는 四知金(사지금)

동한 시대의 양진楊震은 동래태수를 지냈는데 청렴결백하기로 명성이 자자했다. 또한 늘 사심 없이 인재를 추천하곤 했는데 한번은 왕밀王密을 창읍령으로 천거했다. 뜻하지 않은 은혜를 입은 왕밀이 밤에 양진을 찾아와 인사를 올리며 은밀히 돈을 건넸다. 그러면서 "깊은 밤이라 아는 사람이 없을 겁니다."라고 말했다. 그러자 양진은 "하늘이 알고 귀신이 알고 내가 알고 그대가 아는데 뭘 모른다는 말이오."라며 받기를 거절했다. 훗날 이 이야기는 청렴결백한 관리를 칭송하는 전고가 되었고, 종종 이 이야기를 빌려 돈을 풍자하기도 했다. 눈만 뜨면 부정부패와 뇌물 관련 사건을 접하는 세상에 살아서인지 남의 나라 이야기 같다는 생각이 든다. 자신에게 부끄럽지 않은 삶을 먼저 고민해야 한다.

의식을 잃어서 사람의 일을 알아차리지 못하다.

不省人事(불성인사) 또는 人事不省(인사불성)

'인사불성'人事不省이란 성어는 아마 과음으로 정신을 못 차릴 때 많이 쓰는 것 같다. '불성인사'不省人事도 똑같은 말인데 공교롭게 『삼국연의』와 『수호전』에 같이 보인다. 『삼국연의』의 대목을 보면 "주유가 갑자기 마음에 한 가지 일이 생각났는지 큰 소리를 지르며 뒤로 넘어져서는 입으로 선혈을 토했다. 여러 장수가 황급히 달려와 부축하여 일으켜 세웠지만 진작 인사불성이 되어 있었다." 라고 되어 있다. 반면 『수호전』에는 나이 어린 누이가 세상일을 잘 분간하지 못한다는 뜻으로 쓰였다. 술에 취한 것도 아니고 아파서 의식을 잃은 것도 아닌데 인사불성인 사람이 주위에 너무 많다. 인사불성은 인간으로서 예의를 모르는 자들에게도 엄연히 사용된다는 사실도 알고 넘어가자.

사람을 살피는
여덟 가지 방법과 다섯 가지 관찰법

八觀五視(팔관오시)

3세기 삼국 시대 사람 유소劉劭는 평생 많은 저술을 남겼는데 그중에서도 『인물지』는 매우 독특한 책이다. 체계적으로 세상과 인심을 논하고, 사람의 재능과 성품 등에 근거하여 부류와 특징을 관찰하고 나누었기 때문이다. 유소는 사람을 관찰하는 방법으로 팔관오시八觀五視나 구징九徵(아홉 가지 징조) 등을 제시한다.

그러면서 객관적 조건의 한계, 특히 권력자의 경우는 흔히 사사로운 감정으로 일을 처리하는 탓에 사람의 식별에 편견과 오류가 발생한다고 강조하면서 그런 편견과 오류를 다음 일곱 가지로 개괄했다. 첫째, 행동거지를 살핌에 편견의 오류, 둘째, 사물을 접함에 좋고 싫음의 감정, 셋째, 마음을 헤아림에 크고 작은 착오, 넷째, 본질을 논함에 빠르고 늦음의 의혹, 다섯째, 다른 종류를 같은 종류로 보는 혐의, 여섯째, 재목을 논함에 과장이나 축소의 잘못, 일곱째, 기이한 것에 대한 극단적 치우침의 실수.

인사권을 가진 리더가 귀담아들어야 할 충고다.

여섯 종류의 간신

六邪(육사)

서한 시대의 경제학자이자 목록학이란 새로운 학문 영역을 개척한 유향劉向은 황제에게 여론을 전하고 통치의 잘잘못을 간하는 간의대부를 지낸 충직한 인물이었다. 그는 이런 자신의 경험을 바탕으로 역대 통치의 득실을 일화를 중심으로 엮어 『설원』이란 책으로 펴냈는데, 그 가운데 「신술」에는 여섯 종류의 간신이 나열되어 있어 눈길을 끈다.

소위 '육사론'六邪論으로 불리는 이 대목은 후대 통치자에게 적지 않은 영향을 주었고, 우리나라에서는 고려 시대 초기 김심언金審言이 이 논리를 인용하여 성종에게 글을 올리기도 했다. 유향이 말하는 '육사'란 자리만 채우는 구신具臣, 통치자에게 아부만 일삼고 더불어 쾌락만을 추구하는 유신諛臣, 음흉하게 통치자의 통치 기준을 잃게 만드는 간신姦臣, 혓바닥으로 이간질하고 조정을 어지럽히는 참신讒臣, 통치자의 권세를 이용하여 자신의 권세를 높이는 적신賊臣, 통치자를 망국의 길로 이끄는 망국신亡國臣을 말한다. 백성이 눈을 크게 뜨면 고관대작이 이 중 어디에 속하는지 금방 드러날 것이다. 그만큼 '육사'가 넘쳐나기 때문이다.

달아 봐야 가볍고 무거운가를 알고,
재 봐야 길고 짧은지를 안다.

權然後知輕重, 度然後知長短 (권연후지경중, 탁연후지장단)

맹자는 양나라 혜왕(위魏나라 혜왕)을 만난 자리에서 "달아 봐야 무게를 알고, 재 봐야 길이를 압니다. 사물도 그렇고, 사람의 마음은 더합니다. 왕께서 잘 헤아려 보십시오."라고 했다. '權'(권)은 저울추로 무게를 가늠하는 도구이다. '度'(탁)은 길이를 잰다는 뜻이다. 맹자는 인간의 심리를 헤아릴 수 있다고 믿었다. 그래서 이렇게 말한 것이다. 마치 저울추로 물건의 무게를 재고, 자로 사물의 길이를 잴 수 있듯이 인간의 개인차는 헤아릴 수 있다는 것이다. 맹자의 심리 측량 사상을 분명히 보여 주는 대목이다.

사람의 됨됨이를 어찌 저울이나 자로 달로 잴 수 있겠는가만 그 사람의 지나온 행적을 보면 얼마든지 예측이 가능하다. 예로부터 사람을 보고 판단하는 기준이 적지 않게 전해 오는 것도 사람의 언행이나 마음 씀씀이가 인간관계는 물론 사회 전반의 기풍에 결정적인 역할을 한다고 보았기 때문이다. 그래서 하나를 보면 둘, 아니 열을 알 수 있다고 하는 것이다.

산은 아무리 높아도 만족할 줄 모르고,
바다는 아무리 깊어도 만족할 줄 모른다.

山不厭高, 海不厭深 (산불염고, 해불염심)

삼국 시대 리더 중 조조曹操는 인재에 대한 갈망이 누구보다 대단했다. 이 시도 조조의 이런 마음을 잘 보여 준다. 일부를 옮겨 보면 이렇다. "산은 아무리 높아도 만족할 줄 모르고, 바다는 아무리 깊어도 만족할 줄 모른다. 주공이 먹던 것을 토하니 천하의 마음이 그에게로 돌아섰다."山不厭高, 海不厭深. 周公吐哺, 天下歸心

'주공이 먹던 것을 토하니'라는 대목은 '주공토포'周公吐哺라는 고사성어가 되었다. 주나라 건국의 일등 공신인 주공周公은 인재를 중시하기로 천하에 명성이 자자했는데, 밥을 먹는 도중에 손님이 찾아오면 먹던 것을 뱉어 내고라도 손님을 맞이했다. 식사 도중 세 번이나 손님이 찾아왔는데 그때마다 먹던 것을 뱉어 내고 맞이했다는 일화에서 '일반삼토포'一飯三吐哺라는 고사성어가 나왔고, 조조는 이 고사를 변형하여 '주공토포'라는 네 글자로 압축한 것이다.

인재를 중시하는 리더만이 성공했다는 역사적 사실을 굳이 들먹이지 않더라도 인간에 대한 최소한의 존중이 곧 인재 중시로 가는 길임을 인식했으면 한다.

글쓰기가 제대로 안 되면
가시를 목구멍에 쑤셔 넣은 것 같다.

作文勉强爲, 荊棘塞喉齒 (작문면강위, 형극색후치)

청나라 초기의 문인 정섭鄭燮은 판교板橋라는 호로 더 알려진 사람이다. 백성을 사랑하는 관리였고, 시와 글과 그림 모두를 잘해 삼절三絶로도 불렸다. 또 양주揚州 지방을 중심으로 자유분방하게 예술 활동을 펼쳤던 괴짜들의 대명사 양주팔괴揚州八怪의 한 사람이기도 하다. 그런가 하면 호도학糊塗學이란 기발한 학문 분야를 개척하기도 했는데, '멍청이 학문'이란 뜻이다. '호도'란 애매모호하게 대충 덮어 둔다는 뜻이다. 이런 식으로 삶을 대충 멍청하게 살자는 주장인데, 실제로 그렇게 살았다는 것이 아니라 시대적 분위기에 소극적으로 저항하는 한 방식으로 보면 되겠다. 그의 삶은 누구보다 치열했던 까닭이다. 이 시 구절도 그렇다. 생각이 제대로 나지 않아 글이 잘 써지지 않을 때를 정섭은 목구멍에 가시가 걸린 것 같다고 표현하고 있다. 그가 창작에 얼마나 심혈을 기울였는지 잘 보여 준다. "창문 밖 바람에 흔들리는 나뭇잎 소리가 백성들 신음소리처럼 들린다."라는 시구절을 남긴 이도 바로 정섭이다.

[4] 월

大林寺桃花

人間四月芳菲盡
山寺桃花始盛開
長恨春歸無覓處
不知轉入此中來

대림사의 복숭아꽃

— 백거이(白居易)*

속세는 사월이라 꽃이란 꽃 다 졌는데
산사의 복사꽃은 이제 한창 만발했네.
가신 봄을 찾을 길 없어 한탄하고 있었더니
어느 사이 이곳으로 들어왔었네.

* 당나라 현종과 양 귀비의 러브 스토리를 묘사한 장편시
「장한가」(長恨歌)로 유명한 백거이는 중당(中唐) 시기의
대표적인 시인이다. 다섯 살 때부터 시를 지었으며, 불교에도
심취하여 '향산거사'(香山居士)라는 호를 쓸 정도였다.
그의 작품은 살아 있을 때부터 이미 민중 속에 파고들어
소 치는 아이나 말몰이꾼의 입에까지 오르내렸다. 또한 절의
기둥이나 벽에도 나붙었고, 멀리 외국에까지 영향을 미쳤다.
우리나라에도 일찍부터 전해져 널리 애송되었다.

문인은 서로를 무시한다.

文人相輕 (문인상경)

삼국 시대 위魏나라 문제 조비曹丕는 「전론」이란 글에서 "모름지기 문인은 서로를 무시하며 이는 일찍부터 있었다."라고 했다. 이는 『한서』漢書를 남긴 반고班固가 부의傅毅라는 문장가를 깔본 데서 비롯되었는데, 훗날 문예 평론서인 『문심조룡』文心雕龍에도 그대로 인용되어 더 널리 알려지게 되었다.

지식인이 서로를 인정하지 않는 풍조는 예나 지금이나 별반 달라지지 않은 것 같다. 문제는 상대방의 글이나 주장을 논리적이고 객관적으로 반박하고 깔보는 것이 아니라 상대를 무시함으로써 자신의 글이나 주장을 돋보이게 하려는 경우가 많다는 것이다. 이런 풍조는 학계뿐 아니라 언론계 등 사회 전반에 두루 퍼져 있어 사회적으로 아주 나쁜 기풍을 형성한다. 하루 빨리 청산해야 할 기풍이다.

다섯 말의 쌀

五斗米(오두미)

유토피아 무릉도원을 노래한 불세출의 명작 「도화원기」桃花源記를 남긴 시인 도연명陶淵明은 평생을 가난하게 살다 간 사람이었다. 시상柴桑(지금의 강서성江西省 구강九江) 사람으로 자는 원량元亮이고 송나라가 들어선 다음 이름을 잠潛으로 고쳤다. 집 문 앞에 버드나무 다섯 그루를 심어 놓고 스스로를 오류선생五柳先生이라 부르기도 했다. 주州의 좨주로 벼슬을 시작하여 참군을 거쳐 팽택령에 임명되었으나 '쌀 다섯 말'五斗米 때문에 허리를 굽힐 수 없다며 관직을 버리고 고향 전원으로 돌아가 죽을 때까지 벼슬하지 않고 살았다.

관직에서 물러나면서 저 유명한 「귀거래사」歸去來辭를 썼다. 이후 '오두미'는 아주 박한 녹봉을 가리키는 단어이자 도연명의 정신을 기리는 대명사 같은 비유가 되었다.

소식蘇軾은 "도연명은 벼슬하고 싶으면 벼슬하고, 은퇴하고 싶으면 은퇴했다. 그렇다고 스스로를 고상하다고 자랑하지 않았다. 배가 고프면 남의 집 문을 두드리고, 살림이 펴면 닭을 잡고 술을 빚어 손님을 불렀다."라는 말로 그의 삶을 요령 있게 표현했다.

세 번 나아가고 세 번 물러나다.

三爲三去(삼위삼거)

춘추 시대 초나라 장왕 때의 명재상 손숙오孫叔敖는 세 번이나 재상이 되었음에도 이를 영광으로 여기지 않았고, 또 세 번이나 그 자리에서 물러났으나 근심하는 기색이 전혀 없었다고 한다. 누군가 그 까닭을 묻자 손숙오는 "내가 세 번 나아가고 세 번 물러난 것이 나 때문인지 다른 연유인지 알 수 없다. 다른 연유라면 기뻐하거나 우려할 일이 없고, 나 때문이라면 당연한 것이니 내가 기뻐하거나 걱정할 일이 없지 않은가."라고 말했다.

손숙오는 작위나 자리, 녹봉이 높아질수록 몸과 마음을 더욱 낮추고 더 많이 베풀었던 사람이다. 그러니 세 번 재상 자리에 오르고 물러남에 전혀 심경의 동요가 없었던 것이다. 손숙오는 이런 자세로 평생 가족이 끼니를 걱정할 정도로 청렴하게 관직 생활을 했다. 되지도 않는 자격과 인격으로 고관대작을 넘보는 작자들과는 차원과 경지가 다르다.

마음으로 사귀지 않는 우정과 친구는
겉으로만 우정이고 친구다.

朋而不心, 面朋也. 友而不心, 面友也
(붕이불심, 면붕야. 우이불심, 면우야)

우정과 친구에 대해 양웅이 던지는 경구이다. 친구라면 진정이란 씨앗을 뿌려야만 우정이란 과일을 맺을 수 있다. 진정이란 먼저 친구에게 자신의 내면세계를 솔직하게 드러내야만 가능한 경지이다. 즉 자신을 깨끗하고 투명하게 하는 '명기'明己가 전제되어야 한다. 모든 인간관계가 그렇겠지만 참된 우정만큼 고귀한 관계는 없을 것이다. 그래서 관중은 포숙鮑叔의 우정을 두고 "날 낳아 주신 분은 부모지만, 날 알아준 사람은 포숙이다."라고 했던 것이다. 이해관계가 모든 관계를 지배하고 있는 오늘날, 우정의 의미를 새삼 되새겨 본다. 참다운 우정은 이해관계의 경계를 극복한 경지에 있고, 그 경지에서 인간관계는 깊이를 더해 간다.

인재는 얻기 어려울 뿐만 아니라
알기도 어렵다.

人才難得, 而且難知 (인재난득, 이차난지)

명나라 때 사람 왕의王禕가 평장 벼슬에 있는 찰랍이扎拉爾에게 보낸 편지의 한 대목이다. 그러면서 왕의는 널리 인재를 구해서 평소 많이 비축해 두지 않으면 천하의 인재를 다 얻을 수 없다고 지적한다.

인재가 중요하고 모든 일을 성사시키는 관건이라고 말들은 하면서 정작 인재를 두루 구하고 후하게 대접하는 일에는 소홀하다. 인재란 좀 남다른 사람이다. 그래서 왕의는 인재란 얻기도 어렵지만 제대로 이해하기도 어렵다고 한 것이다. 인재의 언행을 흔쾌히 받아 줄 수 있는 열린 마음이 있고, 사심私心이 개입되지 않아야만 제대로 된 인재를 얻을 수 있다. 그 출발점은 '인정'認定이 될 것이다.

앞사람이나 말이 일으키는 먼지만 바라볼 뿐
뒤따르지 못하다.

望塵莫及 (망진막급)

이 성어는 다음 이야기에서 파생되어 나온 것이다. 공자의 수제자인 안연顔淵이 "선생님께서 보통 걸음으로 가시면 저도 보통 걸음으로 갑니다. 빠른 걸음으로 가시면 저도 빠른 걸음으로 갑니다. 달리시면 저도 달립니다. 그런데 흙먼지 하나 일으키지 않고 허공을 날듯이 달리시면 저는 뒤쪽에서 멍하니 바라볼 뿐입니다."라고 말했다. 『논어』에도 비슷한 대목이 나온다. 한마음으로 배움에 전념해도 스승의 경지를 따를 수 없음을 이렇게 비유한 것이다. 수제자 안연이 이럴진대 다른 제자들은 어땠을까 하는 생각이 들지만, 워낙 겸손했던 안연인지라 이런 말을 할 수 있었을 터이다. 타인이나 다른 사물에 한참 뒤져 있음을 비유하는 표현으로도 제법 사용되는 사자성어이다. 그나저나 이런 경지의 스승을 찾기가 힘든 세상이다.

약을 주느니 처방을 주는 것이 낫다.

施藥不如施方(시약불여시방)

『유환기문』은 송나라 때 사람 장세남張世南이 쓴 책으로 약물이나 술 등에 대한 기록이다. 이 구절은 당장 눈앞의 어려움을 돕기보다 자립할 수 있는 조처를 취하는 편이 낫다는 뜻이다.

남송 시대 도교 전진파全眞派의 북오조北五祖 가운데 한 사람인 여동빈呂洞濱이 득도한 다음 자신의 도술을 전수코자 했다. 사람을 찾던 중 젊은 나무꾼을 만나 작은 돌멩이를 금으로 바꾸어 보이며 가지겠느냐고 물었다. 나무꾼은 고개를 저었다. 여동빈은 욕심 없는 젊은이에게 감동하여 도술을 전수하리라 마음먹고는 "어째서 황금을 원치 않는가?"라고 물었다. 나무꾼은 "금이 아니라 돌을 금으로 바꾼 당신의 그 손가락을 가지고 싶습니다."라고 했다.

여동빈은 나무꾼을 욕했지만 그 젊은 나무꾼이야말로 진짜 지혜로운 사람이었다. 그는 결과물이 아니라 결과물을 얻는 방법을 원했던 것이다. 우리 사회 곳곳에서 터져 나오는 온갖 병리 현상도 약을 투여하기에 앞서 정확한 처방이 절실하다.

도를 닦고 법을 보전하다.

修道保法(수도보법)

『손자병법』에 다음과 같은 대목이 있다. "용병을 잘하는 자는 도를 닦고 법을 보전한다. 그렇기 때문에 승패를 다스릴 수 있다."善用兵者, 修道而保法, 故能爲勝敗之政 손자가 말하는 '도를 닦고 법을 보전한다.'는 각 방면에서 '앞서 이기는', 즉 싸우기 전에 이기는 선승先勝의 도를 닦아 스스로를 보전하고 완전한 승리를 거두는 방법을 확보하라는 것이다. 거기에는 정치·경제·군사·자연 조건 등 여러 방면이 포함되는데, 그 요지는 장점은 살리고 단점은 피하며, 이익은 좇고 손실은 피하는 데 있다.

손자는 '선승'의 방법으로 우선 백성이 윗사람과 더불어 한뜻이 되어, 함께 살고 함께 죽고자 하고 위기에도 두려워하지 않도록 만드는 것을 꼽는다. 백성의 마음과 믿음을 얻은 통치자는 어떤 승부에서도 지지 않는다. '수도보법'修道保法은 군사뿐 아니라 모든 방면에서 통하는 이치이다.

늦게 출발하여 상대를 제압하다.

後發制人 (후발제인)

먼저 『백전기법』百戰奇法의 관련 대목이다. "전투에서 적이 전열을 제대로 정비하여 날카로울 때는 싸우지 말고 단단한 벽처럼 버티고 기다렸다가 그 전열과 기가 쇠퇴한 다음 공격하면 필승이다. 이를 '남보다 뒤에 처져 있다가 상대가 쇠퇴하기를 기다리는' 법이라 한다."

『전국책』에서는 이렇게 말한다. "천리마가 뒤처지고 좋지 않은 말이 앞서며, 고대의 용사 맹분孟賁이 먼저 지치고 여자가 이긴다. 무릇 열등한 말과 여자는 힘이란 면에서 천리마나 맹분을 결코 앞지를 수 없다. 그런데도 어째서 그럴 수 있는가? 그것은 다름 아닌 늦게 출발해 앞지르는 방법을 택했기 때문이다."

'후발제인'과 상대되는 개념이 '선발제인'先發制人이다. 얼핏 반대되는 개념 같지만 모두 일에서의 적극성을 가리키는 성어이다. 주동적으로 임하는 자세는 매우 중요하다. 하지만 어느 쪽이든 정확한 방법에서 나온다는 점을 명심해야 할 것이다. 상대가 나서기 전에 먼저 취하든, 상대가 출발한 다음 나중에 취하든 정확한 형세 판단이 필요하다는 말이다.

마음을 공략하는 것이 상책이다.

攻心爲上 (공심위상)

225년 제갈량諸葛亮이 남중南中을 정벌하러 나서자 마속馬謖이 수십 리 밖까지 전송을 나왔다. 제갈량은 마속에게 "함께 일을 꾀한 지 몇 년이 되었건만 지금 좋은 견해를 들을 수 있겠구려."라고 말했다. 마속은 이렇게 대답했다. "남중은 위치가 멀고 험하다는 것만 믿고 오랫동안 복종하지 않았습니다. 지금 격파한다 해도 내일이면 다시 반발할 것입니다. …… 무릇 용병의 도는 마음을 공략하는 것이 상책이며 성을 공격하는 것은 하책입니다. 심리전이 상책이며 병사를 동원해 싸우는 것은 하책입니다. 바라옵건대 공께서는 그들의 마음을 굴복시키십시오." 제갈량은 그의 말을 받아들였다. 『자치통감』에도 비슷한 기록이 있다. 제갈량은 서남 지역의 특수성을 정확하게 인지한 마속의 '공심위상'攻心爲上의 책략을 받아들여 저 전설과도 같은 '칠종칠금'七縱七擒의 드라마를 연출할 수 있었다. 이 책략은 군사보다 정치와 경제에서 더 큰 위력을 발휘하기도 한다.

벌은 큰 사람일수록,
상은 작은 사람일수록 의미가 있다.

殺貴大, 賞貴小 (살귀대, 상귀소)

『육도』의 원문을 풀이하자면 이렇다. "한 사람을 죽여 삼군이 떤 다면 죽여야 하고, 한 사람에게 상을 주어 만인이 기뻐한다면 상 을 주어야 한다. 벌은 큰 사람일수록, 상은 작은 사람일수록 의미 가 있다."殺一人而三軍震者, 殺之. 賞一人而萬人悅者, 賞之. 殺貴大, 賞貴小

벌은 신분이 높고 귀한 몸에게 내릴수록 법 집행의 공정성을 인정 받을 수 있고, 상은 보잘것없는 사람에게 내려야 공평성을 인정 받을 수 있다는 말이다. 법이 힘없고 돈 없는 사람들에게만 가혹 하게 집행되고, 돈과 권력을 가진 자들에게는 한없이 느슨한 것 이 우리 현실이기에 심상치 않게 다가오는 대목이다. 제갈량은 평 생을 공정公正, 공평公平, 공개公開라는 삼공三公의 원칙을 지키며 살 았기에 만세의 모범으로 추앙받고 있는 것이다. 전국 시대 개혁가 상앙商鞅은 '법이 제대로 실행되지 않는 것은 위에서부터 법을 어 기기 때문이다.'法之不行自上犯也라고 꼬집었다.

화살은 한번 시위를 떠나면 다시 돌아올 수 없다.

矢發不可復反 (시발불가부반)

이 대목은 청나라 때 당견唐甄이 지은 『잠서』라는 책에 보인다. 이 책의 원래 이름은 『형서』衡書였는데 훗날 증보되면서 『잠서』로 바뀌었다. 당견이 정치에서 실의한 탓인지 봉건 왕조 체제에 대한 비판이 많은 편이다. 당견은 이 구절에 이어 "정책은 한번 시행되면 수습할 길이 없다."政發不可復收라고 말한다. 정책 수립과 시행의 신중함을 강조한 말이다.

예로부터 통치자가 백성에게 신임을 잃는 가장 중요한 원인은 정책의 변덕이라고 했다. 조변석개朝變夕改하는 정책으로는 백성의 마음을 결코 얻을 수 없다. 공약을 밥 먹듯이 뒤집는 통치자와 정치가는 한번 떠난 백성의 마음도 다시 돌이키기 어렵다는 사실을 명심해야 할 것이다.

습관과 풍속은 인간의 생각을 바꿀 수 있고,
습속을 오래 지키면 인간의 본질도 바꿀 수 있다.

習俗移志, 安久移質(습속이지, 안구이질)

사람의 나이 서른을 넘으면 본질(본성, 기질)이 변할 확률은 2퍼센트도 안 된다고 한다. 그만큼 인간의 본성을 변화시키기 힘들다는 말이다. 순자荀子는 이와 관련하여 습관과 풍속으로 사람의 생각을 바꿀 수 있고, 그것을 오래 유지하고 지키면 본질도 바꿀 수 있다고 말한다. 습관과 풍속의 교화 기능을 높이 평가한 대목이다. 인간의 의지는 헤아리기 힘들 정도로 무한한 동력의 원천이다. 이런 의지가 모여서 발동하면 사회 기풍을 변화시킬 수 있다. 그렇게 변화한 사회 기풍에 많은 사람이 감화를 받아 교화되면 인간의 생각과 나아가 본질까지 바꿀 수 있는 것이다. 인간의 의지와 능력을 무한히 긍정한 순자의 철학이 돋보인다. 그가 인간의 본성을 '악'惡하다고 본 것도 이를 바꿀 수 있다는 확신이 있었기 때문이 아닐까.

음탕함보다 큰 죄는 없고,
탐욕보다 큰 화는 없다.

罪莫大於淫, 禍莫大於貪 (죄막대어음, 화막대어탐)

송나라 때 사람 장군방張君房이 편찬한 도교 교리에 관한 개설서 『운급칠첨』에 나오는 한 대목이다. 음탕함과 탐욕이 모든 죄와 화의 근원임을 지적한 것이다. 음탕함과 탐욕은 작게는 자신의 몸을 위태롭게 하고 크게는 집안과 나라까지 위험에 빠뜨린다. 탐욕은 모든 것을 얻길 바라는 까닭에 왕왕 모든 것을 잃는 결과를 초래한다. 황금만능과 권력욕이 판을 치는 오늘날에 이 경구는 더욱 가슴에 와 닿는다. 하루가 멀다 하고 들려오는 추행과 탐욕으로 인한 갈등으로 사회가 병들고 있기 때문이다. 탐욕을 부리지 않는 것이야말로 정말 귀중한 보배라는 생각이 절실하게 든다.
불필요한 욕심을 덜 부리는 것부터 실천해 보면 어떨까?

몸을 낮추는 예로 현자와 인재를 대하다.

禮賢下士(예현하사)

필요한 인재를 구하기 위한 다양한 방법은 고대부터 제시되었다. 당나라 때 사람 이면李勉은 고위직에 있으면서도 늘 자신의 몸을 낮추고 시종 진심으로 갖은 예를 다하여 인재를 대했다고 한다. 그보다 훨씬 앞선 전국 시대 연나라 소왕은 나라를 중흥시키기 위해 인재를 갈망했다. 현자 곽외郭隗는 인재 우대에 관한 이야기를 들려주었고, 이에 소왕이 "자신의 몸을 낮추고 후한 예물을 베푸는"卑身厚幣 방법을 쓰자 "인재가 앞을 다투어 연나라로 달려왔다." 여기서 '사쟁추연'士爭趨燕이란 멋진 고사성어가 탄생했다. 자존심을 먹고 사는 인재를 유인하기 위한 지혜가 번득이는 성어들이다.

미생의 믿음(약속)

尾生之信（미생지신）

미생尾生이란 남자가 한 여자와 다리 밑에서 만나기로 약속했다. 만나기로 한 날 비가 내려 시내에 물이 넘쳤다. 다리 밑으로도 물이 차올랐다. 여자는 오지 않았다. 하지만 미생은 다리 밑을 떠나지 않았고 다리를 끌어안은 채 물에 빠져 죽었다. 여기서 '미생지신'尾生之信이란 유명한 고사성어가 나왔다.

이후 이 성어는 변통을 모르는 고지식한 사람을 비유할 때 사용되었다. 무익한 약속을 끝까지 지키려는 답답한 사람에 대한 야유의 의미도 있다. 하지만 때로는 한번 한 약속을 끝까지 지키려 하는 신의 있는 사람을 비유하기도 한다. 약속을 밥 먹듯 저버리는 세태에서는 차라리 미생과 같은 사람이 귀한 사람이 아닐 수 없다.

왼쪽 자리를 비워 우대하다.

虛左以待(허좌이대)

전국 시대 위魏나라의 공자 무기無忌는 인재를 존중하여 그 인재가 어질거나 불초하거나를 막론하고 겸손한 예로 교류했다. 자신이 부귀하다고 교만하게 대하지도 않았다. 인재가 앞을 다투어 위 공자에게 모여드니 식객이 삼천에 이르렀다. 이런 위세에 다른 나라에서는 감히 위나라를 침공하지 못했다. 위 공자는 은자 후영侯嬴을 모시기 위해 직접 수레를 몰고 왼쪽 자리를 비워 둔 채 그를 맞이하러 가기도 했다. 이로부터 수레의 왼쪽 자리는 상석을 가리키게 되었다. 인재나 현자를 대우하는 방법이야 많겠지만 겉으로 드러나는 격식도 중요하다고 할 것이다. 위 공자는 격식을 제대로 갖추어 인재를 대했고, 실질적인 대우 또한 결코 소홀히 하지 않았다.

오이 밭, 배나무 밑

瓜田李下 (과전이하)

'오이 밭에서 신발 끈 매지 말고, 배나무 밑에서 갓끈 매지 마라.'
라는 속담의 출전이다. 원문을 풀이하자면 이렇다. "군자는 미연
에 방지한다. 의심을 살 만한 곳에는 처하지 않는다. 오이 밭에서
는 신발을 신지 않고, 배나무 밑에서는 의관을 정제하지 않는다."
요컨대 의심을 살 만한 장소에는 가지 말고 그런 행동도 하지 말
라는 것이다. 오이 밭과 배나무 밑은 의심을 사기 쉬운 장소가 되
는 셈이다. 옛사람은 이렇듯 처신에 있는 주의 없는 주의를 다 기
울였다. 다소 지나친 감이 없지는 않으나 충분히 새겨 둘 만한 대
목이다. 공직자나 사회 지도층의 처신이 워낙 형편없는 세상이라
더 그렇다.

장수 하나가 공을 세우려면
만 명의 희생이 따른다.

一將功成萬骨枯 (일장공성만골고)

당나라 때 사람 조송曹松이 쓴 시의 한 대목이다. 큰일을 성취하기 위해서는 큰 희생이 따른다는 뜻이지만, 한 사람의 성공과 명예 때문에 많은 사람이 희생을 치러야 하는 불합리한 경우를 가리키는 때가 많다. 이렇게 세운 공은 의미가 없다는 뜻이다.

국민의 혈세를 들여 특정한 사람을 위한 무익한 사업을 벌일 때 이 구절을 인용할 수 있다. 더욱이 빈익빈 부익부를 부추기는 지금 같은 경제 체제에서는 경제적으로 성공을 거둔들 그 부가 극소수에게 집중될 뿐 수많은 사람이 빈곤에 허덕이는 악순환이 반복되기에, 군사 방면보다는 오히려 경제 방면에 더 어울리는 말이 되고 있다. 이 성어와는 반대로 소수의 희생으로 다수가 이익을 보는 새로운 구조가 필요한 세상이다.

마음을 수양하기로는
욕심을 줄이는 것만 한 것이 없다.

養心莫善於寡欲 (양심막선어과욕)

맹자는 이 말에 이어서 "그 사람이 욕심이 없는데 본심을 보존하지 못하는 일은 드물고, 그 사람이 욕심이 많은데도 본심을 보존하는 경우도 드물다."라고 말한다. 인간 자체가 욕심덩이라 선현들은 끊임없이 과욕 過欲 을 들먹이며 경계를 늦추지 않았다. 욕망이 지나치면 인간이 가지고 있는 선한 품성마저 잃게 된다. 욕심이 선과 악의 경계인 셈이다. 마음을 수양하기 위한 방법이야 많지만 책을 읽는 것도 좋은 방법이다. 그래서 혹자는 "인간의 큰 즐거움 중에서 독서만 한 것이 없다."라고 말한다. 우리나라는 문맹률이 제로에 가까운데도 독서량과 독서 수준, 인격 수양은 정말 형편없다는 것이 중론이고 보면 독서와 수양은 상당한 함수 관계를 갖는 것 같다.

성을 쌓고 소를 먹이다.

版築飯牛 (판축반우)

'판축'版築은 성 담장이나 토담을 쌓는 일을 말하고, '반우'飯牛는 소를 먹이는 일을 가리킨다. 즉 하찮은 일을 뜻한다. 은나라 때 부열傳說이란 현자는 민간에서 토담 쌓는 일을 했고, 춘추 시대 제나라의 현자 영척寧戚은 소 키우는 일을 했다. 이들은 훗날 모두 조정에 중용되어 나라를 위해 큰일을 해냈다. 이 일은 『사기』「평진후주보열전」에 '판축반우'라는 사자성어로 압축 요약되었는데, 아무리 하찮은 일을 하는 사람도 능력과 인품을 갖추고 있으면 큰일을 할 수 있다는 뜻이다. 그리고 그에 앞서 이런 사람을 눈여겨보고 조건 없이 기용했던 리더의 자질에 관한 문제를 동시에 지적하고 있다. 이 사자성어는 종종 보잘것없는 일을 하며 지내던 시절의 친구 관계를 나타내기도 한다.

배워 보고 난 다음 모자람을 알다.

學然後知不足(학연후지부족)

관련 대목을 소개하면 이렇다. "맛난 음식도 먹어 보지 않으면 그 맛을 알 수 없고, 지극한 도라도 배우지 않으면 좋은 줄 모른다. 따라서 배워 보고 난 다음 모자람을 알고, 가르쳐 보고 난 다음 어려움을 아는 것이다. 아는 것이 부족하다는 것을 알면 스스로를 돌아보게 되고, 어려움을 알면 스스로 강해질 수 있다."

배워서 큰소리치고 잘난 척하는 인간은 많지만 배울수록 부족하다고 느끼고 반성하는 사람은 찾기 힘들다. 배운 것을 가르쳐 보면 자신의 부족함뿐 아니라 배운 것을 제대로 전달하는 일이 얼마나 어려운 것인가를 알게 되는데 가르치는 일을 얄팍하게 배운 것을 자랑하는 수단으로 여기는 자가 많다. 지식은 해방되었는지 모르지만 지혜는 까마득한 경지다. 배움에 시작은 있지만 끝은 없다.

양득의

楊得意(양득의)

한나라 무제 때 촉 지방 출신의 양득의楊得意가 황제의 사냥개를 관리하는 자리인 구감狗監이 되어 무제를 모셨다. 무제가 어느 날 「자허부」子虛賦를 읽다가 "짐이 이 사람과 한 시대를 살지 못하는 것이 안타깝구나."라고 한탄했다. 곁에 있던 양득의가 이 말을 듣고는 "신이 살고 있는 읍에 사마상여司馬相如란 사람이 있는데 이 사람이 그 글을 썼다고 하더이다."라고 했다. 무제는 깜짝 놀라며 바로 사마상여를 불러들였다. 이후 양득의란 이름은 인재 추천을 비유하는 단어가 되었다. 보잘것없는 벼슬에 있던 양득의는 당대 최고의 문장가 사마상여를 사심 없이 추천하여 그 자신의 이름을 남기고 인재 추천이라는 아름다운 고사도 남기게 되었다. 남은 헐뜯고 자기자랑만 늘어놓는 우리 세태에서 양득의의 인재 추천이 던지는 메시지의 울림이 작지 않다.

엎질러진 물은 주워 담기 어렵다.

覆水難收 (복수난수)

워낙 유명한 구절이고, 수많은 사람이 인용하거나 변형해서 사용했지만 고사의 기원은 강 태공姜太公과 그 아내이다. 강 태공은 집안 살림은 도외시한 채 늘 책만 읽었고, 고생을 견디다 못한 아내 마씨馬氏는 친정으로 가 버렸다. 말하자면 이혼을 한 셈이다. 그 뒤 강 태공은 주나라 문왕을 만나 문왕의 스승이 되고 이어 무왕을 도와 주나라 건국의 일등 공신이 되었다. 무왕은 강 태공을 제나라에 봉했다. 마씨는 출세한 남편에게 과거로 돌아갈 수 없느냐고 물었지만, 강 태공은 물을 한 바가지 떠서 땅에 뿌리고는 한번 엎질러진 물은 주워 담을 수 없다며 야멸차게 아내를 내쳤다. 흔히 복수불반분覆水不返盆, 복수불반覆水不返으로 많이 쓴다. 이미 정해져 되돌리기 힘든 경우나 헤어진 부부가 다시 합치기 어렵다는 뜻으로 많이 쓴다.

닭을 키우는 사람은
살쾡이(너구리)를 기르지 않는다.

養鷄者不畜狸(양계자불축리)

한나라 때의 왕포王褒가 쓴 글의 일부다. 왕포는 이 구절에 이어 이렇게 말했다. "가축을 키우는 사람은 이리를 기르지 않는다. 나무를 심는 사람은 벌레를 걱정하고, 백성을 지키려는 사람은 도적을 제거한다."牧獸者不育豺, 樹木者憂其蠹, 保民者除其賊 가축을 해치는 이리나 나무를 좀먹는 벌레를 걱정하듯이 백성을 해치는 근원적인 문제를 해결해야 한다는 뜻이다. 이 말의 핵심은 선량한 백성을 보호하려는 통치자는 사악함을 결코 용납하지 않는다는 것으로, 왕포는 특히 백성의 안전과 이익을 해치는 공직자의 부정부패는 가차없이 제거해야 한다는 점을 에둘러 강조한 것이다.

고양이에게 생선(가게)을 맡기지 말라는 말과 의미가 통한다.

생일을 위한 전담 조직

生辰綱(생신강)

송나라 때 사람 채경蔡京은 16년 동안 재상 자리에 있으면서 막강한 권세를 휘둘렀던 인물이다. 휘종을 사치와 방탕으로 이끌었고, 나라 재정을 엉망으로 만들었다. 그는 흠종 즉위 후 국난을 초래한 6적의 우두머리로 찍혀 실각했는데, 귀양 가는 도중 어느 누구도 그에게 먹을 것을 주지 않아 굶어 죽었다고 한다.

채경이 한창 권세를 누릴 때 그의 생일잔치는 전국을 떠들썩하게 만들 정도로 요란했다. 전국 지방 관리가 돈이며 물건을 바쳤는데 그 물량이 상상을 초월할 정도여서 운반을 전담하는 조직까지 필요했다. 세상 사람들은 이를 '생신강'이라 불렀다. 생일 때는 각종 진귀한 요리로 하객을 접대했는데 꽂게 알을 넣어 만든 만두 한 가지를 만드는 데 엽전 130만 냥을 소모했고, 채경이 마시는 메추리 탕 한 그릇을 위해 수백 마리의 메추리를 잡았다고 한다. 나라를 부강하게 만드는 데는 열 충신으로도 모자라지만, 나라를 망치는 데는 간신 하나로 충분하다는 말이 떠오른다.

손가락 하나의 깨달음

一指禪(일지선)

『경덕전등록』은 송나라 때 사람 도원道原이 1004년에 지은 불교 (선종) 승려들의 기록이다. 이 책 가운데「구지화상」에 보면 이런 일화가 전한다. 구지俱胝 화상이 천룡天龍 화상에게 불교의 교의에 대한 가르침을 청했다. 천룡 화상은 말없이 손가락 하나를 치켜세 웠고, 구지 화상은 그 자리에서 크게 깨달았다. 그 뒤 구지 화상은 자신에게 가르침을 청하는 사람이 있으면 늘 손가락 하나를 세워 보였고, 세상을 떠나기에 앞서 "내가 천룡 화상에게 일지두선一指 頭禪을 얻어 평생을 써먹고도 다 써먹지 못했다."라고 말했다. '일 지선' 또는 '일지두선'은 불교 선종의 용어로 만 가지 법이 하나로 돌아간다는 만법귀일萬法歸一의 이치를 나타낸다. 아무리 복잡다단 한 세상사라도 남 해치지 않고 거짓 일삼지 않고 착하게 살아야 한다는 이치는 예나 지금이나 변함없는 것과 같다고 할까.

큰 나라 다스리는 것을
마치 작은 생선을 지지듯 하라.

治大國若烹小鮮 (치대국약팽소선)

노자가 남긴 천하의 명언이다. 작은 생선을 요리할 때는 창자를 빼내거나 칼로 토막을 내지 않고 그대로 그릇에 넣고 삶는다. 또 이리저리 뒤집거나 쑤시지도 않는다. 그렇게 하면 생선살이 다 흩어져 먹을 수 없기 때문이다. 나라를 다스리는 이치도 이와 같아서 백성을 들들 볶아 대면 안 된다는 말이다. 통치의 이치는 별스러운 것이 아니다. 백성을 안정시키는 것이 가장 중요하다. 정신적으로 안정을 얻으면 백성은 자신의 생업에 열중하여 삶이 부유해진다. 나라의 부강은 백성의 부강으로부터 오는 것이다. 사업이나 개인사도 마찬가지이다. 정도가 적당해야 하고, 균형이 잡혀야 한다. 어느 한쪽으로 치우친 정치는 그 자체로 불안하며 백성을 걱정시킨다. 하수나 하는 짓이다.

패거리를 지어 나쁜 짓을 일삼다.

朋比爲奸(붕비위간)

사사로이 패거리를 짓는 것을 붕비朋比 또는 붕당朋黨이라 한다. 순자는 『순자』荀子 「신도」臣道에서 패거리를 지어 사사로운 이익을 꾀하고 자신과 다른 사람을 배척하는 자들을 찬신簒臣이라 했다. 『삼국연의』를 보면 "그 뒤 장양, 조충 …… 하운, 곽승 등 열 명이 패거리를 지어 나쁜 짓을 일삼으니 이른바 십상시十常侍다."라는 대목이 나온다. 『봉신연의』封神演義에도 같은 말이 나온다.

이해관계가 맞아떨어져 서로 결탁하는 것이야 나무랄 바가 아니지만 공적인 일이나 나라를 이끄는 자들이 사사로이 패거리를 지어 서로의 뒤를 봐주는 등 사욕을 챙기는 일은 결코 작은 일이 아니다. 우리 사회에 만연한 패거리 문화를 청산하기 위한 사회적 공감대 형성이 시급하다. 보다 나은 세상으로 가는 데 큰 걸림돌이 되기 때문이다.

소맷자락을 자르다.

斷袖〔단수〕

한나라 애제 때 동현董賢은 미모가 뛰어난 남자로 애제가 그를 사랑하여 침식을 함께했다. 어느 날 아침, 애제가 잠에서 깨 몸을 일으키려는데 동현의 몸이 애제의 옷소매 자락을 누르고 있었다. 애제는 동현이 깰까 봐 자신의 소맷자락을 자르고 침대에서 빠져나왔다. 그 뒤 '단수'斷袖는 남자를 좋아하는 남자를 비유하는 단어가 되었고, 그런 취향을 단수벽斷袖癖이라 했다. 요컨대 동성애를 가리키는 말이다. 청나라 때 소설가 포송령蒲松齡이 남긴 소설집 『요재지이』聊齋志異에도 하생何生이란 남색가가 등장한다. 동성애가 오늘날만의 문제가 아니라 수천 년 전부터 있었다는 기록이 적지 않다. 우리 사회도 앞으로 점점 이 문제가 더 부각될 조짐이 보인다.

[5] 월

塞下曲

五月天山雪
無花只有寒
笛中聞折柳
春色未曾看
曉戰隨金鼓
宵眠抱玉鞍
願將腰下劍
直爲斬樓蘭

새하곡

― 이백(李白)*

오월의 천산은 눈 내리고
추워 꽃도 피지 않는구나.
피리 소리 속에 절류가가 들리니
봄빛은 아직 멀었나 보다.
새벽에는 북소리 따라 싸우고
밤에는 안장 끌어안고 잠든다.
바라기로는 허리에 칼을 뽑아
바로 누란을 베어 버리고 싶구나.

* 이백은 태백(太白)이란 자로 많이 불린다. 호를
청련거사(青蓮居士)라 하며, 시선(詩仙)이란
별칭으로도 널리 불린다. 흔히 두보(杜甫)와 함께 나란히
'이두'(李杜)로 불리기도 하는 중국 최고의 시인이다.
무려 천 편이 넘는 작품이 남아 있는 것에 비해 그의 삶은
생몰 연대를 비롯하여 많은 부분이 추정에 의존한다.
그나마도 신비한 행적이 대부분이다. 환상적이고
호방한 시가 많다.

백성을 사랑하는 나라는 강하고,
백성을 사랑하지 않는 나라는 약하다.

愛民者强, 不愛民者弱(애민자강, 불애민자약)

독재 정권 시절을 겪은 사람이라면 애국애족愛國愛族이란 구호에 치를 떨지 모른다. 개인의 인권과 자유를 담보로 한 무작정의 애국애족은 그 자체로 폭력이기 때문이다.

고전을 읽다 보면 종종 애국에 관한 일화와 명구를 심심찮게 접하게 되는데 고전 속 애국은 거의 전부가 애민愛民과 연계되어 있다. 『순자』의 한 대목이다. "인재를 아끼는 나라는 강하고, 인재를 아끼지 않는 나라는 약합니다. 백성을 사랑하는 나라는 강하고, 백성을 사랑하지 않는 나라는 약합니다. 정책에 믿음이 있는 나라는 강하고, 정책에 믿음이 없는 나라는 약합니다."

더 이상의 설명은 사족蛇足이 될 정도로 명쾌한 논리다. 나라의 부강이 인재와 백성을 얼마나 아끼느냐로 결정된다는 요지다. 이런 '애민'은 오늘날 봐도 산뜻하게 느껴진다. 정치 구호를 내세울 때도 깊은 생각과 철학이 동반되어야 한다는 생각이 절로 든다. '애국애족'이 아닌 '애민애국'이었으면 어땠을까?

잎사귀 하나가 가을을 알리다.

一葉知秋 (일엽지추)

이 말의 출전은 『회남자』이다. 그 대목은 이렇다. "고기를 한 점 맛보고 솥 안의 고기 맛을 알고, 깃털과 숯을 매달아 놓고 건조한지 습한지를 아는 것은 작은 것으로 큰 것을 밝히는 것이다. 떨어지는 잎사귀를 보고 한 해가 저물어가는 것을 알고, 병 속의 얼음을 보고 천하에 추위가 다가옴을 아는 것은 가까운 것으로 먼 것을 논하는 것이다."

여기서 '일엽지추'一葉知秋라는 멋들어진 성어가 파생되어 작은 것으로 큰 것을 드러내는 것을 비유하는 말이 되었다. 별개의 미묘한 현상을 통해 사물의 본질과 전체적인 모습 그리고 발전 추세를 유추하는 것을 의미한다. '미세한 것을 보고 드러날 것을 안다.'見微知著와 같은 의미이다. '바닷물을 다 마셔야 맛을 아나, 한 숟갈만 떠먹어 보면 알지.', '하나를 보면 열을 안다.' 같은 속담이나 격언도 같은 맥락이다.

비방 문서 또는 비방서

謗書(방서)

전국 시대 위魏나라 문후가 악양樂羊에게 중산中山을 공격하게 하니 악양이 삼 년 만에 공략하고 돌아와서 자신의 공로를 자랑했다. 문후는 말없이 상자 하나를 꺼내 악양에게 건네주었고, 악양이 상자를 열어 보니 상자에는 그동안 자신을 비방한 문서가 가득 차 있었다. 조정 대신의 온갖 비방에도 불구하고 문후는 삼 년이나 악양을 믿고 기다렸던 것이다. 악양은 부끄러워하며 승리의 공을 문후에게 돌렸다.

'방서'謗書는 이렇듯 누군가를 비방하고 공격하는 글을 말하는데, 동한 시대 왕윤王允(소설 『삼국연의』에서 초선貂蟬을 이용하여 동탁董卓과 여포呂布를 이간하는 인물)은 사마천의 『사기』를 두고 한나라 왕실을 비방한 책이란 의미로 '방서'라고 지목하면서, 무제가 사마천을 살려 준 탓에 방서가 세상이 나오게 되었다며 사마천과 『사기』를 비난했다. 이후 방서는 타인을 깎아내리는 책을 가리키는 용어가 되었고, 간혹 『사기』를 가리키는 대명사로 쓰이기도 했다.

향(향수)을 나누다.

分香(분향)

『문선』의 진晉나라 육기陸機가 쓴「조위무제문」弔魏武帝文「서문」에 인용된 조조의 유언 중 일부를 보면 "내 향을 여러 부인에게 나누어 주어라."라는 대목이 나온다. 훗날 '분향'分香이란 말은 임종을 앞둔 사람이 남은 가족을 염려하는 마음을 가리키는 단어가 되었다. 조조는 죽기 전에 자신의 무덤을 여러 개 만들었다고 한다(일설에는 72개를 만들었다고도 한다). 도굴을 방지하기 위해서라는데, 조조의 유언을 보면 도굴할 것이 없을 정도로 박장薄葬이었다. 당대를 호령하던 인물의 유언은 이 사람이 진짜 조조가 맞나 할 정도로 꼼꼼하게 가족과 처첩을 하나하나 챙기고 있다. 쓰다 남은 향마저 부인들에게 나누어 주라는 조조의 유언이 새삼스럽다. 죽음 앞에서는 그 누구도 겸손해질 수밖에 없나 보다.

회남왕의 닭과 개

淮南鷄犬(회남계견)

한나라 때 회남 지역의 왕이었던 유안은 신선 사상에 심취했다. 그래서인지 그에 관한 신비한 전설이 적지 않은데 그중 하나를 소개한다. 유안이 여덟 명의 신선을 따라 대낮에 하늘로 올라가면서 뜰에 버린 남은 약, 즉 선단仙丹을 닭과 개가 주워 먹고는 모두가 하늘로 올라갔다. 그 뒤로 '한 사람이 득도하니 닭과 개도 모두 신선이 되는구나.'라는 속어가 퍼졌고, '회남계견'淮南鷄犬은 다른 사람에게 빌붙어 득세하는 자를 비유하는 성어가 되었다.

이와 비슷한 이야기가 동한 시대 유물론자 왕충의『논형』論衡에는 "개가 천상에서 짖고, 닭이 구름 속에서 운다."라는 대목으로 나타난다. 사마천은 유방을 따라 봉기하여 공신이 된 유방의 고향 출신들을 두고 "파리가 준마의 꼬리에 붙어 천 리를 갔다."라고 했는데 같은 뜻이다.

붉은색과 푸른색

丹靑(단청)

'단청'丹靑이라 하면 흔히들 목조 건축물에 여러 색을 입혀 꾸미는 것을 가리킨다. 하지만 당초 이 단어의 의미는 지금과 전혀 달랐다. 한나라 때 환관桓寬이 정리한 『염철론』에서 단청은 밝고 뚜렷한 특징을 가진 공경公卿을 가리켰다. 그 뒤 단청은 조정의 귀한 대인을 비유하는 말이 되었다. 두보杜甫의 시에서 단청은 늙은 신하를, 한유韓愈의 시에서 단청은 재상을 일컫는다. 물론 그림을 그리는 데 늘 사용되는 두 가지 색이란 단어로도 쓰였다. 다만 지금까지 우리는 '단청' 하면 그림에 사용된 색이나 그런 색을 사용하여 건축물을 꾸민다는 뜻만 알고 있었을 뿐이다.

복숭아 두 개로 세 장사를 죽이다.

二桃殺三士(이도살삼사)

춘추 시대 제나라 경공 수하에는 공손접公孫接, 전개강田開疆, 고야자古冶子라고 하는 세 명의 장사가 있었다. 이들은 그 나름대로 공을 세워 경공의 총애를 받았는데, 자신의 공만 믿고 오만무례하기 짝이 없었다. 제상 안영晏嬰은 경공을 위해 이들을 제거하기로 마음먹었다.

어느 날 외국의 사신이 제나라를 방문했을 때 안영은 꾀를 내어 궁궐 뒤뜰에서만 나는 맛난 복숭아를 사신에게 대접한 다음, 남은 두 개를 놓고 세 장사에게 공적을 자랑해 공적이 큰 사람이 먹으라고 했다. 세 사람은 각자 자신의 공을 한껏 떠벌렸다. 하지만 복숭아는 둘밖에 없었고, 복숭아를 얻지 못한 장사가 분함을 이기지 못해 자결해 버렸다. 그러자 나머지 두 장사도 형제처럼 지낸 장사가 자결했으니 자신들도 살 가치가 없다며 따라서 목숨을 끊었다.

'이도살삼사'二桃殺三士는 이처럼 안영의 기지를 잘 보여 주는 일화이나 갈수록 음모로 사람을 해치는 것을 비유하는 말이 되었다.

과일을 던지다.

擲果(척과)

『세설신어』는 중국 남조南朝 시대 송나라의 유의경劉義慶이 편집한 명사들의 일화집으로 동한 말기부터 동진東晉 시기까지 아우른다. 여기에 보면 반악潘岳이라는 미남자 이야기가 등장한다. 반악은 출중한 외모를 가진 미남자였는데 그가 외출했다 하면 여자들이 사방을 둘러싼 채 자리를 뜨지 못하게 할 정도였다고 한다. 유의경과 같은 남조 시대 양나라 사람 유효표劉孝標는 진나라 배계裴啓가 편찬한 『어림』語林을 인용하여, 반악이 외출할라치면 그의 미모에 반한 여자들이 반악의 수레를 향해 과일을 던졌는데 얼마나 많이 던졌는지 수레를 가득 채울 정도였다고 전했다. 여기서 '척과영차' 擲果盈車라는 사자성어가 파생되었다. '척과'擲果는 과일을 던져 미남자 반악에 대한 애정을 나타낸 것으로, 훗날 미남자를 나타내는 자랑스러운 단어가 되었다. 예나 지금이나 미녀 미남에 대한 선망과 동경은 별반 달라진 것이 없다. 상대적으로 많은 미녀에 대한 일화 속에서 흥미를 끄는 미남자 이야기다.

판을 지고 다니는 선생

負局先生 (부국선생)

한나라 때 사람 유향이 편찬한 『열선전』은 선인仙人의 행적을 주요 내용으로 삼고 장생불사를 중심 주제로 하는 저작으로, 현존하는 중국 최초의 신선 설화집이자 신선 전기집이다. 이 책에 보면 '부국선생'負局先生이라는 아리송한 이름을 가진 인물이 등장하는데 전설 속의 신선으로 전한다. '부국'負局은 무엇인가에 쓰는 '판을 등에 진다.'라는 뜻이다. 부국선생은 내력을 알 수 없는 사람으로 주로 연나라와 대代 지역 사이를 오가며 활동했다고 한다. 그는 특이하게 거울을 가는 '판을 등에다 지고'는 저잣거리를 오가며 1전을 받고 거울을 갈아 주었다. 당시 거울은 동으로 만들었기 때문에 때가 끼거나 녹이 슬면 갈거나 닦아야 했다. 이후 '부국', '부국선생' 하면 거울을 갈아 주는 사람의 대명사가 되었다. 재미난 고사에서 생긴 재미난 성어다.

동산에 오르니 노나라가 작구나.

登東山而小魯 (등동산이소로)

이어지는 구절은 "태산에 오르니 천하가 작구나."登太山而小天下이다. 동산東山은 지금의 산동성山東省 몽음현蒙陰縣에 있는 몽산蒙山을 말한다. 태산은 산동성 중부에 있는 오악五嶽의 하나로 예로부터 중시되어 온 명산이다. 사람의 발이 디디고 있는 지점이 높으면 높을수록 시야가 넓어지고 가슴이 커진다는 말이다.

이 대목은 공자에 대한 것인데 맹자는 이어서 "그러므로 바다를 유람한 사람에게 물 노릇 하기 어렵고, 성인의 문하에서 노닌 사람에게 말하기 어렵다. 물을 관찰하려면 반드시 여울을 보아야 하고, 해와 달은 빛이 있기에 빛을 받아들이는 곳을 비추기 마련이다. 흐르는 물은 웅덩이를 채우지 않고는 흐르지 않는다. 군자가 진리의 길에 뜻을 두었으면 (속이 차서 밖으로 빛이) 드러나지 않고서는 통달하지 못하는 것이다."라고 말한다. 『맹자』전편을 통해 가장 유명한 대목이기도 하다.

사물이든 사람이든 한 분야에서 일가견一家見을 이루려면 꽉 차야 한다는 말이다.

한쪽으로 치우치지 않고 패거리를 짓지 않으면
통치(자)의 길은 널찍하다.

毋偏毋黨, 王道蕩蕩 (무편무당, 왕도탕탕)

주나라 무왕이 은나라를 멸망시킨 다음 은나라의 중신이었던 기자箕子를 찾아가서 백성을 안정시키는 통치 방략에 대해 자문을 구했다. 이에 기자는 '홍범구주'洪範九疇라는 아주 상세한 통치 방략을 설파하는데 이 대목은 그중 일부분이다. 이어지는 대목을 조금 더 보면 이렇다. "패거리 짓지 않고 한쪽으로 치우치지 않으면 통치(자)의 길은 평탄할 수밖에 없다. 역행하지 않고 기울지 않으면 통치(자)의 길은 곧 바르다."毋黨毋偏, 王道平平. 毋反毋側, 王道正直.

'무편무당'毋偏毋黨은 '불편부당'不偏不黨으로 많이 사용한다. 삼천 년 전이나 지금이나 통치의 기본이나 이치는 달라진 것이 없어 보인다. 다만 실천에서 차이가 날 뿐이다.

덕행이 좋은 사람과 함께하면
자신의 진보를 위한 계단이 된다.

比於善者, 自進之階(비어선자, 자진지계)

이어지는 대목은 이렇다. "행실이 나쁜 사람과 함께하는 것은 자기 퇴보의 원인이 된다."比於惡者, 自退之原也. 나보다 나은 사람과 친구하라는 말도 있듯이 어떤 사람과 함께하느냐에 따라 자신의 수준이 결정되는 경우가 적지 않다. 물론 자기 발전과 진보를 위해 좋은 것을 받아들이려는 적극적 자세가 전제되어야 할 것이다. 평균을 따지되 평균 상향이냐, 평균 하향이냐를 꼼꼼히 들여다보아야한다. 아무리 평균이 좋다지만 평균 하향은 퇴보이기 때문이다. 이른바 격을 높이자는 말을 많이 하는데 자신의 격은 그대로 둔채 상대의 격상만을 요구하는 경우가 적지 않다. 그런데도 사람들은 그런 자의 입과 말에만 현혹되어 스스로의 격을 떨어뜨리는 우를 여전히 범하고 있다.

한 사람의 발전과 진보가 그 자신에게만 달려 있는 것이 아니라타인과의 관계 속에서 어느 정도 결정된다는 의미의 명언이라 하겠다.

치부에 관한 요령을 반드시 알아야
부유해질 수 있다.

必知富之事, 然後能富 (필지부지사, 연후능부)

관련 대목을 함께 소개하자면 이렇다. "다스림은 부유해지려고 하는 것이지만 반드시 부유해지는 것은 아니다. 치부에 관한 요령을 반드시 알아야 부유해질 수 있다." _{待治者所道富也, 而治未必富也, 必知富之事, 然後能富} 요컨대 경제의 원리나 규칙 같은 것을 파악하는 것이 치부의 전제라는 말이다.

관중은 탁월한 경제학자였다. "창고가 차야 예절을 알고, 입고 먹는 것이 넉넉해야 명예와 치욕을 안다."라는 명언은 부가 인간의 물질적 정신적 생활에 미치는 영향을 가장 적확하게 지적한 천고의 명언이다. 관중의 경제관은 한마디로 한 나라의 정권이 사회경제의 운용에서 어떤 역할을 해야 하는가를 심사숙고하라는 것이다. 그리고 그 핵심인 최종 목적은 부민富民이었다. 부국富國 앞에 부민을 내세운 점에 방점이 찍힌다.

법을 바꾸고 폐단을 개혁하는 일은
시세와 맞아야 한다.

變通革弊, 與時宜之 (변통혁폐, 여시의지)

변화와 개혁은 시세의 발전에 맞추어 끊임없이 바꾸고 새롭게 다듬어야 한다는 것을 강조한 말이다. 모든 개혁은 때를 놓치지 않고 앞장서는 것이 중요하고, 또 그것이 관건이다. 뒤떨어지거나 남의 꽁무니를 따라서는 안 된다. 그렇다고 아무런 준비나 대책 없이 무작정 밀어붙이거나 급하게 서둘러서도 안 된다. 그래서 시세나 형세의 발전에 맞추어야 한다고 강조한 것이다. 역사상 개혁이 성공한 예는 극히 드물다. 그로 인해 개혁이 혁명보다 더 어렵고 힘들다는 말까지 나왔다. 무엇보다 개혁 저항 세력의 반발이 개혁의 성공을 막는 가장 큰 걸림돌이었다. 개혁의 성공이 치밀한 전략과 전술, 만반의 준비 여하에 따라 판가름 난다는 것인데, 이 모든 것의 전제 조건이 다름 아닌 '시세'에 대한 통찰이다.

얼음이 석 자 두께로 얼려면
하루 추워서는 안 된다.

氷厚三尺, 非一日之寒 (빙후삼척, 비일일지한)

이 대목은 왕충이 "시내의 얼음이 얼려면 하루 추워서는 안 된다. 흙이 쌓여 산이 되려면 지금 시작해서는 안 된다."河氷結合, 非一日之寒. 積土成山, 非斯須之作라고 한 말에서 파생된 성어다. 세상사 이치가 그렇다. 무슨 일이든 상당한 시간의 축적과 그 시간을 관통하는 경험의 축적이 전제되어야만 제대로 할 수 있다. 학문은 더욱 그렇다. 지식이 넘치는 시대를 살고 있지만 그 방대하고 방만한 지식을 자기 것으로 체화體化하려면 그것을 되새기고 비교하고 사유하는 지난한 과정이 동반되어야만 한다. 얄팍한 지식과 천박한 경험으로 세상을 재단하고 사람을 통제하려 들었다간 세상을 어지럽히고 사람을 다치게 한다. 자신이 다치는 것은 물론이다. 지식이 해방되고, 지식으로부터 해방된 시대이기에 더욱 그렇다. 사물의 형성은 오랜 시간 익히고 쌓이는 과정이 필요하다는 것을 세련되게 비유한 명언이다.

안정과 위기는 정책을 내는 데 있고,
존망은 사람을 쓰는 데 있다.

安危在出令, 存亡在所用 (안위재출령, 존망재소용)

나라의 안정과 위기는 어떤 정책을 시행하느냐에 달려 있고, 나라의 존망은 어떤 인재를 쓰느냐에 달려 있다는 뜻으로, 정책과 인재가 나라의 흥망성쇠에 직접 영향을 미친다는 말이다. 참으로 옳은 말이 아닐 수 없다. 그래서 사마천은 또 "통치자가 어떤 사람인지 모르겠거든 그 사람이 어떤 인재를 기용하는가를 보라."不知其君, 視其所用라고 말했다.

모두 리더십의 소재를 지적한 대목인데, 결국은 리더가 어떤 인재를 기용하느냐에 따라 리더의 자질까지 결정된다는 뜻이다. '인사人事가 만사萬事'라고 하지만, 때로는 순서를 바꾸어 '만사가 인사'라 해야 뜻이 더 명확하게 통하는 것 같다. 인재는 그를 기용한 리더의 거울이다.

공명과 부귀는 세상을 따라 돌며 사라진다.

功名富貴逐世轉移(공명부귀축세전이)

명나라 말기 때 사람 홍응명洪應明의 어록인『채근담』의 한 대목이다. 다음에 이어지는 구절은 "고상한 기상과 절개는 천 년이 지나도 여전하다."氣節千載一時이다. 그러면서 홍응명은 뜻있는 사람이라면 이리저리 함부로 처신하거나 저것으로 이것을 바꾸어서는 안 된다고 경고한다.『채근담』의 훌륭한 어록 중에서도 "기생도 만년에 수절하면 열녀가 될 수 있지만, 열녀가 만년에 뜻을 버리면 기생만도 못하게 된다."라는 대목은 단연 압권이다. 인간의 발전은 정해진 기한도 한계도 없다. 그럼에도 불구하고 한 가지 분명한 것은 부귀와 공명을 이룬 그 시점부터 기상과 절개에 대한 엄중한 시험이 시작된다는 사실이다. 많은 사람이 이 시험을 통과하지 못하고 무너진다. 평소 인성에 대한 공부와 자기 수양을 게을리한 탓이다.

말의 잘못은
어찌할 수 없다.

斯言之玷, 不可爲也 (사언지점, 불가위야)

이 대목은 사마천의 『사기』 「진세가」晉世家에도 인용되어 있다. 바로 앞부분은 "옥의 흠은 오히려 갈아서 없앨 수 있지만"白珪之玷, 猶可磨也이다. 귀한 옥에 흠이나 티가 있으면 갈아서 없앨 수 있지만 한번 내뱉은 말은 주워 담을 수도 바로잡을 수도 없다는 말이다. 말에 대한 신중함을 강조한 대목인데, 말뿐만 아니라 언행 모두를 가리킨다고 봐야 할 것이다. 특히 공직에 있는 사람이나 사회 지도층의 언행은 자칫 큰 파장과 악영향을 초래할 수 있기 때문에 더 신중해야 할 것이다. 강 태공은 과거로 돌아갈 수 없느냐는 전처의 애원에 "엎질러진 물은 주워 담을 수 없다."覆水不返盆라며 야멸차게 등을 돌렸다. 주워 담을 수 없는 것도 그렇지만 엎질러진 물이 세상을 오염시키고 백성의 마음에 큰 상처를 남기기에 그 결과가 심각하다.

길이 같지 않으면
함께 꾀하지 않는다.

道不同, 不相爲謀 (도부동, 불상위모)

길이 같지 않다는 말은 지향志向, 다시 말해 뜻의 방향이나 자신의 뜻이 가고자 하는 방향이 다르다는 뜻이다. 무리하게 억지로 공학적工學的 사고방식에 집착하여 함께 일을 꾀하거나 노선을 같이하려면 실패하기 십상이다. 우리 정치판에서 툭하면 나오는 후보 단일화니 정책 공조니 하는 말들을 보면서 문득 이 대목이 떠올랐다. 정치 철학도 정책 노선도 다르면서 그저 자리 하나 더 차지하려고 무리하게 합치려는 경우가 많았기 때문이다. 결과는 물론 실패와 실망이었다. 당연한 일이다. 뜻이 다르면 '각종기지'各從其志, 즉 자신의 의지에 따라 행동하면 된다. '人間'(인간)이란 단어에 사이 '間'(간)이 들어 있는 것도 적절한 사이를 두고 건전한 관계를 유지하라는 뜻일 게다. 억지로 붙어 다니는 것보다는 적당한 거리를 두고 자신과 상대를 좀 더 냉정하게 보려는 관조觀照의 자세가 필요하다.

얼음과 숯은 말이 없지만
그 본질은 분명하다.

氷炭不言, 而冷熱之質自明〔빙탄불언, 이냉열지질자명〕

이 대목은 대구를 맞추어 '빙탄불언, 냉열자명'氷炭不言, 冷熱自明으로
도 쓸 수 있다. 얼음과 숯은 스스로 어떻다고 말하지 않지만 그 차
가운 기운과 뜨거운 기운이란 특질은 저절로 드러난다. 내심 깊은
곳에 감추어져 있는 미덕은 일단 언어로 표현되어 드러나는 순간
왕왕 그 진정한 의미가 반감되거나 사라진다. 인간의 가치와 명성
도 이와 같아, 자기가 떠벌리고 다닌다고 해서 드러나는 것이 아
니다. 관건은 실제 행위에 달려 있다. 자신이 어떤 방면에서 어떤
일을 어떻게 이룰 것인가 고민하고 그를 위해 끊임없이 실천하면
얼음이나 숯의 특질을 갖추게 될 것이고, 그러면 말하지 않아도
장점과 특징이 절로 드러난다는 뜻이다. 묵묵히 자기 길을 가는
훌륭한 인재들을 위한 격려의 말로 들린다.

싸움의 승패는
본질적으로 정치에 달려 있다.

兵之勝敗, 本在於政 (병지승패, 본재어정)

『회남자』에서는 그러면서 "정치가 백성을 이기면 아래가 위를 따라 병사가 강해지고, 백성이 정치를 이기면 아래가 위를 배반하므로 병사가 약해진다." 政勝其民, 下附其上, 則兵強矣. 民勝其政, 下畔其上, 則兵弱矣라고 말한다. 정치가 잘되느냐 여부가 전쟁의 승부를 결정한다는 뜻이다. 정치가 백성의 마음을 얻으면 백성이 지도자를 따르게 되고 그러면 군대도 강해진다. 백성이 정치를 이긴다는 뜻은 백성이 정치를 신뢰하지 못해 불만을 터뜨리고 지도자를 따르지 않는다는 것이다. 나라의 안위가 정치의 잘잘못에 달려 있다는 말이다. 그래서 공자는 위정자의 몸과 마음이 바르면 명령하지 않아도 절로 시행되지만, 그렇지 못하면 명령해도 따르지 않는다고 했다. 백성을 이기는 정치를 하려면 위정자의 언행이 반듯하고 거짓이 없어야 한다. 그러려면 잘못을 솔직히 인정하는 자세부터 갖추어야 한다.

군자는 절교를 하더라도 나쁜 말을 하지 않는다.

君子交絕不出惡聲(군자교절불출악성)

전국 시대 연나라의 장수 악의樂毅는 혜왕의 미움을 받아 장군 자리에서 쫓겨났다. 제나라와 전투하던 와중에서 이 일을 당한 악의는 타국으로 망명했다. 연나라는 다 이긴 전쟁에서 패했고, 혜왕은 악의를 원망하며 편지를 보내 서운함을 표시했다. 이에 악의는 "군자는 절교를 하더라도 (친구에 관한) 나쁜 말을 하지 않으며, 충신은 나라를 떠나더라도 자기 명성을 깨끗이 하지 않습니다."忠臣去國不潔其名라고 답장을 보냈다. 자기 명성을 깨끗이 하지 않는다는 말은 자기 명성을 위해 자신의 거취나 행위에 대해 변명하지 않는다는 뜻이다. 오늘날 우리의 공직자들이 하는 언행에 비추어 보면 정말 부끄럽기 짝이 없다. 악의는 자기 잘못이 아닌 왕의 그릇된 판단으로 장군직을 박탈당했지만 아무런 변명도 하지 않았다.

딱지를 뜯어 먹는 버릇

嗜痂之癖(기가지벽)

상처가 아물면서 생기는 딱지를 뜯어 먹는 버릇을 일컫는 성어이다. 좀 지저분한 버릇인데 유옹劉邕이란 자는 아무 데서나 상처 딱지를 뜯어 먹으면서 딱지 맛이 마치 전복 같다고 했다니 기절초풍할 노릇이다. 아무튼 이 성어는 기이하고 괴기스러운 기호나 그런 사람을 비유한다. 이 성어는 훗날 '기가성벽'嗜痂成癖으로 변용되기도 했는데, 기이한 것에 대한 애호가 하나의 취향이나 기호로 굳어졌음을 뜻한다.

좋든 나쁘든 기이하든 어떤 사물에 대한 애호가 지나치면 버릇으로 굳어지기 마련이다. 세 살 버릇 여든까지 간다는 우리 속담이 있듯이, 가능하면 좋은 버릇이 몸에 배야 하지 않을까. 기이한 버릇이야 남에게 피해를 주지 않으면 그 사람의 개성으로 볼 수 있지만 나쁜 버릇은 자칫 큰일을 낼 수 있으니 처신에 주의해야 한다.

하희

夏姬 (하희)

중국사를 보면 여성 때문에 신세를 망치거나 심지어 나라를 잃은 경우가 심심찮게 등장한다. 그들은 모두 망국의 화근이란 불명예를 뒤집어썼다. 물론 억울한 누명이다. 일차적으로 잘못은 이들에게 빠져 나라를 망친 통치자에게 있다.

그런데 춘추 시대 정나라 목공의 딸 하희夏姬는 여러 나라를 시끄럽게 하면서 여러 남자를 망친 희대의 요부妖婦였다. 하희는 진陳나라 대부 어숙御叔에게 시집을 갔다가 남편이 죽자 그 나라 대신들과 간통을 저지르고 급기야 최고 통치자 영공과도 간통했다. 이에 아들 하징서夏徵舒가 영공을 죽이고 권력을 장악했지만 강대국 초나라가 진나라를 공격하여 하징서를 죽였다. 하희의 미모에 초나라 장왕과 그 태자도 군침을 흘리자 무신巫臣이란 자가 장왕과 태자를 설득하여 연윤連尹 양로襄老에게 시집을 보내게 했다. 양로가 전투에서 죽자 하희는 그 아들과 또 불륜을 저질렀다. 이에 무신은 친정인 정나라로 돌려보낸다는 명분을 세워 자신이 하희를 호송하다가 도중에 그녀를 데리고 진晉나라로 도망쳐 버렸다. 적어도 네 나라를 시끄럽게 만들고 일곱 남자의 혼을 뺀 대단한 여성이었다.

거북은 여섯 부분을 감춘다.

龜藏六 (귀장륙)

불교 경전인 『잡아함경』에 보면 부처가 비구들에게 거북이 여섯 부분을 감추듯이 '육근'六根을 감추어 마귀가 넘보지 못하게 하라고 설교한다. '육근'이란 안식眼識, 이식耳識, 비식鼻識, 설식舌識, 신식身識, 의식意識인 육식六識이 육경六境(오관과 생각)을 인식하는 경우 그것들이 기대는 여섯 가지 뿌리, 곧 죄의 근본이 되는 눈, 코, 귀, 혀, 몸, 뜻을 통틀어 일컫는다. 거북은 위험하다고 판단하면 사지와 머리, 꼬리의 여섯 부위를 딱딱한 자신의 껍질 속에 감춘다. 거북처럼 모든 죄의 근본이 되는 육근을 잘 감추어 언행에 실수가 없으면 마가 낄 수 없다는 뜻이다. 불가의 말씀이지만 자신을 움츠려 안전을 추구하거나, 처신에 만전을 기하여 잘못을 범하지 않도록 해야 한다는 것을 비유하는 말이 되었다.

사사로운 사랑은 왕왕 증오의 시작이 된다.

愛者憎之始也 (애자증지시야)

관중은 공사가 분명한 사람이었다. 임종을 앞두고 후임자를 묻는 환공에게 포숙을 추천하지 않아 주위를 놀라게 했다. 포숙이 누군 가? 관중의 목숨을 살린 것은 물론 자신에게 돌아올 재상 자리를 양보한 더할 나위 없는 인격의 소유자이자 둘도 없는 친구 아니던 가? 하지만 관중은 포숙의 맑은 성품과 재상 자리가 어울리지 않 는다면서 다른 사람을 추천했다.

관중은 『관자』에서 "사사로운 사랑은 왕왕 증오의 시작이 되고, 사사로운 은혜는 왕왕 원한의 뿌리가 된다."愛者憎之始也, 德者怨之本也 라고 하여 사사로운 애정과 은혜가 공적인 일에 큰 누가 될 수 있 음을 지적했다.

인간은 작은 사랑과 은혜라도 베풀고 나면 보답을 바란다. 베푼 사랑과 은혜가 크면 기대하는 마음은 더 커진다. 그에 상응하는 보답이 돌아오지 않아 자기 마음을 만족시키지 못하면 증오와 원 한이 생겨나기 마련이다. 공적인 일에 이런 사사로운 애정과 은혜 가 개입하여 증오와 원한을 만들면 큰일을 그르치기 십상이다.

재물을 베푸는 것보다 빚을 갚는 것이 낫다.

布施不如還債(보시불여환채)

송나라 때 사람 홍매洪邁가 엮은 설화집 『이견지』의 한 구절이다. 홍매는 이어서 "복을 닦는 것보다 죄를 피하는 것이 낫다."修福不如避罪라고 했다. 얼핏 듣기에 뭔가 이상하다. 남에게 재물을 베푸는 일과 복을 닦는 일이 뭐가 어때서 빚을 갚는 것과 죄를 피하느니만 못하단 말인가? 빚도 갚지 않은 사람이 재물을 베풀려 하고, 죄를 지은 사람이 복을 닦으려 한단 말인가? 그렇지 않다. 좋은 일을 하기에 앞서 자신의 행동에 결함이 없어야 한다는 말이다. 즉 남에게 무엇인가를 베풀기에 앞서 내가 남에게 진 신세나 빚을 되돌려 주지 않은 일은 없는가를 살피고, 복을 닦기에 앞서 죄가 될 만한 언행을 한 적은 없는가를 살핀 다음 베풀고 닦으란 뜻이다. 위선僞善하지 말라는 이야기다.

어린 봉황이 우는 소리가
늙은 봉황의 소리보다 한결 맑다.

雛鳳淸於老鳳聲 (추봉청어노봉성)

당나라 때의 천재 시인 이상은李商隱이 한동랑韓冬郎을 위해 즉석에서 지어 준 시의 한 대목이다. 장강의 뒷물결이 앞물결을 밀어내고, 청출어람靑出於藍 하듯이 세대를 거듭할수록 발전하고 강해지는 것을 비유한 구절이다.

예로부터 영웅의 업적은 청소년 시기에 그 기틀을 닦는 경우가 많다. 그러므로 그런 웅지를 기르고 키울 수 있는 사회적 지적 기반이 튼튼해야 한다. 이런 기반을 갖춘 조직과 나라만이 세계사의 선두에 서서 역사를 이끈다. 반면 참신한 인재를 무시하고 심지어 억압한 나라나 조직은 역사의 무대에서 도태된다. 세상사 당연한 이치이자 역사의 법칙이다. 미래가 젊은이에게 달려 있다고 말로만 격려하지 말고 미래를 짊어질 물질적 정신적 토대를 만들어 주어야 하지 않겠는가? 말로만 인재를 외치고 뒤에서는 인재를 억누르는 이중적이고 위선적인 기성세대는 하루빨리 도태되어야 한다. 어린 봉황의 울음소리를 기쁜 마음으로 받아들일 수 있어야 한다.

자석은 쇠를 끌지만
다른 금속에는 소용이 없다.

磁石引鐵, 於金不連（자석인철, 어금불련）

삼국 시대 조조의 셋째 아들 조식曹植이 지은 시의 한 구절이다. 조식은 열 살 무렵에 이미 "시론詩論 및 사부辭賦 십만 자를 외웠다."라고 할 만큼 총명하여 아버지 조조의 사랑을 받았다. 자석에는 쇠를 끌어당기는 힘이 있다. 하지만 쇠 이외의 다른 금속에는 소용이 없다. 비슷한 비유로 미끼로 작은 물고기를 잡아 올릴 수는 있지만 용을 낚을 수는 없다는 말이 있다. 이런 말들은 사람 관계에 대한 비유적 표현이다. 명리와 지위가 보통 사람을 유인하는 중요한 요인이기는 하지만 지조가 높고 깨끗한 사람에게는 어떤 작용도 할 수 없다는 뜻이다. 부귀영화와 명예가 한 사람의 지조와 반대되는 개념이 아니고, 그 크기와 정도가 반비례하는 것도 아니지만 명리와 자리를 뒤쫓는 천박한 지식인으로 넘쳐 나는 세상이다 보니 왠지 그렇게 생각된다. 그래서 지조 높은 사람이 평생을 가난하게 사는가 보다.

천만금을 주고 이웃을 사다.

千萬買隣〔천만매린〕

송계아^{宋季雅}란 사람이 집을 팔고 여승진^{呂僧珍}의 옆집으로 거처를 정했다. 여승진이 집을 얼마 주고 샀느냐고 물었다. 송계아는 '일천일백만'이라고 대답했다. 여승진이 그렇게 비싸냐며 괴이하게 여겼다. 그러자 송계아는 "백만으로는 집을 사고, 천만으로는 이웃을 샀지요."—百萬買宅, 千萬買鄰라고 대답했다. '천만매린'千萬買隣은 그 뒤 좋은 이웃을 얻기 힘들거나 좋은 이웃이 얼마나 가치 있는지를 나타내는 성어가 되었다.

송나라 때 우국충신 신기질^{辛棄疾}은 「신거상량문」新居上樑文에서 "백만금으로 집을 사고 천만금으로 이웃을 사니, 인생 누구와 즐겁게 편히 살리오."百萬買宅, 千萬買隣, 人生熟若安居之樂라고 했다.

층간 소음 때문에 서로를 죽이는 끔찍하고 말도 안 되는 일들이 벌어지고 있다. 이웃의 의미에 대해 새삼 생각하게 된다. 이제 '이웃사촌'이란 좋은 말이 사라지려나 보다. 안타깝다.

배운 사람이 부끄러움을 모르는 것이야말로
나라의 가장 큰 치욕이다.

士不知恥, 爲國之大恥 (사부지치, 위국지대치)

청나라 때 학자이자 정치가였던 공자진龔自珍은 "배운 사람에게 부끄러움이란 것이 있으면 나라는 영원히 부끄러워할 일이 없다."士皆知恥, 則國家永無恥矣라면서 "배운 사람이 부끄러움을 모르는 것이야말로 나라의 가장 큰 치욕이다."라고 했다. 배운 사람의 인격이 존엄한가 그렇지 않은가가 나라의 영욕을 가장 민감하게 반영한다는 뜻이다.

지식인과 지식인 사회는 정치판의 일기예보와 같다. 나라에 어떤 일이 발생하면 그들이 가장 민감하게 반응한다. 그리고 정치와 정책에 관한 다양한 의견을 제기한다. 바로 그 반응과 의견에 따라 나라의 영광과 치욕이 결정된다고 하겠다. 지식인의 기풍은 곧 그 사회와 세상의 기풍이 된다. 지식인이 언행을 삼가고 조심해야 하는 까닭이다.

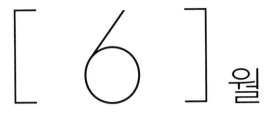

[6] 월

曉出淨慈寺送林子方

畢竟西湖六月中
風光不與四時同
接天蓮葉無窮碧
映日荷花別樣紅

새벽에 정자사에서 나와 임자방을 송별하며

— 양만리(楊萬里)*

틀림없이 서호의 유월 중에는
경치가 사계절과 같지 않으리.
멀리까지 펼쳐진 연잎은 파랗고
햇빛에 비친 연꽃은 특히 붉으리.

*양만리는 남송 시기의 문인으로 자가 정수(廷秀), 호는
성재(誠齋)이다. 강서 길수(吉水, 지금의 강서성江西省
길안吉安) 사람으로, 27세 때 진사가 되어 비서감,
보모각직학사 등을 역임하였다. 금나라에 대항하여
싸울 것을 주장하며 몇 차례 상소를 통해 조정의 잘못을
지적하였으나, 여의치 않자 두문불출하고 15년 동안
칩거하다가 울분으로 병을 얻어 죽었다. 그는 많은 작품을
남긴 시인으로 유명한데 무려 2만여 수를 지었다고 하나
안타깝게도 지금 전해지고 있는 것은 4,200여 수뿐이다.
시풍은 속어를 곁들인 경쾌한 필치와 기발한 발상이
돋보이는 자유분방을 특징으로 한다.

육각 도장 또는 여섯 개의 도장

六印(육인)

전국 시대를 풍미했던 유세가 소진蘇秦은 강대국 진秦나라에 대항하기 위한 합종合縱을 제안하여 나머지 여섯 나라의 공동 재상이 되는 엄청난 출세를 했다. 소진이 금의환향錦衣還鄉하자 지난날 그를 멸시했던 사람들이 모두 그 앞에서 굽실거렸다. 그러자 소진은 자신에게 낙양성 주변에 밭뙈기라도 조금 있었더라면 어떻게 '여섯 나라 재상의 도장'을 찰 수 있었겠느냐며 끌끌 찼다. 소진의 탄식에는 자신이 가진 것 없어 멸시를 당했기에 그것을 극복하고 성공할 수 있었다는 뜻이 들어 있다. '육인'은 정확하게는 여섯 나라 재상의 도장이란 뜻의 단어지만 그 속에 담긴 속뜻은 출세와 영달이다. 일설에는 소진의 도장이 육각이었다고 한다. 여섯 나라의 공동 재상임을 나타내기 위해 육각으로 도장을 만들었다는 것이다.

평생 잊기 어렵다.

沒齒難忘(몰치난망)

명나라 신종 때 사람 양유승楊柔勝의 『옥환기』에 나오는 성어이다. 평생 잊기 어렵다는 뜻인데, 죽을 때까지 잊지 않겠다는 의미를 담고 있다. 글자 뜻대로 풀자면 이가 다 빠지도록, 즉 '죽을 때까지 잊기 어렵다.'가 된다. 여기서 '몰세난망'沒世難忘이나 '몰신불망'沒身不忘과 같은 비슷한 성어가 파생되었다. 우리가 흔히 쓰는 백골난망白骨難忘이란 성어도 다 같은 뜻이다.

삶의 기억에는 평생 잊을 수 없는, 잊기 어려운 일이 있기 마련이다. 점점 삭막해지는 세상에서 오래도록 간직할 수 있는 좋은 기억은 그 자체로 삶의 활력소가 된다. 타인으로부터 받은 사소한 도움과 은혜도 평생 잊지 않아야 할 항목에 당연히 포함되어야 한다. 남에게 베푼 은혜는 돌아서서 잊고, 남에게 받은 은혜는 평생 간직할 줄 아는 삶이야말로 정말 넉넉한 삶이 아닐까 싶다.

예뻐한다고 해서 치우쳐서는 안 되고,
미워한다고 해서 해쳐서는 안 된다.

愛人者不阿, 憎人者不害〔애인자불아, 증인자불해〕

『상군서』는 전국 시대 진秦나라를 개혁시킨 중국 역사상 최고의
개혁가 상앙商鞅이 편찬한 책으로 전한다. 그 가운데 「신법」은 군
주에게 법의 중요성을 강조한 글이다. 여기서 상앙은 통치자의 사
사로운 애증으로 사람을 편애하거나 해쳐서는 안 된다고 말한다.
애증도 공정하고 공평해야 나라가 제대로 다스려진다고 하면서,
모든 일을 정해진 법에 따라 통치할 것을 건의한다. 관중도 "예쁘
다고 사사로이 상을 주어서는 안 되며, 밉다고 사사로이 벌을 주
어서도 안 된다."라고 했다. 리더의 인사人事와 관련하여 새겨들어
야 할 말이다. 사사로이 치우친 감정으로 사람을 뽑았다가는 큰일
을 치르기 십상이다. 누군가를 아끼고 사랑하기 위한 가장 기본적
인 자세는 엄격함이다. 리더라면 특히 더욱 그래야 한다.

감당할 수 없다.

不敢當 (불감당)

초나라 소왕이 오나라와의 전쟁에서 수도까지 함락당하는 수모를 당했다. 소왕은 수도를 버리고 도망쳤는데 양을 잡는 백정 열說이 소왕을 수행했다. 소왕은 충신 신포서申包胥가 진秦나라에서 구원병을 빌려 옴에 따라 수도로 돌아올 수 있었다. 이에 소왕은 어려울 때 자신을 따르며 보살핀 백정 열에게 상을 주려 했다. 열은 상을 사양했다. 소왕이 억지로라도 상을 주려고 하자 열은 이렇게 말했다. "왕께서 나라를 잃은 것은 제 잘못이 아니기에 죽음을 감당할 수 없었던 것입니다. 대왕이 나라를 되찾으신 것은 신의 공이 아닙니다. 따라서 그 상은 감당할 수 없습니다."

'불감당'不敢當은 자신에 대한 타인의 신임, 칭찬, 접대 따위를 감당할 수 없음을 나타내는 겸손의 말이다. 우리는 '不堪當'(불감당)이라고 쓰는데 뜻은 한가지다. 백정 열과 같은 충직한 사람은커녕 감당할 수 없는 자리를 탐내는 자가 넘쳐나는 세상이다. 다른 기록에는 백정 열이 신포서로 나온다.

백 사람이 칭찬하더라도
지나치게 가까워지려 해서는 안 된다.

百人譽之不可密(백인예지불가밀)

송나라 때 문인 소순蘇洵은 『형론』「원려」에서 "백 사람이 칭찬하더라도 지나치게 가까워지려 해서는 안 되고, 백 사람이 비방하더라도 일부러 멀어지려 해서는 안 된다."百人譽之不可密, 百人毀之不可疏라고 말했다. 객관적으로 자신의 견해를 견지하라는 말이다.

당나라 태종은 「금경」金鏡에서 "내가 좋다고 생각한다고 해서 다 좋은 것은 아니며, 여러 사람이 다 나쁘다고 해서 완전히 나쁜 것은 아니다."라고 했다.

현인들은 한결같이 객관적 견해를 굳게 견지해, 사물과 인간에 대한 오해와 편견의 함정에 빠지지 말라고 당부하고 있다. 그러기 위해서는 섣부른 판단부터 철저하게 경계해야 할 것이고, 말과 행동 그리고 그 사람이 하는 일을 다 함께 보려는 자세도 필요할 것이다.

닭들 사이에 선 학

鶴立鷄群(학립계군)

중국 남조 시대 송나라의 유의경이 편집한 『세설신어』는 동한 말부터 동진 시대까지의 명사 일화집이다. 그중 「용지」에 보면 '학립계군'鶴立鷄群이란 표현이 나온다. 진晉나라 때 사람 혜소嵇紹와 그 아버지 혜강嵇康(죽림칠현竹林七賢의 한 사람)을 두고 쓴 비유이다. 우리는 흔히 군계일학群鷄一鶴이라고 많이 쓰는데 '학립계군'에서 파생된 표현으로 보인다. 『진서』晉書「혜소전」嵇紹傳에도 비슷한 표현이 보인다. 어떤 사람의 외모와 기품이 출중할 때 쓰는 성어로, 용모뿐 아니라 남다른 재능을 가리킬 때도 쓸 수 있다. 물론 뛰어난 사람에게도 인용할 수 있는 용어다. 『돈황변문집』敦煌變文集「유마힐경강경문」維摩詰經講經文에는 '학처계군'鶴處鷄群으로 나온다.

잘살게 한 다음 가르치면
인의가 따라 일어난다.

富而敎之, 仁義以之興（부이교지, 인의이지흥）

이 대목에 이어 "가난해져 도둑질을 하기 시작하면 형벌로도 멈출 수 없다."貧而爲盜, 刑罰不能止라는 구절이 따라 나온다. 예로부터 의식 있는 지식인은 경제와 삶의 질의 관계를 통찰했고, 이것이 궁극적으로 사회의 기풍으로 이어진다고 보았다. 백성의 생활이 넉넉하면 남을 보살피는 어진 마음과 정의를 중시하는 정신이 진작되는 반면 빈궁에 시달리면 남의 물건을 훔치게 되고, 이런 풍조는 엄벌로도 바로잡을 수 없다는 말이다. 요컨대 통치의 핵심은 '부민'富民에 있다. 생존을 걱정해야 할 정도로 빈부 격차가 극심해지고 있는 현실을 직시하여 서로를 위해 좀 더 나눌 수 있는 공감대를 형성해 나가야 할 것이다. 그러기 위해서는 바른 정책이 마련되어야 하고, 당파와 지역을 초월한 인재 정책이 뒷받침되어야 한다. 정책과 인재는 나라의 안위와 존망을 결정하는 양대 요인이기 때문이다.

걸어 다니는 비서

行秘書(행비서)

비서는 원래 중요한 자리에 있는 사람에게 직속되어 중요한 문서와 사무를 보던 직위이다. 아는 것이 많아야 하고, 관련 업무를 꿰고 있어야만 맡을 수 있는 자리이기도 하다. 그러던 것이 한때 차 심부름 따위나 하는 하찮은 존재로 전락했다가, 지금은 원래의 직무와 위상을 되찾고 있는 것 같다.

당나라 태종이 외출을 하려고 하자 관련 부서에서 책을 싣고 수행할까 물었다. 그러자 태종은 "그럴 필요 없다. 걸어 다니는 비서 우세남虞世南이 있지 않은가."라고 했다. 우세남은 비서감 벼슬을 지닌 인재였다. 태종은 늘 그를 두고 덕행德行, 충직忠直, 박학博學, 문사文辭, 서한書翰의 다섯 가지에 모두 뛰어난 오절五絶이라고 칭찬을 아끼지 않았다. 우세남이 동행하기 때문에 서적을 별도로 준비할 필요가 없다는 말이었다. '행비서'行秘書는 훗날 보고 들은 것이 많고 기억력이 뛰어난 사람을 두루 일컫는 단어가 되었다.

투호

投壺(투호)

병이나 항아리에 화살을 던져 넣는 놀이의 일종인 투호는 일반적으로 당나라 때 성행한 놀이로 알려져 있다. 우리나라는 삼국 시대부터 이 놀이가 있었던 것으로 전하는데 조선 시대에 가장 유행하여 민속놀이로 정착했다. 투호에 대한 가장 이른 기록은 『후한서』에 있다. 동한 시대의 명장 제준祭遵이 술자리의 흥을 돋우기 위해 노래와 투호 놀이를 병행했다고 한다. 또 동방삭이 지은 것으로 전하는 『신이경』神異經의 「동황경」東荒經에는 남자 신선을 관장하는 동왕공東王公이 옥녀玉女와 더불어 투호 놀이를 했는데 적중시키지 못하면 하늘이 웃었다고 적혀 있다. 또 다른 기록에는 하늘이 웃으면 번개가 쳤다고 한다. 이 때문에 '투호'란 단어는 훗날 옥녀의 투호를 가리키는 전고가 되었고, 또 이를 빌려 번개를 가리키기도 했다.

용의 눈동자를 그리다.

畫龍點睛(화룡점정)

당나라 때 사람 장언원張彦遠이 지은 『역대명화기』는 중국 역대 화가 371명의 전기傳記와 함께 회화에 관한 다양한 자료를 수록한 귀한 책이다. 여기에 보면 '화룡점정'畫龍點睛이란 유명한 성어의 이야기가 나온다.

양나라 무제는 절을 엄청난 규모로 짓고 꾸미길 좋아했고 절을 지으면 장승요張僧繇에게 그림을 그리게 하곤 했다. 장승요는 금릉金陵 안락사安樂寺에 네 마리의 용을 그리고는 눈동자를 마무리하지 않은 채 놔두었다. 그러면서 늘 "눈동자를 찍으면 용이 날아간다."라고 했다. 사람들이 황당무계한 소리라고 하여 장승요가 두 마리 용에다 눈동자를 찍었더니 정말 하늘로 날아가 버렸다.

이후 '화룡점정'은 예술 창작에서 가장 중요한 부분을 비유하거나 그 부분에 심혈을 기울여 작품을 더욱 돋보이게 하는 행위를 가리키는 용어가 되었다. 굴원屈原을 기리는 단오에 중국 사람들은 용머리를 장식한 배를 젓는 용주龍舟 경기를 하는데, 그때 출발을 알리는 신호가 다름 아닌 용의 눈에 눈동자를 찍는 것이다.

화는 담장 안에서 일어난다.

禍起蕭墻(화기소장)

춘추 시대 노나라의 실권자 계씨季氏가 전유顓臾라고 하는 작은 속 국을 정벌하려고 했다. 계씨 밑에서 일하던 염유冉有와 계로季路가 이 사실을 공자에게 말하자 공자는 왜 말리지 않았느냐며 두 제 자를 나무랐다. 두 제자는 지금 전유를 빼앗지 않으면 근심거리가 될 것이라며 계씨 편을 들었다. 그러자 공자는 "내가 듣기에 나라 와 가문을 온전하게 지키는 사람은 백성의 많고 적음이 아니라 공 평치 않음을 걱정하고, 가난보다는 안정을 걱정한다. 공평하면 가 난도 없고, 화합하면 백성 수도 문제가 되지 않으며, 안정을 이루 면 나라가 기우는 일도 없다."라고 두 사람을 타일렀다. 그런 다 음 공자는 "계손씨의 우환은 전유라는 작은 나라가 아니라 담장 안에 있기에 내가 걱정이 된다."吾恐季孫之憂, 不在顓臾, 而在蕭牆之內也라고 했다. 만리장성이 밖의 공격으로 무너진 경우는 거의 없었다. 대 개는 누군가 안에서 문을 열어 주었다.

사위를 고르기 위해 늘어선 수레

擇壻車(택서차)

당나라 때 과거 급제자 명단이 발표되는 날이면 곡강曲江에는 축하를 위한 술자리가 펼쳐졌다. 이때 돈깨나 있고 이름깨나 있는 집안은 죄다 나와 곡강으로 몰려들었다. 이들이 몰고 오는 수레가 장관이었는데 온갖 치장에 금은보화를 주렁주렁 매달았다고 한다. 이런 수레를 '택서차'라 불렀는데 말 그대로 사위를 고르는 수레라는 뜻이다. 과거 급제자 중 사윗감을 찾으려고 몰려든 것이다. 훗날 '택서차'는 과거 급제를 비유하는 단어가 되었다. 이런 풍조는 문인을 극진히 우대했던 송나라 때에 오면 더욱 극성을 부려, 과거 급제자를 강제로 수레에 태워 '모셔 가는' 진풍경까지 벌어질 정도였다. 고시 합격자에 대한 선망이 여전한 우리 풍토를 돌아보게 하는 재미난 단어라 할 것이다.

크게 성이 날 때 성내지 않고,
아주 기쁠 때 기뻐하지 않으면
심성을 지킬 수 있다.

大怒不怒, 大喜不喜, 可以養心 (대노불노, 대희불희, 가이양심)

남북조 때 사람 부소傅昭의 말이다. 부소는 이 대목에 이어 "나쁜 습속을 가까이하지 않고 나쁜 무리와 사귀지 않으면 입신할 수 있다."靡俗不交, 惡黨不入, 可以立身라고 말한다.

사람이 정서에 기복이 심하면 인체의 내분비內分泌 계통을 어지럽혀 면역력을 떨어뜨린다고 한다. 이는 결과적으로 육체적 정신적 건강에 좋지 않은 영향을 준다. 옛사람들은 모든 병의 원인이 화火에 있다고 봤다. 그러고 보면 현대인의 질병 중 가장 애매하면서도 큰 비중을 차지하는 것이 스트레스인데, 여러 가지 스트레스 중에서 화를 내지 않거나 내지 못하는 것도 적지 않은 문제라 하니 이래저래 화가 화근인 셈이다. 성을 참는 것도 그렇지만 기쁨을 절제하라니 참 실행하기 어려운 충고가 아닐 수 없다. 성나고 화나게 만드는 일이라도 줄었으면 좋으련만.

말에 뿔이 나다.

馬生角(마생각)

전국 시대 말기 연나라 태자 단丹이 강대국 진秦나라에 인사를 드리러 갔다(인질로 갔다는 기록도 있다). 진왕(진 시황)은 단의 귀국을 한사코 말렸다. 태자 단이 진왕에게 귀국을 간청하자 진왕은 까마귀 머리가 흰색으로 변하고 '말에게 뿔이 나기' 전에는 돌아갈 수 없다고 말했다. 여기서 '마생각'馬生角이란 표현이 나왔는데, 줄여서 '마각'馬角이라고도 쓴다. 우리가 흔히 쓰는 '마각을 드러내다.'의 '마각'은 '馬脚'이다. 마각馬脚은 말의 탈을 뒤집어쓰고 노는 춤에서 나온 말로, 춤을 추다가 실수로 말의 다리 대신 사람 다리가 삐져나오는 통에 '마각이 드러났다.', 즉 '마각노출'馬脚露出이라고 표현한 데서 나왔다. '말의 뿔'이란 뜻의 '마각'馬角은 근본적으로 실현 불가능한 일을 말하며, 점차 실현하기 어려운 일을 비유하는 뜻으로 정착되었다. 이 단어는 『사기색은』史記索隱에도 나온다.

사물이란 먼저 썩어야만
벌레가 생긴다.

物必先腐也, 而後蟲生之（물필선부야, 이후충생지）

송나라 때 문인 소식蘇軾은 초한 쟁패의 과정에서 항우와 범증范增
이 갈라선 원인을 논하며 이렇게 말했다. "사물이란 먼저 썩어야
만 벌레가 생긴다. 사람은 의심이 있어야만 중상모략이 파고들 수
있다. 진평이 아무리 꾀가 많았다 하지만 의심하는 주군(항우)이
없었다면 어찌 이간책이 가능했겠는가."物必先腐也, 而後蟲生之. 人必先疑
也, 而後讒入之. 陳平雖智, 安能間無疑之主哉

항우가 범증을 의심하는 틈을 진평이 이용하여 이간책을 성공시
킬 수 있었다는 뜻이다. 내부에 약점이나 틈이 있어야 외부에서
그 약점을 이용하거나 틈을 파고들 수 있음을 비유하는 대목이다.
항우 밑에 있다가 유방에게 건너온 진평은 항우 진영의 약점이 무
엇인지 정확하게 간파하고 있었고, 이런 정보를 바탕으로 유방에
게 이간책을 건의하여 성공했다. 역사상 조직이나 나라의 흥망성
쇠는 내부 결속력에 의해 좌우되는 경우가 대부분이다.

동시가 이맛살 찌푸리는 것을 따라하다.

東施效顰(동시효빈)

춘추 시대 월나라의 미인 서시西施는 중국 4대 미인 중에서 가장 드라마틱한 삶을 살았다. 그녀는 오나라 왕 부차夫差의 심기를 어지럽히기 위한 미인계에 따라 고국 월나라를 떠나 오나라에 바쳐졌던, 말하자면 스파이였다. 서시는 평소 가슴에 병이 있어 일쑤 가슴을 문지르며 찡그리곤 했는데 동네의 못난 여자들이 서시의 그런 모습이 너무 예뻐 따라서 가슴을 문지르곤 했다. 다른 기록에 따르면 같은 마을에 사는 동시東施라는 여자가 특히 서시의 이런 모습을 모방했다고 한다.

『장자』를 비롯한 이런저런 곳의 이야기가 합쳐져 '동시가 이맛살 찌푸리는 것을 따라하다.'라는 성어 '동시효빈'東施效顰이 합성되어 나왔다. 앞에서 소개한 '빈축'嚬蹙의 두 글자도 찌푸리거나 찡그린다는 뜻인데, 역시 서시와 동시 이야기에서 파생되었다. 여기서 누구가의 이맛살을 찌푸리게 하거나 인상을 찡그리게 한다는 뜻의 '빈축을 사다.'라는 말이 나온 것이다. '동시효빈'은 그 후로 수많은 파생어를 낳았고, 시인묵객이 즐겨 인용하는 성어로 자리 잡았다. 미녀와 추녀라는 대비의 효과를 톡톡히 본 셈이다.

수염을 잘라 약에 섞다.

剪須和藥(전수화약)

고구려 정벌에도 참전한 바 있는 당나라 때의 명신 이적李勣에 대한 당나라 태종의 신임은 대단했다고 한다. 이적은 이정李靖과 함께 당나라 무장의 쌍벽을 이루었고, 태종은 나라의 큰일을 그에게 위임할 정도였다. 그런 이적이 갑작스럽게 병이 났다. 의사는 수염을 태운 재를 약으로 쓰면 치료할 수 있다는 희한한 처방을 내렸다. 그러자 태종은 망설임 없이 자신의 수염을 잘라 약으로 쓰도록 했다. '전수화약'剪須和藥은 훗날 윗사람이 아랫사람을 자기 몸처럼 아끼는 의미의 성어로 정착했다. 전국 시대 위魏나라의 명장 오기吳起는 부상당한 병사의 피고름을 자기 입으로 빨아 '함혈연창'含血吮瘡이란 고사성어를 남겼고, 한나라 초기의 명장 이광李廣은 부하 병사들이 먼저 마시고 입기 전에 자신이 먼저 마시고 먹는 법이 없었다. 역사상 아랫사람을 자기 몸처럼 아낀 리더치고 존경받지 못한 리더는 거의 없었다.

장작을 등에 진 채 책을 읽다.

負薪讀書(부신독서)

서한 시대 관리였던 주매신朱買臣은 젊어서 너무 가난하여 땔나무를 해다가 팔아 생계를 유지했다. 책을 좋아했던 주매신은 다른 일은 하지 않고 늘 땔나무를 지고 나르면서 틈틈이 공부를 했다. 이에 고생을 견디다 못한 아내가 주매신 곁을 떠났다(훗날 관리로 출세한 주매신은 자신의 곁을 떠난 아내에게 모욕을 주어 스스로 목숨을 끊게 만들었다). 이 일화는 언제 어디서든지 부지런히 공부하라는 고사지만 때로는 때를 만나지 못한 가난한 생활을 가리키기도 한다. 또는 이렇게 힘들게 공부해서 성공하라는 격려의 의미로 사용될 수 있다. '부신'負薪 대신 '부초'負樵라고도 하지만 뜻은 매한가지다. 이 고사는 중국에서 어린이에게 문자文字를 가르치는 데 사용했던 대표적인 교과서 『삼자경』에 수록된 유명한 고사의 하나다.

푸른색 염료는 남초(쪽)에서 채취하지만
그 색은 남초보다 푸르다.

靑出於藍(청출어람)

'청출어람'靑出於藍은 후천적 교육의 중요성을 강조하는 훌륭한 성어로 정착했는데, 당초 순자도 배워야만 진보할 수 있다는 점을 지적했다. 이 성어는 이후 학생이 선생을, 후배가 선배를, 후손이 조상을 뛰어넘는 경우로 의미가 확대되었다.

『북사』北史 「이밀전」李謐傳을 보면 후위 시대 인물 이밀李謐과 관련하여 이 성어가 등장한다. 이밀은 공번孔璠을 스승으로 삼아 학업에 정진했는데 몇 년 뒤에는 스승의 학문을 넘어섰다. 이에 동창들은 이밀을 두고 "푸른색은 쪽에서 나왔지만, 쪽이 덜 푸르니 스승이 어찌 항상 스승일까 보냐."靑成藍, 藍謝靑, 師何常라고들 했다. 『당서』唐書 「유학전」儒學傳에는 개문달盖文達이란 인재를 두고 보항寶抗이란 자가 『순자』「권학」의 구절을 인용하여 "얼음은 물이 얼어서 그렇게 되었지만 물보다 더 차다."氷水為之, 而寒於水라고 했다. 이렇게 해서 '빙한어수'氷寒於水란 성어가 탄생했고, 청출어람과 함께 붙여서 사용되기도 한다. 창조는 입으로 되는 것이 아니다. 청출어람은 물론 홍출어람 할 수 있는 사회 인식과 기반이 전제되어야 한다.

대량성의 동문

夷門(이문)

전국 시대 위魏나라의 수도 대량의 성문 중 동문은 이문夷門이라 불렸다. 이 이문을 관리하는 사람이 후영侯嬴이었는데, 그는 말하자면 강호의 고수와 같은 존재였다. 위나라의 권력자인 공자公子 무기無忌는 이 후영을 자신의 상객으로 모시고 싶었다. 그래서 자신이 직접 수레를 몰고 후영을 찾아갔다. 이때 위 공자는 수레의 왼쪽 자리를 비워 놓은 채 후영을 기다렸다. 여기서 앞에서 소개한 '허좌이대'虛左以待라는 유명한 고사성어가 나왔다. 글자 그대로 '왼쪽을 비워 놓고 (사람을) 모시다.'란 뜻으로 귀한 사람을 모시거나 대접할 때 취하는 극진한 예절을 비유하는 말이다. 이문의 문지기 후영은 죽음으로 위 공자를 도왔다. 훗날 '이문'은 의로운 선비를 상징하는 단어가 되었고, 의미가 확대되어 은혜를 알고 이를 갚는 의로운 사람 또는 신의를 비유하는 말이 되었다.

머리카락 한 올 허용할 틈이 없다.

間不容髮(간불용발)

한나라 때 사람 매승枚乘의 「상서간오왕」이라는 글에 보면 "하늘과의 관계를 끊으면 다시는 연결할 수 없고, 깊은 연못에 빠지면 다시 나올 수 없습니다. 나오든 못 나오든 머리카락 한 올 허용할 틈이 없습니다."係絶於天不可復結, 墜入深淵難以復出, 其出不出, 間不容髮라는 대목이 있다. '간불용발'間不容髮은 시간이 긴박하고 정세가 위급함을 가리키며, 때로는 흠이나 파탄이 전혀 없음을 비유하기도 한다. 송나라 때 정치가 왕안석王安石은 나이가 들수록 자신의 글이나 시의 격식을 갖추는 데 엄격하여 '머리카락 한 올 허용할 틈이 없었다.'라고 한다. 후자의 의미에서는 '선녀(하늘)가 지은 옷에는 바느질 흔적이 없다.'라는 뜻의 천의무봉天衣無縫이란 성어와 일맥상통한다. 『사기』「장이진여열전」張耳陳餘列傳에도 "장군께서는 시간을 잃지 마십시오. 시간은 쉬는 것을 허용하지 않습니다."將軍毋失時, 時間不容息라는 대목이 나오는데 비슷한 뜻이다. 그래서 '간불용식'間不容息으로도 쓴다.

반계

磻溪〔반계〕

북위 시대의 역도원酈道元은 동한 시대 이래로 전해 오던 『수경』水經에 상세한 주를 달아서 하천을 중심으로 한 인문 지리서인 『수경주』를 펴냈다. '반계'는 여기에 소개되어 있는 물줄기의 하나이다. 황하璜河라고도 하는데 섬서성陝西省 보계시寶鷄市 동남쪽에 있다. 남산南山에서 발원하여 북으로 흐르다 위수渭水로 흘러든다.

반계 주위에 자천兹泉이란 맑고 차가운 물이 있는데 이곳이 저 유명한 강 태공이 낚시를 하던 곳이라고 전한다. 그 동남쪽의 석실은 강 태공이 머물던 곳이라고 한다. 강 태공은 이곳에서 바늘 없는 낚싯대를 드리운 채 자신을 낚아 줄 사람을 기다렸고, 주나라 문왕은 그를 모셔 와 스승으로 삼기에 이른다.

이 고사 때문에 '반계'는 훗날 현인이 은거하던 곳 또는 군주와 신하가 만난다는 뜻의 전고가 되었다. 조선 시대 실학자 유형원柳馨遠은 일찌감치 벼슬을 포기하고 전라도 부안에 은거하며 저술에 몰두해 『반계수록』磻溪隨錄이란 명저를 남겼는데, 그의 호가 다름 아닌 반계磻溪였다. 반계와 강 태공에 얽힌 고사를 염두에 두고 지은 호가 아닐까 싶다.

두루 들으면 현명해진다.

兼聽則明(겸청즉명)

북송 시대 사마광이 주도하여 편찬한 『자치통감』의 당나라 태종 정관貞觀 2년(628) 조항에 보면 태종과 명신 위징의 의미심장한 대화가 나온다. 이 자리에서 태종은 "어떤 군주를 현명하다 하고, 어떤 군주를 어리석은 군주라 하는 게요?"라고 물었다. 이에 위징은 "두루 들으면 현명해지고, 치우쳐 믿으면 어리석어집니다."兼聽則明, 偏信則暗라는 대답으로 명쾌하게 정리했다. 태종은 명군과 혼군을 나누는 기준에 어떤 것이 있을까 궁금했고, 위징은 여론을 두루 들으려 하느냐의 여부로 명군과 혼군의 기준을 제시한 것이다. 태종은 리더가 아무리 뛰어나도 천하의 일은 혼자 다 처리할 수 없음을 잘 알았다. 그래서 늘 인재 영입에 혼신의 힘을 기울였고 그 방법의 하나로 바른말을 두루 듣는 소통을 선택했던 것이다. 그가 역대 최고의 명군으로 평가받는 데는 다 이유가 있다. 이 대화에서 '겸청'兼聽과 '편신'偏信이란 단어가 파생되었다.

아주 미천한 사람에게 최고의 지혜가 있다.

下下人有上上智 (하하인유상상지)

중국화된 불교 선종禪宗의 총아는 누가 뭐래도 육조六祖 혜능慧能이다. 그가 남긴 어록은 부처님의 말씀에 버금가는 대접을 받아 '육조단경'으로 높여 부른다. 민간에 전해 오는 이야기에 따르면 혜능은 글자도 모를 정도로 배운 것이 없었지만 깨달음을 얻은 뒤 구술한 『육조단경』은 중국 불교사에서 가장 훌륭한 저작으로 꼽힌다. 이 『육조단경』에 "최고의 진리를 배우려면 처음 공부를 가볍게 여겨서는 안 된다. 아주 미천한 사람에게 최고의 지혜가 있다."欲學無上菩提, 不得輕於初學. 下下人有上上智라는 대목이 나온다. 혜능이 그의 스승이 되는 홍인弘忍을 찾아갔을 때 홍인은 혜능이 영남에서 왔다고 하자 촌놈이 무슨 부처 타령이냐며 일부러 비아냥거렸다. 그러자 혜능은 못난 사람이나 동서남북을 따지지 부처님이 동서남북을 따지느냐며 되받아쳤다. 일자무식의 혜능의 입에서 나온 번득이는 지성知性이었다.

무릎 아래

膝下 (슬하)

'자식도 슬하의 자식'이니, '슬하가 쓸쓸하면 오뉴월에도 무릎이
시리다.' 등의 우리 속담이 있다. 여기서 말하는 슬하란 글자대로
풀자면 '무릎 아래'이고 좀 더 정확하게는 '부모의 무릎'이다. 남의
부모를 높여 말할 때도 '슬하'라 한다. 그래서 일쑤 '슬하에 몇 남
매를 두셨습니까?'와 같은 표현을 쓰는 것이다. 이 단어는 『효경』
에 보인다. 당나라 현종은 이 슬하에 대해 "어릴 때를 말한다."라
는 주를 달기도 했다. 자식이 어릴 때는 주로 부모의 무릎 위에서
놀기 때문이다.

그래서 자식이 없거나 멀리 떨어져 있어 보지 못하는 것을 '슬하
가 쓸쓸하다.'라고 했고, 무릎 주변에서 놀 때의 자식이 귀엽고 키
우는 맛이 있기 때문에 '자식도 슬하의 자식'이라는 말이 나온 것
이다. 부모가 돌아가시면 삼년상을 지내는 것은 자식이 태어난 후
적어도 만 삼 년 가까이를 부모의 '슬하'에서 극진한 돌봄을 받으
므로 이때의 은혜에 보답하는 의미라고 한다. 부모와 자식의 관계
가 점점 변하고 있는 지금 세태에서 '슬하'는 과연 어떻게 받아들
여질까? '슬하'는 부모에 대한 친근함과 존경을 담고 있는 단어임
을 기억해 두자.

동호의 곧은 붓

董狐直筆(동호직필)

춘추 시대 진晉나라의 권신 조천趙穿이 포악한 군주 영공을 죽였다. 이에 앞서 조천의 집안 형님뻘인 조돈趙盾은 여러 차례 영공에게 바른말을 올렸으나 듣지 않자 나라를 떠나 망명길에 올랐다. 국경을 벗어나기 전에 영공이 죽었다는 소식을 들은 조돈은 떠났던 길에서 되돌아왔다. 기록을 담당하고 있던 태사 동호가 "조돈이 그 국군을 시해했다."라고 기록했다. 조돈이 이를 부인하자 동호는 "그대는 정경正卿이란 최고 자리의 신하로서 국경을 넘어 망명하지 않고 돌아와 국군을 죽인 자를 토벌하지 않았으니 그대가 아니면 누구란 말이오?"라고 응수했다. 공자孔子는 사실을 감추지 않고 직필한 동호를 훌륭한 사관이라고 평가했다. '동호직필董狐直筆'은 권력이나 권세에 아부하지 않고 있는 사실을 그대로 쓰는 사관의 정신을 칭찬하는 표현이 되었다. 오늘날 우리 언론은 '동호직필'의 의미를 되돌아보아야 할 것이다.

두꺼운 얼굴

强顔(강안)

서한 시대 유향이 편집한 옛 이야기책인 『신서』에 보면 전국 시대 제나라의 추녀 무염녀無鹽女 이야기가 나온다. 무염녀는 너무 못생겨 남자들이 외면한 탓에 출가할 나이를 훌쩍 넘겼다. 하지만 지혜로웠던 무염녀는 제나라 선왕을 찾아가 국정에 대해 충고하여 선왕의 왕비가 된다. 당시 무염녀가 궁에 찾아가 왕 뵙기를 청하자 대신들은 모두 낄낄거렸고, 그중 한 대신은 "그 여자 정말 천하에 낯짝 두꺼운 여자일세."此天下强顔女子也라며 비아냥거렸다. 여기서 '강안'强顔이란 단어가 나왔다. 얼굴이 너무 두꺼워 부끄러움을 모른다는 뜻으로 후안무치厚顔無恥와 상통한다.

그런데 20세기 초 중국이 유럽 열강에 침탈을 당하고 있을 때 이종오李宗吾란 학자는 중국이 이렇게 약해진 것은 유교의 체면 문화 때문이라면서 '두꺼운 낯짝, 검은 심장'으로 무장해야 한다는 '후흑학'厚黑學을 주장하여 큰 반향을 일으킨 바 있다. 얼굴이 못생겼다고 그냥 포기하고 주저앉았더라면 무염녀는 그저 추녀의 하나로 이름도 없이 사라졌을 것이다. 그녀의 '강안'이 있었기에 제나라 선왕 때는 그나마 정치와 문화가 활기를 찾았다.

해골을 구걸하다.

乞骸骨 (걸해골)

'걸해골'乞骸骨은 해골을 돌려달라고 간청한다는 뜻이다. 자리에서
물러나 은퇴하고 싶을 때 이렇게 말하는 경우가 있다. 간곡한 사
직辭職의 의지를 비유하는 말이라고 보면 된다. 초한 쟁패 때 항우
는 진평陳平의 이간계에 빠져 책사 범증을 의심하기에 이른다. 이
에 범증은 천하의 대세가 이미 유방 쪽으로 기울었음을 직감하고
는 "해골을 내려 주시면 평범한 사람으로 돌아가겠다."라며 사직
을 요청했다. 여기서 '해골을 내리다.'라는 뜻의 '사해골'賜骸骨이란
표현이 나왔고, 이것이 '걸해골'로 변한 것이다. 고향으로 돌아가
던 범증은 화를 견디지 못하고 도중에 세상을 떠나고 말았다. 항
우에게 '해골을 내려 달라.'라고 청한 말 그대로 해골이 된 것이다.
범증의 예에서만 보면 '걸해골'은 '죽기를 간청하다.'라는 뜻에 더
가까워 보인다. 봉건 체제에서 신하는 자신의 몸을 임금과 사직에
바친 것이라 혼신의 힘을 다했다. 그러니 해골을 돌려달라는 말이
딱 들어맞는다. 충직한 선비의 결기가 느껴지는 말이다.

콩인지 보리인지 가릴 줄 모르다.

菽麥不辨(숙맥불변)

춘추 시대 진晉나라 귀족 사이에 정쟁이 벌어졌다. 권신들은 여공을 죽이고 양공의 증손인 열네 살짜리 어린아이 주자周子를 국군으로 세웠다. 실권을 장악한 자들은 주변의 반대를 무마하기 위해 주자는 총명하고 재질이 뛰어난 반면 그 형은 아둔해서 임금이 될 수 없다며 여론을 조작하고 선전했다. 그러면서 주자의 형은 "콩과 보리도 구별하지 못할 정도"不能辨菽麥로 멍청하다고 했다. 우리가 흔히 세상 물정을 모르는 사람에게 쓰는 '쑥맥'(표준어는 숙맥)이란 단어가 여기에서 비롯되었다.

당초 아주 부정적인 의미로 정치적 선전에 동원되었던 '숙맥불변'菽麥不辨이 우리나라에 와서는 '쑥맥'으로 변했을 뿐만 아니라 그 의미도 한층 누그러져 그저 어리숙한 사람, 그것도 주로 남자에 대해 쓰는 단어가 되었다. 심지어 마치 우리말인 것처럼 인식되고 있으니 말과 단어의 생명력에 감탄하게 된다.

달빛 아래, 얼음 아래의 사람

月下氷人 (월하빙인)

당나라 때의 기이한 소설 『속유괴록』(또는 『속현괴록』續玄怪錄)에 보면 위고韋固라는 청년이 송성宋城의 달빛 아래에서 책을 읽고 있는 노인을 만나 지금 송성 밖 채소 파는 노파가 안고 있는 젖먹이가 자신의 짝이 될 것이라는 황당한 예언을 듣는다. 물론 위고는 믿지 않았다. 그러나 14년 뒤 자신의 아내가 된 태수의 딸로부터 들은 기이한 인연에 대한 이야기에서 노인의 예언이 사실이 되었음을 알고는 놀란다.

『진서』「색담전」索紞傳에는 색담索紞이라는 용한 점쟁이 이야기가 나온다. 색담은 얼음 위에 서서 얼음 아래의 누군가와 이야기를 나누었다는 영호책令狐策의 꿈을 혼사에 관한 꿈이라 해몽했다. 색담의 해몽대로 호책은 이듬해 봄 결혼을 했다.

이 두 가지 신이한 이야기에서 '월하빙인'月下氷人이란 단어가 나왔다. 중매쟁이란 뜻이다. 우리는 흔히 매파媒婆, 뚜쟁이, 마담뚜 등으로 비하의 의미를 담아 말하기도 한다. 성업 중인 결혼 중개소의 이름으로 '월하빙인'을 추천하고 싶다.

乞巧

七夕今宵看碧宵
牽牛織女渡河橋
家家乞巧望秋月
穿盡紅絲幾萬條

바느질 솜씨를 구걸하다

—임걸(林杰)*

칠석 푸른 별빛 가득한 밤하늘을 바라보니
견우직녀 오작교를 건너고 있네.
집집마다 밝은 달 바라보며 바느질 솜씨 달라고 기원하네.
셀 수 없는 붉은 비단실이 바늘귀를 지나네.

* 임걸은 당나라 후기의 시인으로 복건 출신이다. 어릴
적부터 총명하여 여섯 살 때 이미 부(賦)와 시를 쓸 줄
알았는데 붓만 들었다 하면 바로 문장이 되었다고 한다.
서예에도 조예가 깊었으나 17세로 요절했다. 이 때문에
『전당시』(全唐詩)에 수록된 그의 시는 단 두 수에 지나지
않는다. 이 시는 칠석에 민간에서 직녀를 향해 바느질을
잘하게 해 달라고 기원하던 풍습을 절묘하게 묘사한 것이다.
이 풍습은 당송 시대에 아주 성행했다(바늘에 실을 꿰어
달을 향해 찔러 넣는 식이었다).

나이 든 사람 또는 서른두 살

二毛(이모)

쉬운 두 글자로 된 단어이지만 옛 기록들에는 묘한 차이를 보이고 있어 흥미롭다. 먼저 『춘추좌전』 희공 22년(기원전 638)에 기록된 홍수泓水 전투에서 송나라 양공襄公은 "군자는 상처 입은 사람을 다시 다치게 하지 않으며, 머리가 반백인 사람을 사로잡지 않는다." 君子不重傷, 不禽二毛라고 했다. 양공이 말한 머리가 반백인 나이의 노인을 '이모'二毛라 한다. 검은 머리카락과 흰 머리카락이 반반이란 뜻에서 '이모'라고 한 것 같다.

한편 중국 역대 최고 미남자로 꼽히는 반악潘岳이 쓴 「추흥부」에는 "서른두 살에 처음 흰 머리카락 두 올을 보았네." 春秋三十有二, 始見二毛라고 하여 글자 그대로 '머리카락 두 올'이란 뜻으로 사용되었다. 이로 인해 '이모'는 후대에 와서 나이 서른둘을 가리키는 용어가 되었다. 평균 수명을 고려할 때 천 수백 년 전 남자 나이 서른둘이면 흰 머리카락이 날 만도 했다. 반악은 서른둘에 흰 머리카락이 생겼다며 회한 어린 심경의 일단을 내비쳤지만 말이다. 아무튼 이 단어에서 '이모지년'二毛之年, 즉 '서른두 살의 나이'란 표현도 파생되었다.

싼마오

三毛(삼모)

머리카락 단 세 올의 어린 남자아이가 갖은 고생을 하며 이곳저 곳을 떠도는 유랑기를 만화로 그린 『삼모유랑기』는 1947년 『대공 보』大公報에 연재되기 시작하여 10억 중국인의 심금을 울렸다. 문 예 작품으로는 가장 강렬한 반응과 눈물을 자아냈던 이 작품의 주 인공이 바로 '삼모', 중국말로 '싼마오'이다.

부모 친척도 없이 혼자몸으로 정처 없이 세상을 떠돌며 온갖 핍 박과 천시에도 착한 마음을 잃지 않고 세파를 견뎌 내는 싼마오 의 고군분투기는 내전 등에 시달리는 중국인의 마음을 씻어 낸다 고 할 정도로 엄청난 반응을 몰고 왔다. 만화를 그린 장낙평張樂平 은 머리카락 세 올의 소년 형상을 통해 냉혹하고 잔인하며 추악 하고 불공평한 세태를 신랄하게 폭로하면서도 인간 내면에 잠재 되어 있는 선량한 동정심을 강렬하게 자극하여 최고의 만화가로 거듭났다. 우리에게는 생소하지만 중국인에게 '싼마오'는 영원이 잊을 수 없는 중국인을 대변하는 이미지로 깊게 각인되어 있는 존재라 할 수 있다.

(잘) 다스리는 사람이 있을 뿐이지
(잘) 다스리는 법은 없다.

有治人, 無治法(유치인, 무치법)

『순자』의 한 대목이다. 바로 앞에는 "어지럽히는 군주는 있어도 어지러운 나라는 없다."有亂君, 無亂國라고 되어 있다. 아무리 좋은 법과 제도를 갖추어도 그것을 운용하는 사람에게 문제가 있으면 법과 제도는 유명무실해진다. 중국 최초의 통일 제국인 진秦나라는 거의 완벽한 법과 제도를 갖추고 있었다. 진 시황은 그것을 더욱 확대하고, 여기에 각종 문물제도를 통일하는 놀라운 시스템을 창안했다. 하지만 진나라는 20년을 못 버티고 단명했다. 법과 제도를 운용하는 사람에게 문제가 있었던 까닭이다. 처음부터 어지러운 나라는 없다. 못난 리더가 자리에 앉아 제도와 법을 어지럽히고, 법을 집행하는 자가 자기 멋대로 법을 유린하면 나라는 어지러워지기 시작한다. 법을 가장 잘 아는 자들이 법을 가장 많이 어기고 악용하는 이유는 그 사람의 법의식이 삐뚤어져 있고, 사사로운 욕심에 지배당하기 때문이다.

준마는 늘 멍청한 자가 탄다.

駿馬每馱癡漢走 (준마매태치한주)

명나라 때 사람 사조제謝肇制가 지은 수필집 『오잡조』에 인용된 당
인唐寅의 시 가운데 한 대목이다. 명나라 시대 최고의 재주꾼이었
던 당인의 시 전문을 소개하면 이렇다.

"준마는 늘 멍청한 자를 태우고 달리며, 잘난 아내는 늘 못난 남편
과 짝이 되어 산다네. 세상 불공평한 일들, 하늘이 지었네 아니네
하지 마라."駿馬每馱癡漢走, 巧妻常伴拙夫眠. 世間多少不平事, 不會作天莫作天

당인은 과거에서 억울하게 부정에 연루되어 자격을 박탈당한 뒤
술과 예술로 세월을 보내면서 날카로운 풍자시를 남겼다. 이 시도
그중 한 편이다. '준마매태치한주'駿馬每馱癡漢走는 흔히 다음 구절인
'교처상반졸부면'巧妻常伴拙夫眠과 쌍을 이루며, 줄여서 '준마치한'駿馬
痴漢, '교처졸부'巧妻拙夫라고도 한다. 이 말은 『수호전』水滸傳에서 반
금련潘金蓮의 입을 통해 그대로 인용될 정도로 인기를 끌었다. 세상
사의 불공평을 비유한 말이지만, 어울리지 않는 자리와 권력을 누
리는 자들에 대한 씁쓸한 풍자이기도 하다.

함께 거두고 보존하다.

兼收幷蓄(겸수병축)

송나라 때 성리학을 집대성한 주희朱熹가 올린 글 중에 나오는 구절이다. 주희는 이 글에서 "소인이 나오면 군자는 물러날 수밖에 없고 군자와 가까워지면 소인은 멀어질 수밖에 없으니, 함께 거두고 보존하여 서로 해로움을 주지 않을 수는 없다."小人進則君子必退, 君子親則小人必疎, 未有可以兼收幷蓄而不相害者也라고 했다. 군자와 소인은 함께 할 수 없다는 말이다.

고지식한 계급관과 당파성에 입각하여 인간을 군자 부류와 소인 부류로 나누는 '군자소인론'을 지금에 와서 받아들일 필요는 없다. 하지만 이런 봉건적 기준을 배제하고 이 대목을 음미하면 정말이지 도저히 함께할 수 없는 부류가 우리 주위에 분명히 있다는 사실을 인식하게 된다. 더욱이 공교롭게 이런 부류가 내세우는 사람과 사물에 대한 판단 기준이란 봉건 시대 계급관과 당파성에서 조금도 벗어나지 못한다. 사욕私慾으로 오염된 채 말이다.

'겸수병축'兼收幷蓄은 '겸수병채'兼收幷采, '구수병축'俱收幷蓄으로도 쓰며, 각각 서로 다른 내용의 사물을 받아들이고 보존한다는 뜻으로도 쓰인다.

갈수록 좋아지다.

漸入佳境(점입가경)

『진서』「고개지전」은 중국 역대 최고의 화가 중 한 사람인 고개지顧愷之의 전기다. 여기에 고개지의 독특한 습성 하나가 기록되어 있는데, 고개지는 사탕수수를 먹을 때 꼭 위쪽부터 먹고 뿌리를 맨 나중에 먹었다. 주위에서 이를 이상하게 여기자 고개지는 "갈수록 (맛이) 좋아지니까."漸入佳境라고 대답했다. 흥미가 점점 진해지거나 일과 상황이 점점 좋아지는 것을 비유할 때 흔히 쓰는 성어인데, 사탕수수의 맛이 끝에서 안으로 들어갈수록 좋아진다는 것을 경지가 갈수록 좋아진다고 표현한 고개지의 표현이 멋들어지다. 일이든 상황이든 '점입가경'이나 '금상첨화'錦上添花면 얼마나 좋겠는가만은 요즘 우리 사회를 보면 '점입가경'은커녕 '설상가상'雪上加霜에다 '병상첨병'病上添病인 경우가 너무 많다.

가는 허리

細腰(세요)

가는 허리는 예나 지금이나 선망의 대상이었던 모양이다. 권력자의 취향과 관련하여 '세요'細腰는 많은 파생어와 문학 작품을 자극했다. 춘추 시대 초나라 영왕의 가는 허리 사랑은 유별났던 모양이다. 『묵자』, 『한비자』韓非子 등에 그 취향의 일단이 전한다. 여기서 '탐련세요'貪戀細腰라는 성어가 나왔다. '가는 허리를 탐욕스럽게 좋아하다.'라는 뜻이다. 이 때문에 궁정은 물론 백성 사이에서도 다이어트 열풍이 불었고, 심지어 남자까지 여기에 동참하는 참으로 웃지 못할 풍조가 유행했다. 가는 허리 탓에 굶어 죽는 경우까지 있었다 하니 영왕의 개인 취향으로 사회 문제까지 일어난 것이다. 아울러 '초궁요'楚宮腰, '초궁세요'楚宮細腰 등 숱한 용어가 파생되었다. 권력자는 자신의 취향조차 생각해 가며 보일 필요가 있다. 그만큼 사회적으로 파장이 크기 때문이다. 제나라 환공이 보라색 옷을 좋아하자 전국적으로 보라색 옷이 동이 나서 보라색 옷감의 가격이 폭등했다. 환공은 즉각 취향을 바꾸었다.

편작이라도 침과 약을 거부하는 환자는
치료할 수 없다.

扁鵲不能治不受針藥之疾(편작불능치불수침약지질)

『염철론』은 중국 서한의 선제 때에 환관이 편찬한 책으로 기원전 81년 서한 조정에서 벌어졌던 토론을 정리한 것이다. 여기서 문학 文學으로 불리는 쪽에서 이렇게 말했다. "편작이라도 침과 약을 거부하는 환자는 치료할 수 없고, 아무리 뛰어난 사람이라도 바른말을 듣지 않으려는 군주를 바로잡을 수 없다. 그렇기 때문에 걸 임금에게 관용봉이라는 충신이 있었지만 하나라는 망했고, 은나라에도 세 사람의 어진 신하가 있었지만 망할 수밖에 없었다." 扁鵲不能治不受針藥之疾, 賢聖不能正不食諫諍之君. 故桀有關龍逄而夏亡, 紂有三仁而商滅

약이 아무리 좋아도, 하고자 하는 말이 아무리 훌륭해도 받아들여야 주효할 수 있다는 뜻이다. 사람이 없어서 일이 안 되는 것이 아니다. 사람을 모셔 와 그의 말을 따르지 않기 때문에 일이 안 될 뿐이지. 특히 통치자는 늘 자신의 처신을 돌아볼 일이다. 내가 듣기 좋은 소리만 골라 듣는지 아닌지를. 약으로 치면 그것은 마약이요 독약이다.

소를 먹어 치울 기세

食牛氣(식우기)

전국 시대 노나라의 시교尸佼가 지었다고 전하는 『시자』는 주로 '義'(의) 자를 가지고 치국의 방법 등을 논술한다. 여기에 보면 "호랑이와 표범은 그 무늬가 다 만들어지지 않았어도 소를 잡아먹을 기세를 갖고 있으며, 큰기러기는 깃털이 다 자라지 않았어도 사해를 날 마음을 갖고 있다."虎豹之駒未成文, 而有食牛之氣. 鴻鵠之鷇羽翼未全, 而有四海之心라는 대목이 나온다. 호랑이나 표범은 다 자라면 몸의 무늬가 또렷해지고, 큰기러기는 다 자라면 그 날개가 볼만하다. 하지만 호랑이와 표범 그리고 큰기러기는 어릴 때도 타고난 기세가 대단하다. 여기서 '어리지만 호방한 기세를 갖고 있다.'라는 뜻의 '식우기'라는 표현이 나왔다. 당나라 시인 두보는 「서경이자가」徐卿二子歌라는 시에서 "다섯 살 어린아이가 '식우기'를 내뿜으니 집을 가득 채운 손님들이 죄다 고개를 돌려 쳐다보는구나."小兒五歲氣食牛, 滿堂賓客皆回頭라고 하여 '식우기'란 단어를 활용한 바 있다. 지금 우리 젊은이가 점점 기개를 잃고 위축된 삶을 사는 것 같아 걱정이다. 그 원인이 우리 기성세대가 젊은이의 '식우기'를 억압하거나 표출할 기회를 원천봉쇄하고 있기 때문은 아닌지 차분히 되돌아봐야 할 것 같다.

나라의 쇠퇴는
공직자의 부당한 행위 때문이다.

國家之敗, 由官邪也 (국가지패, 유관사야)

『춘추좌전』 환공 2년(기원전 710) 조항을 보면 "나라의 쇠퇴는 공직자의 부당한 행위 때문이며 공직자가 덕을 잃는 것은 (상관의) 총애와 뇌물을 탐하는 데서 드러난다."國家之敗, 由官邪也. 官之失德, 寵賂章也라는 대목이 있다. 여기서 공직자의 부당한 행위를 표현하는 '官邪'(관사)는 정치에서뿐 아니라 경제적인 탐욕, 즉 불법을 눈감아 주는 대가로 받는 부정한 뇌물이 당연히 포함된다. 또 이 말은 공직자의 자세를 함께 지적하는데, 자신에게 주어진 업무를 적극적이고 창의적으로 처리하지 않고 대충 처리하거나 마냥 미루는 무사안일無事安逸의 근무 태만을 말한다. 그러면서 모든 촉각을 자신의 상관에게 뻗친 채 비위 맞추기와 아부로 일관하는 것이다. 우리의 공직자가 어떤 모습을 보여 주고 있는지 이 대목에 대입시켜 생각해 볼 필요가 있겠다. 『춘추좌전』을 쓴 사관은 나라의 존망과 안위를 가늠하는 잣대로 공직자의 처신을 강조했다.

두려워하고 조심하다.

戰戰兢兢 (전전긍긍)

『시경』에서 '전전긍긍'戰戰兢兢은 "마치 깊은 연못 앞에 있듯이, 마치 얇은 얼음을 밟듯이" 겁을 내고 조심한다는 뜻이다. 지금은 어찌할 바를 몰라 안절부절못하고 있는 모습을 표현하는 경우가 많은 것 같다. '전전'戰戰은 무서워 벌벌 떠는 것을, '긍긍'兢兢은 조심스러워 몸을 움츠리는 모습을 형용한다.

비슷한 뜻의 성어로 '긍긍업업'兢兢業業이란 재미난 단어가 있다. 이 말은 『상서』에 보이는데 아주 조심하는 모습을 형용하는 표현이다. 여기서 '긍긍익익'兢兢翼翼이나 글자를 살짝 바꾸어 '긍긍업업'矜矜業業, '업업긍긍'業業矜矜과 같은 파생어가 나왔다. 모두 같은 글자를 두 개씩 대칭 배열하여 만들어 낸 의태어擬態語로, 발음도 고려한 것으로 보인다('戰戰兢兢'의 중국어 발음은 '잔잔징징'이며, '矜矜業業'은 '진진예예'이다). 모두 아주 신중하게 조심스러워하는 모습을 표현한 단어란 점을 알고 적절하게 사용해야 할 것이다.

한 가지 일에서 사욕을 꾀하면
모든 일에서 사욕을 꾀하게 된다.

一事私, 百事之私隨之 (일사사, 백사지사수지)

명나라 때의 청백리 해서海瑞에게 누군가 법을 어겨서라도 일을 처리하라고 요구했다. 이에 해서는 "이 관청에 스물다섯 명이 지켜보고 있는데 그게 가능하겠는가? 한 가지 일에서 사사로운 욕심을 꾀하기 시작하면 모든 일에서 사욕을 부리게 된다. 큰일이든 작은 일이든 거짓으로 대하는 것이 옳은가, 사실대로 하는 것이 옳은가?"라고 말했다. 해서는 수도에 들어가 조회에 참석하는 일부터 상급자와 만나는 일, 외부 순시, 접대와 관련한 지출 등을 모두 명문으로 상세히 규정하여 자신은 물론 관리들이 백성에게 민폐를 끼치지 못하게 했고, 상관에게 아부하거나 뇌물을 주지 못하게 했다. 해서는 무능하고 타락한 관료와 어울리지 못한 탓에 결국 조정에서 배척당해 한직을 전전했지만 부정이나 불의와는 결코 타협하지 않았고, 그런 그의 정신은 지금까지 큰 귀감으로 전해지고 있다.

청렴은
백성의 표본이다.

廉者, 民之表也 (염자, 민지표야)

북송 시대의 명신이자 중국 역사상 가장 엄정한 판관이었던 철면
무사鐵面無私 포증包拯은 청천靑天이란 별명으로 불릴 정도로 깨끗한
청백리였다. 그는 탐관오리를 기용하지 말기를 간청하는 글「걸불
용장리」에서 "청렴은 백성의 표상이요, 탐욕은 백성의 도적이다."
廉者, 民之表也. 貪者, 民之賊也라고 말했다. 공직자의 공사 구분을 가르는
기준을 탐욕으로 본 것이다.

송나라 시대 구국의 영웅이었던 명장 악비岳飛는 천하가 언제 어떻
게 하면 평안해지겠느냐는 물음에 이렇게 대답했다. "문신이 돈을
사랑하지 않고, 무신이 죽음을 아끼지 않으면 천하는 태평해질 것
이다."文臣不愛錢, 武臣不惜死, 天下太平矣

포증이든 악비든 의식 있는 사람이라면 누구나 모두 사리사욕을
버리고 공사를 확실하게 가릴 줄 아는 기본기를 주문할 따름이다.
그것이 나라의 존망과 직결됨을 너무나 잘 알았기 때문이다.

용문에 오르다.

登龍門〈등용문〉

학원 이름으로 '등용문'登龍門이 많이 쓰이는 까닭은 이 단어가 과거 급제를 비유하기 때문인데, 이 단어에 얽힌 유래를 아는 사람은 많지 않다. 『후한서』「이응전」의 주석에는 이 단어의 유래가 섬서성과 산서성山西省의 경계에 있는 나루터 하진河津에서 유래되었다고 전한다. 황하가 거세게 흐르는 이곳의 물살을 헤치고 상류로 오르는 물고기는 용이 된다는 전설이 전해 온다는 것이다. 그래서 '등용문'이란 단어가 나왔고, 명망이 높은 사람을 비유하는 단어가 되었다가 이후 과거 급제를 비유하는 단어로 의미가 확대되었다.

'용문'이란 별명이 있는 하진은 위대한 역사가 사마천이 태어난 곳이다. 사마천은 『사기』「태사공자서」太史公自序에서 스스로 용문에서 태어났다고 했다. 그리고 그 자신이 역사학의 거대한 용이 되었다. 지명에서 전설이, 아니면 전설에서 지명이 탄생하고, 이런 인문 정신의 세례를 받아 인재가 탄생하나 보다.

과보가 해와 경주를 하다.

夸父逐日(과보축일)

신비한 신화와 이색적인 풍물을 잔뜩 소개하고 있는 기이한 지리서 『산해경』에 보면 과보夸父에 관한 신화가 소개되어 있다. 과보가 태양과 경주를 했는데 해 질 무렵이 되었다. 목이 말라 황하와 위수의 물을 마셨으나 그것으로는 부족하여 북쪽 대택大澤의 물을 마시러 가다 이르기 전에 목이 말라 죽었다. 과보가 버린 지팡이는 변하여 등림鄧林(큰 숲)이 되었다.

이 신화는 자연을 정복하고자 하는 인간의 의지를 반영하지만, 때로는 자신의 역량은 따져 보지 않고 무모하게 일을 추진하거나 도전하는 것을 비유하기도 한다. '과보축일'夸父逐日은 밀랍으로 만든 날개를 달고 하늘을 날아 태양까지 가려다가 태양의 열에 날개가 녹아 에게 해에 떨어져 죽었다는 이카로스를 떠올리게 한다. 이카로스의 날개가 미지의 세계에 대한 동경을 상징한다면, '과보축일'은 인간의 무모함이 때로는 새로운 역사를 창조한다는 보다 진취적인 의미를 함축한다. '과보추일'夸父追日로도 많이 쓴다.

위에서 뭔가를 좋아하면
아래는 반드시 따라하되 정도가 더 심하다.

上有好者, 下必有甚焉者矣 (상유호자, 하필유심언자의)

『맹자』에 나오는 유명한 구절이다. 관련 대목을 함께 소개하면 이 렇다. "위에서 뭔가를 좋아하면 아래는 반드시 따라하되 정도가 더 심해진다. 군자의 덕은 바람이고, 소인의 덕은 풀이다. 풀 위로 바람이 불면 풀은 누울 수밖에 없다."上有好者, 下必有甚焉者矣, 君子之德, 風也, 小人之德, 草也, 草尙之風, 必偃 지도자의 언행이 아랫사람에게 미치는 영향이 얼마나 큰가를 가리키는 명구이다. 당나라 태종 때의 명신 위징은 이 대목을 나라의 존망과 연계시킬 정도였다. 송나라 때 학자로서 『자치통감』 편찬에도 참여했던 범조우范祖禹는 "윗사람 이 좋아하는 것이 있으면 아랫사람은 그것을 따라하려고 경쟁한 다."上之所好者, 下之所競也라고 하면서 당나라 태종 통치기에 신하들은 실수하지 않으려고 경쟁했다고 덧붙였다. 그래서 제대로 된 리더 는 자신이 직접 저지르지 않았더라도 아랫사람이 잘못을 하면 책 임을 자신에게로 돌리는 것이다. 오리발을 잘 내미는 리더가 가장 나쁜 리더다. 누군가 책임을 져야 하는데 자신은 빠지겠다는 것이 니, 이런 리더는 정말 자격이 없다.

의장용 말

立仗馬(입장마)

『신당서』에 이런 이야기가 실려 있다. 이임보李林甫는 장장 19년 동안 재상 자리에 있으면서 위로는 황제를 가리고 아래로는 조정 신하와 백성을 기만하면서 권력을 독차지했다. 이런 문제를 지적해야 하는 간관諫官은 그저 녹봉만 받아 챙기는 밥통으로 전락했다. 두진杜進이란 사람이 황제에게 이런 문제를 지적했다가 이임보에 의해 지방으로 좌천당했다.

이임보는 간관들에게 "너희는 입장마立仗馬를 보지 못했는가? 입장마는 하루 종일 단 한 번도 울지 않지만 삼등품 콩을 얻어먹는다. 한 번이라도 울었다간 바로 쫓겨난다."라고 으름장을 놓았다. '입장마'는 무측천 때 생긴 것으로 매일 궁궐 문밖에 줄을 지어 있는 것이 그 역할이었다. 그 말들은 의장대의 출입에 따라 들어왔다 나가면 그만이었고 하루 종일 서 있기만 하면 맛있는 먹이가 제공되었다.

후대 사람들은 이 '입장마'란 표현으로 후한 녹봉만 축내고 아무것도 하지 않는 사람을 비꼬았다. 예나 지금이나 관료 사회에는 이런 '입장마' 같은 자가 적지 않다. 간신 이임보의 입에서 나온 말이긴 하지만 관료 사회의 오랜 폐단을 정확하게 지적했다.

시는 형체 없는 그림이요,
그림은 형체 있는 시이다.

詩是無形畫, 畫是有形詩〔시시무형화, 화시유형시〕

송나라 때의 예술가 곽희郭熙 등이 편찬한 예술 평론서『임천고치』에 나오는 멋진 구절이다. 이 구절에 이어 곽희는 "철인들이 이에 대해 많은 이야기를 하는데 이런 말들은 나의 스승이다."라고 했다. 고대 서양에도 이와 비슷하게 "시는 소리 없는 그림이요, 그림은 소리 없는 시이다."라는 말이 있다. 어느 쪽이든 비슷한 사유의 경지를 보여 주는데, 시와 그림은 표현 방식이 다를 뿐 원리는 서로 통함을 가리킨다. 소식蘇軾은 "시와 그림은 본래 하나의 규율로 통하니 솜씨와 참신함이다."詩畫本一律, 天工與淸新라는 견해를 제기한 바 있다. 이 같은 예술론은 동양의 문예 평론이나 역대 시화 창작에 상당한 영향을 주었다. 한편 양웅은『법언』에서 "말은 마음의 소리요, 글은 마음의 그림이다."言, 心聲也. 書, 心畫也라는 명구로 말과 글을 당사자의 심경心境과 연계시켜, 글과 말이 궁극적으로는 그 사람의 마음을 나타내는 것이라는 점을 잘 지적하고 있다.

나무판자를 삼 푼이나 파고들다.

入木三分 (입목삼분)

원나라 말기에서 명나라 초기에 걸쳐 활동했던 도종의陶宗儀가 진秦나라와 한나라 이래 전해 오는 비교적 진귀한 글을 모아 편집한 100권의 잡학 총서 『설부』에 보면 당나라 때 사람 장회권張懷瓘의 『서단』書斷 「왕희지」王羲之란 글이 인용되어 있다.

이에 따르면 명필 왕희지의 글씨가 얼마나 힘이 넘쳤는가에 대한 믿기 어려운 일화가 전한다. 왕희지가 글자를 썼던 서판書板을 장인이 깎아 내려는데 글자에 얼마나 힘이 있었던지 목판이 삼 푼 깊이만큼 파고들어 가 있었다. 마치 무협소설의 한 장면을 떠올리게 하는 이 이야기와 성어는 당초 필력의 웅건함을 형용하는 것으로 인용되었지만 때로는 문장 묘사나 논의의 심각성을 비유하기도 한다.

마음속에 대나무가 완성되어 있다.

胸有成竹 (흉유성죽)

소식蘇軾의 글에 나오는 한 대목이다. 송나라 때 사람 문동文同은 대나무 그림에 새로운 영역과 경지를 개척한 인물이었다. 명사들 대부분이 그를 좋아했는데 소식과 사마광이 특히 그를 존경했다고 한다. 같은 시대의 문인 조보지晁補之는 문동과 절친한 사이로, 문동이 즉석에서 대나무를 그리는 모습을 지켜보는 것을 좋아했다. 어느 날 한 청년이 조보지를 찾아와 문동의 그림에 대해 묻자 조보지는 "문동이 대나무를 그리고자 할 때는 마음속에 이미 대나무가 완성되어 있다."與可畵竹時, 胸中有成竹라는 시로 답을 대신했다. 문동의 집 주위는 온통 대나무 숲이었는데, 문동은 대나무 숲을 거닐면서 그리고자 하는 대상과 정경을 마음에 담은 다음 돌아와 거침없이 대나무를 그렸기 때문이다. 그래서 소식은 "대나무를 그리려면 먼저 마음속에 대나무가 있어야 한다. 그런 뒤 붓을 쥐고 뚫어지게 바라보다가 그리고자 하는 것이 떠오르면 거침없이 그림을 그려 그 영상을 좇는다."라고 했던 것이다. 무슨 일이든 사전에 준비하고 계산해 두어야 함을 비유한다.

미녀가 숨은 우물

胭脂井 (연지정)

588년 수나라의 창업자 양견楊堅은 남조에서 마지막으로 남은 진陳나라에 총공격을 퍼부었다. 진나라의 마지막 황제 후주 진숙보陳叔寶는 이름난 혼군昏君이었다. 매일 술과 여자에 파묻혀 살았는데 장여화張麗華와 공孔 귀빈을 특히 총애했다. 양견이 장강을 건너 수도 건강을 압박하자 진나라는 변변한 저항도 못해 보고 무너졌다. 진숙보는 후궁으로 도망가서는 경양전景陽殿 우물 속에 몸을 숨겼다. 진숙보의 소재를 확인하고는 수나라 병사들이 우물에 돌을 던지겠다고 협박하여 밧줄을 내려 진숙보를 끌어 올렸는데 놀랍게도 장여화와 공 귀빈이 함께 올라왔다. 여기서 '연지정'胭脂井이란 단어가 파생되었다. 연지는 여성의 화장품이다. 따라서 화장을 한 여자가 숨은 우물이란 뜻이 되는 셈인데, 후대에는 나랏일은 팽개친 채 주색에 빠진 황음한 군주나 그런 군주의 음란한 생활을 가리키는 단어로 사용되었다.

눈은 밝아야 하고,
귀는 예민해야 하고,
마음은 지혜로워야 한다.

目貴明, 耳貴聰, 心貴智 (목귀명, 이귀총, 심귀지)

신비의 책략서 『귀곡자』는 그 판본에 따라 말이 많다. 이 대목은
『귀곡자』 외전의 일부인데, 이 편은 대개 후대의 위작으로 본다.
이 대목은 천하의 일을 도모하려면 눈은 미세한 것까지 볼 수 있
고, 귀는 작은 소리까지 들을 수 있어야 하고, 마음(두뇌)은 지혜
로워야 한다는 것을 강조한다. 통치자의 자질과 관련하여 중국에
서는 전설 속의 제왕 시기부터 두루 살피고 들어서 지혜롭게 판단
할 것을 요구했다. 눈이 밝아야 미세한 곳까지 살필 수 있고, 귀가
예민해야 먼 곳의 일까지 알 수 있기 때문이다. 그리고 여기에 지
혜로운 두뇌까지 겸비해야 했다. 이 모든 것을 두루 제대로 갖추
어야 덕 있는 통치자가 될 수 있었던 것이다. 현대 용어로 다시 풀
이하자면, 어떻게 관찰하고 어떻게 가려내고 어떻게 생각할 것인
가에 대한 요구 사항인 셈이다.

꽃을 집어 들자 미소를 짓다.

拈華微笑〔염화미소〕

부처가 영취산에서 설법을 하다가 대중에게 연꽃 한 송이를 들어 보였다. 그러자 마하가섭摩訶迦葉이란 제자만이 그 뜻을 깨닫고 미소를 지었다. 이에 부처는 마하가섭에게 불교의 진리를 전했다. 여기서 '염화미소'拈華微笑 또는 '염화시중'拈華示衆이란 말이 유래되었다. 흔히 '이심전심'以心傳心이라고도 한다.

선종에서 선禪의 기원을 설명하기 위해 전하는 이 이야기는 『대범천왕문불결의경』大梵天王問佛決疑經에도 기록되어 있다. 말을 하지 않고도 마음과 마음이 통하여 깨달음을 얻게 된다는 뜻으로, 선 수행의 근거와 방향을 제시하는 중요한 화두話頭로 여겨진다.

소설집 『요재지이』에는 "선녀가 꽃을 들고 미소를 지었다."라고 되어 있는데 의미는 다 같다. 말은 갈수록 많아지는데 마음은 통하지 않는 세상이다. 도대체 어떤 꽃을 들어 보여 주어야 할까?

사람의 평생 가장 큰 죄와 잘못은
'자시자사' 네 글자에 있을 뿐이다.

人一生大罪過, 只在自是自私四字
(인일생대죄과, 지재자시자사사자)

명나라 때 사람 여곤呂坤이 지은 관리의 언행 지침서 『신음어』에 나오는 한 대목이다. 여곤이 말하는 네 글자 '자시자사'自是自私는 자기만 옳다고 여기고 자기 이익만 챙긴다는 뜻으로, 이것이 모든 잘못의 근원이라는 지적이다. 그래서 "옛사람은 말을 신중하게 했다. 늘 남는 듯 다하지 못한 듯했다."古人愼言, 每云有餘不敢盡라고 여곤은 말한다.

인간의 사회적 동물이다. 사회는 인간이 함께 만들어 가는 곳이다. 사람이 없으면 사회도 없고, 사회가 없으면 사람도 없다. 따라서 함께 발전하고 함께 진보해야 한다. 그러기 위해서는 자기만 옳다고 우기며 사사로운 이익만 꾀하는 '자시자사'의 탐욕을 버리고 서로 양보하는 공공심을 발휘해야만 한다. 인간이 위대한 까닭은 양보할 줄 알고, 타인을 배려할 줄 알기 때문이다. 우리 사회에 정말 필요한 가치다.

영명한 군주는 늘 자신의 부족함을 생각하기에
갈수록 나아진다.

明主思短而益善(명주사단이익선)

『정관정요』는 당나라 태종 때 오긍吳兢이 태종과 당시 대신들 사이에 오고 간 치국의 이치를 정리한 명저이다. 그중 '바른말을 구한다.'라는 뜻의 「구간」에 이런 대목이 나온다. "영명한 군주는 늘 자신의 부족함을 생각하기에 갈수록 나아지고, 못난 군주는 자신의 단점을 감싸려 하기에 갈수록 어리석어진다. 수나라 양제는 자기를 과시하길 좋아하고 단점을 감추고 바른말을 물리쳤다."明主思短而益善, 暗主護短而永愚. 隋煬帝好自矜誇, 護短拒諫

당나라 태종 이세민李世民은 나라를 다스리는 일이 혼자로는 안 된다는 사실을 잘 알았다. 충성스럽고 정직한 신하의 보좌 없이는 백성과 나라가 편해질 수 없다는 것을 깊이 인식하고 '바른말을 받아들이는' 납간納諫을 극히 중시했다. 단점을 생각하느냐 아니면 단점을 감추느냐가 지혜와 어리석음을 나누는 경계선이라는 지적이다. 리더만 잘나서도 안 되고, 특히 리더가 잘난 척해서는 더더욱 안 된다. 잘난 사람을 알고 모셔 오는 리더가 최선의 리더다.

패거리

朋黨(붕당)

법가 사상의 집대성으로 불리는 『한비자』는 불멸의 제왕학이라 불릴 만하다. 그중 「유도」에 이런 대목이 나온다. "인재를 기용할 때 명성만을 기준으로 삼으면 신하의 마음이 군주로부터 멀어지며, 아래에서 패를 지어 사사로운 욕심을 꾀한다. 관리를 기용할 때도 붕당 위주로 한다면 백성은 친교에나 힘을 쓰지 법에 따라 기용되기를 바라지 않는다." 今若以譽進能, 則臣離上而下比周. 若以黨擧官, 則民務 交而不求用於法

한비자는 그 결과 이런 패거리朋黨가 안팎으로 많아지면 중대한 과오를 저질러도 그 죄를 감싸고 감추어 줄 자도 많아져 나라가 망한다고 지적했다. 한때 우리 국사학계 일부에서 일제 강점기 때 식민 사학자가 사용하던 부정적 의미의 당쟁黨爭이란 말 대신 '붕당 정치'라는 용어를 쓰자고 주장한 적이 있다. 하지만 보다시피 자기 패거리의 사욕만 추구하는 집단이 바로 붕당이다. 당쟁과 하등 다를 바 없는 용어다.

다리와 팔

股肱(고굉)

전설 시대 제왕 때부터 군주를 보필하는 신하를 가리켜 '고굉이목'
股肱耳目이라 했다. 글자대로 다리와 팔, 눈과 귀란 뜻이다. 당나라
때 학자 공영달孔穎達은 이에 대해 "군주는 원수이고, 신하는 고굉
이목으로 대체로 한 몸이다."君爲元首, 臣爲股肱耳目, 大體如一身也라고 주
석을 달았다. 이렇게 해서 '고굉'은 군주를 보필하는 유능하고 힘
있는 대신을 가리키는 용어가 되었다. 요컨대 리더에게는 튼튼한
팔다리와 같은 인재가 반드시 있어야 한다. 이런 팔다리에 문제가
발생하면 조직은 물론 나라까지 문제가 발생한다. 그래서 사마천
은 『사기』「악서」樂書에서 "고굉과 같은 신하가 불량하면 모든 일
이 엉망이 된다."라고 지적했다. '고굉지신'股肱之臣이란 용어도 훗
날 파생되었다. 또 이와는 전혀 다르게 『사기』「계포난포열전」季
布欒布列傳에 보면 "하동 지역은 나의 팔다리와 같은 곳이다."河東吾股
肱郡라 하여 지리적으로 중요한 곳을 비유하는 용어로 사용되기도
했다.

젊은 녀석, 가르칠 만하구나.

孺子可教 (유자가교)

서한삼걸西漢三傑의 한 사람인 장량張良은 가산을 털어 창해역사倉海力士를 기용해 진 시황을 저격했으나 실패했다. 이 때문에 전국에 수배령이 내려 도망자 처지가 되었는데 어느 날 다리를 건너다 한 노인을 만났다. 노인은 일부러 신을 다리 아래로 던진 다음 장량에게 주워 오게 했다. 장량은 끓어오르는 화를 참고 신을 주워 왔다. 노인은 주워 온 김에 신기라고 했다. 장량은 무릎을 꿇고 신을 신겨 주었다. 노인은 웃으면서 그 자리를 떠나다가 다시 돌아와 "젊은 녀석, 가르칠 만하구나."라고 말한 뒤 닷새 뒤 새벽에 여기서 만나자고 했다. 이렇게 해서 장량은 이 신비한 노인으로부터 얻은 『태공병법』太公兵法이라는 책략서를 깊이 공부해 유방의 참모가 될 수 있었다. '孺子可教'(유자가교)에서 '孺子'(유자)는 '젊은이', '어린 놈' 등을 가리키는 민간의 구어이다. '유자가교'孺子可教는 훗날 젊은 사람이 뭔가 큰일을 해낼 수 있음을 가리키는 성어로 자리 잡았다.

행동은 다른 사람에 앞서고,
말은 다른 사람에 뒤처져라.

行必先人, 言必後人 (행필선인, 언필후인)

관련 구절을 함께 소개하면 이렇다. "군자는 두루 많이 알되 힘써 지켜야 하고, 말은 신중하게 하되 굳세게 행동해야 한다. 행동은 다른 사람에 앞서고, 말은 다른 사람에 뒤처져야 한다." 君子博學而屛守之. 微言而篤行之. 行必先人. 言必後人 말과 행동의 함수 관계에 대한 의미 있는 지적이다.

말보다 행동이 앞선다는 것은 일의 실천에 꼭 필요한 자세이다. 하지만 보통 사람에게는 이 둘의 적절한 조화와 조정이 필요할 것 같다. 행동으로 옮기기가 힘들 때는 말을 먼저 앞세워 그 말에 대한 책임으로 행동이 뒤따르게 하는 것도 현명한 방법이란 생각이 든다. 때로는 행동에 신중을 기해야 한다. 뒷감당이 안 되는 경우가 있기 때문이다.

물론 옛 성인들 말씀의 요지는 군자를 나누는 중요한 기준이 '신' 信과 '수신' 守信이라는 것이다. 믿음이 곧 '사람의 말'이라는 점에 주목하자. 그리고 그 말을 지켜 내야만 제대로 된 사람, 즉 군자가 되는 것이다. 지행합일 知行合一, 언행일치 言行一致도 같은 맥락이다.

은행나무 아래 또는 행단

杏壇(행단)

향교鄕校나 서원書院에 가면 십중팔구는 수백 년 이상 된 은행나무가 있다. 그런데 왜 향교와 서원에 은행나무가 있는지 그 내력에 대해서는 잘 모르는 것 같다. 『장자』에 보면 이런 이야기가 나온다. "공자가 여기저기를 떠돌던 중 검은 장막을 친 듯한 숲을 지나다가 행단에서 휴식을 취했다. 제자들은 책을 읽고, 공자는 노래를 부르면서 거문고를 연주했다."孔子遊乎緇帷之林, 休坐乎杏壇之上. 弟子讀書, 孔子絃歌鼓琴('검은 장막'을 뜻하는 '緇帷'(치유)를 지명으로 보기도 한다) 여기서 '행단'杏壇이란 단어가 나온다.

전하는 이야기에 따르면 공자는 천하 주유를 끝내고 고향 곡부로 돌아와 은행나무 아래에서 강학을 했다. 그래서인지 곡부에 있는 공자의 사당인 공묘孔廟에는 행단 자리를 기리는 비석이 모셔져 있다.

이후 행단은 제자를 가르치는 강학의 장소를 가리키는 용어가 되었다. 향교와 서원에 은행나무를 심은 것도 공자의 가르침을 되새기기 위한 것이다.

식욕과 성욕

飲食男女(음식남녀)

『예기』에서는 이렇게 말한다. "식욕과 성욕은 인간이 가장 바라는 것이고, 죽음과 가난은 인간이 가장 싫어하는 것이다. 따라서 바라는 것과 싫어하는 것은 마음의 큰 언저리다. 사람이 그 마음을 감추기 때문에 헤아릴 수 없다."飲食男女, 人之大欲存焉. 死亡貧苦, 人之大惡存焉. 故欲惡者, 心之大端也. 人藏其心, 不可測度也

인간의 욕망 중에서 식욕과 성욕은 근본적인 욕망이다. 몸과 마음의 문제는 대부분 이 두 가지 욕망 때문에 일어난다. 다시 말해 가장 통제하기 힘든 욕망이란 뜻이다. 공자도 인간의 삶에서 빠질 수 없는 세 가지로 식食, 색色, 성性을 꼽았다. 인류학이나 민속학에서는 음식이 생리적 욕구임을 인정하는 한편 후천적으로 배운 문화가 인간의 음식에 어떤 작용을 일으키는가를 연구하기도 한다.

이안李安 감독의 『음식남녀』라는 영화가 바로 『예기』의 이 대목을 딴 것인데, 미각味覺을 잃어 가는 요리사 아버지와 성장해 가는 딸들 사이에서 벌어지는 갈등과 사랑 그리고 인간의 욕망을 음식을 매개로 섬세하게 묘사했다.

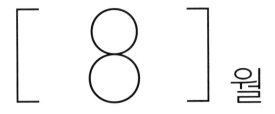

[8] 월

望月懷遠

海上生明月
天涯共此時
情人怨遙夜
竟夕起相思
滅燭憐光滿
披衣覺露滋
不堪盈手贈
還寢夢佳期

달을 보며 멀리 있는 임 그리네

— 장구령(張九齡)*

바다 위에 밝은 달이 올라오니
저 하늘 아래서도 똑같이 보리.
멀리서 정든 임 그리는 이 밤에
밤새 잠 못 들고 일어나 거니네.
꽉 찬 달빛 아까워 촛불 꺼 놓고
밖에 나가니 옷에 이슬이 젖네.
저 달 손으로 따다 주지 못하니
도로 누워 만날 기약 꿈꾸려네.

* 장구령은 당나라 현종 때 재상까지 지낸 문인이다. 간신
이임보(李林甫)의 미움을 받아 박해를 당했다. 현종의 생일에
문무백관은 축하의 선물을 바쳤지만 장구령은 역사상
정치의 잘잘못을 발췌한 『천추금감록』(千秋金鑑錄)을 올려
현종에게 경고했다고 한다. 안녹산(安祿山)의 후환을 미리
예언한 바 있다. 그의 작품도 성품처럼 강건하다는 평가를
받고 있다.

세 사람이면 호랑이도 만든다.

三人成虎 (삼인성호)

전국 시대 위魏나라 대신 방총龐蔥이 조나라에 인질로 가는 태자를 수행하게 되었다. 떠나기에 앞서 방총은 혜왕에게 한두 사람이 저 잣거리에 호랑이가 나타났다고 하면 믿지 않지만 세 사람이 호랑이가 나타났다고 하면 믿을 수밖에 없다면서, 자신이 먼 조나라까지 가고 나면 신하들 사이에 자신에 관한 말이 많을 것이니 유의하라고 당부했다. 혜왕은 무슨 말인지 잘 알았다고 했으나 결국 방총을 헐뜯는 말에 넘어가 돌아온 방총을 다시는 찾지 않았다.

이 고사는 원래 혜왕의 무지를 풍자한 것이었으나 시간이 흐르면서 유언비어나 헛소리가 진실을 덮는다는 것을 비유하게 되었다. 증자曾子의 어머니가 세 사람에게 증자가 사람을 죽였다는 말을 듣자 짜던 베틀을 팽개치고 도망쳤다는 고사도 같은 맥락이다. 사마천은 사람을 헐뜯는 말의 지독함을 '적훼소골'積毁銷骨이라고 했다. 헐뜯음이 쌓이면 뼈도 삭힌다는 뜻이다. 거짓이 진실을 뜯어 먹는 야만의 시대는 여전하다.

한 글자 스승

一字之師(일자지사)

'일자지사'一字之師는 당나라 후기에 시를 잘 지었던 승려 제기齊己의 「조매」早梅라는 시에서 비롯된 고사성어이다. 제기가 일찍 핀 매화를 소재로 「조매」라는 시를 짓고 평가를 받기 위해 친구인 정곡鄭谷에게 시를 보였다. 정곡이 시를 보고는 "어젯밤 가지 몇 개가 꽃망울 터뜨렸구나."昨夜數枝開란 대목에서 '가지 몇 개'數枝로는 일찍 피어난 매화를 생동감 넘치게 표현하기는 부족하다면서 '가지 하나'一枝로 고치는 편이 낫겠다고 했다. 제기가 보기에도 그편이 한결 나아 보여 제기는 흔쾌히 정곡의 의견을 받아들여 문장을 고쳤다. 제기의 시는 여러 사람으로부터 칭찬을 받았다. 이에 제기는 정곡을 '한 글자 스승'一字師이라고 불렀다. 그 후 사람들은 '일자지사'란 성어로 한 글자만 고치고도 시나 문장을 더욱 돋보이게 만드는 사람을 칭찬했다. 훌륭한 의사는 '일침견혈'一針見血, 즉 '침 한 번 찔러 피를 본다.'라고 한다. 고수의 진정한 경지를 나타내는 말들이다.

귤이 탱자로 변하다.

橘化爲枳 (귤화위지)

춘추 시대 제나라의 안영晏嬰은 학식과 언변이 대단히 뛰어난 명재상이었다. 하지만 외모는 작은 키에 못생긴 얼굴이었다. 외교 사절로 온 안영을 본 초나라 왕은 안영을 깔보고는 모욕을 주려고 일을 벌였다. 안영을 위한 술자리가 무르익을 즈음 초나라 병사들이 한 남자를 끌고 와, 물건을 훔치려다 잡힌 도둑인데 알고 보니 제나라 출신이라고 보고했다. 초나라 왕은 제나라 사람은 다 이렇게 남의 물건을 훔치느냐며 공개적으로 망신을 주려 했다. 안영은 조금도 당황하지 않고 "귤이 회수淮水를 건너면 탱자가 된다더니, 제나라 사람이 초나라에 와 도둑이 되었군요."라며 응수했고, 초나라 왕은 부끄러움에 어쩔 줄 몰라 했다. 인간의 환경의 동물이다. 좋은 사회적 환경과 풍토가 인간의 격을 높인다. 그러기 위해서는 지도층이 솔선수범해야 한다.

보는 것만으로 위개를 죽이다.

看殺衛玠(간살위개)

『세설신어』「용지」에 보면 위개衛玠란 미남자가 미모 때문에 비극적인 일을 당한 일화가 나온다. 위개의 미모는 구슬이나 옥에 비유될 만큼 대단해 '벽인'璧人이란 단어가 만들어지기도 했다. 언젠가 위개가 양이 이끄는 수레를 타고 외출했는데 수많은 팬이 그의 얼굴을 보려고 몰려들었다. 사람이 빠져나가지 못할 정도로 겹겹이 에워싸는 통에 놀란 위개는 그 자리에서 혼절하고 말았다. 간신히 부축을 받고 집으로 돌아오긴 했으나, 이때 놀란 탓에 체력이 시원찮았던 위개는 시름시름 앓다가 얼마 뒤 세상을 떠나고 말았다. 그의 나이 스물일곱이었다. 이것이 '간살위개'看殺衛玠라는 고사성어의 유래다. 미모 때문에 죽음에 이른 어처구니없는 비극이었다. 위개처럼 극성팬의 등쌀에 죽은 사람은 없지만, 연예인의 외모에만 빠져 물불 가리지 않고 외모를 치장하려는 젊은 세대가 점점 많아지고 있는 현실이다. 당장 온갖 매체를 통해 위개 같은 미남자가 하루 종일 눈을 어지럽히고 있다.

돗자리를 잘라 절교하다.

割席絶交 (할석절교)

동한 시대 관녕管寧과 화흠華歆은 젊은 날 한곳에서 공부하는 친구 사이였다. 사람들은 이들을 용에 비유하며 재능을 칭찬했다. 하지만 두 사람은 성격이나 인생의 목표가 아주 달랐다. 관녕은 세속의 명예와 출세에 전혀 관심이 없었지만, 화흠은 권세에 대한 관심과 집착이 대단했다. 하루는 두 사람이 돗자리에 앉아 공부를 하고 있는데 밖에서 고관대작이 호화로운 수레를 몰고 요란하게 행차했다. 관녕은 아랑곳하지 않았으나 화흠은 얼른 밖으로 나가 구경을 하고 돌아왔다. 사소한 일이었음에도 관녕은 화흠이 돌아오자 깔고 앉았던 돗자리를 칼로 자르며 정중하게 "그대는 내 친구가 아닐세."라고 절교를 선언했다.

친구 사이가 갈라지는 이유야 많겠지만 세속에 대한 가치관의 차이가 가장 크지 않을까 하는 생각을 해 본다. 이를 좀 더 노골적으로 말하면 이해관계가 우정의 질까지 결정짓는다고나 할까. 그럼에도 세상이 어떻게 변하든 변치 않는 가치관과 올바른 인생관을 유지하는 일이야말로 우정을 지키는 핵심이 될 것이다.

좋아하는 옛 곡이건만 연주하지 않는구나.

古調不彈(고조불탄)

당나라 현종 때의 문인 유장경劉長卿은 사백여 수의 시를 남겼는데, 관직 생활이 주위의 모함 등으로 순탄치 않았다. 그래서인지 그의 시에는 자신의 고민과 처지에 대한 불만이 적지 않다. 「탄금」이란 시에서도 가야금 소리를 빌려 자신의 불우한 처지를 은근히 비유하고 있다. 시의 내용은 대체로 이렇다. "일곱 줄 가야금 소리 바람을 타고 들려오니, 차분히 그 우아한 곡조를 감상하누나. 나는 옛 곡조를 좋아하건만 어쩐 일인지 지금 사람들은 그것을 연주하지 않는구나."泠泠七弦上, 靜聽松風寒. 古調雖自愛, 今人多不彈

훗날 사람들은 뒷부분의 '古調雖自愛, 今人多不彈'(고조수자애, 금인다불탄)이란 두 구절을 줄여서 '古調不彈'(고조불탄)이라 했다. 옛 곡조의 청아함을 몰라주는 사람들을 빗대어 자신의 마음을 몰라주는 세상을 한탄한 것이다. 유장경은 당나라가 전성기에서 쇠퇴기로 넘어가는 시기를 산 지식인이다. 그럼에도 그의 시에는 사회 현실을 고발하거나 비판하는 내용이 거의 없다. 그저 자신의 신세만 한탄한 모양이다. 한 시대를 살아가는 지식인의 모습과 사회적 역할이 다 같을 수 없다는 생각을 해 본다.

부끄러움이 없으면 못할 짓이 없다.

無恥則無所不爲(무치즉무소불위)

공직자의 부도덕하고 부정한 언행의 뿌리를 파고들면 예외 없이 개인이나 패거리의 사사로운 욕심과 만나게 된다. 이는 공직자의 공사 구별에 심각한 이상이 생겼음을 뜻한다. 그리고 이런 현상은 공직자가 부끄러움이 무엇인지를 모르는 데서 비롯되는데, 옛 현자들은 이런 문제의 근원을 가정과 교육에서 찾고 있다.

『성리대전』을 보면 "사람을 가르치려면 반드시 부끄러움을 먼저 가르쳐야 한다. 부끄러움이 없으면 못할 짓이 없다."教人使人, 必先使有恥. 無恥則無所不爲라고 했다. 자신의 언행이 남과 사회에 피해를 주는 것을 부끄러워할 줄 알아야만 그릇된 언행을 일삼지 않는다는 것이고, 그러기 위해서는 어려서부터 부끄러움이 무엇인지 가르쳐야 한다는 뜻이다. 참으로 옳은 지적이 아닐 수 없다. 이 대목에서 계시를 받은 청나라 때의 학자 고염무顧炎武는 한 걸음 더 나아가 "청렴하지 않으면 받지 않는 것이 없고, 부끄러워할 줄 모르면 하지 못할 짓이 없다."不廉則無所不取, 不恥則無所不爲라고 했다.

마음속의 분노가
대놓고 나무라는 것보다 지독하다.

腹誹之憤, 甚於指斥 (복비지분, 심어지척)

송나라 때 학자 범준范浚의 글에 보이는 대목이다. 그다음 대목은
"눈빛으로 조롱하는 것이 대놓고 비방하는 것보다 더 아프다."目語
之譏, 切於面謗이다. 그러면서 범준은 "천하의 언로를 막아 놓고 자신
을 기만하는 것보다는 천하의 언로를 이용하여 스스로를 다스리
는 것만 못하다."라고 했다.

백성의 이글거리는 분노의 눈빛을 두려워할 줄 알아야 한다. 제방
의 둑은 그냥 터지지 않는다. 물이 가득 차서 넘쳐야만 터진다. 그
전에 물길을 터서 다른 곳으로 흐르게 해야 한다. 백성도 마찬가
지다. 그래서 사마천은 "백성의 입을 막는 것은 홍수를 막는 것보
다 더 어렵고 힘들다."라고 했던 것이다. 독재와 강압 정치가 백성
을 침묵하게 할 수는 있지만 속으로 비방하는 복비腹誹와 눈으로
조롱하는 목어目語를 막을 수는 없다. 그래서 리더는 늘 눈과 귀를
열어 놓아야 한다. 리더에게 눈과 귀가 밝다는 뜻의 현명賢明이나
영명英明 같은 덕목을 요구하는 것은 이 때문이다.

재부를 추구하기보다 좋은 일을 많이 하라.

富財不如義多 (부재불여의다)

중국사에서 유일무이한 여성 황제였던 무측천이 신하들을 동원하여 편찬한 『신궤』의 「염결」에 보면 "그러므로 군자는 청렴한 행동으로 그 참된 모습을 보전하고, 맑음을 지킴으로써 그 몸을 보호한다. 재부를 추구하기보다는 좋은 일을 많이 하는 것이 낫고, 높은 자리를 쫓기보다는 덕을 높이려고 힘쓰는 것이 낫다."故君子行廉以全其眞, 守淸以保其身. 富財不如義多, 高位不如德尊라는 대목이 나온다. 또한 "하늘과 땅은 사사로움이 없다."天無私覆, 地無私載, "지혜를 사사로운 곳에 쓰는 것보다는 어리석어도 공공을 위해 쓰는 것이 낫다."智而用私, 不若愚而用公라는 대목도 눈길을 끈다.

사람이 인성을 제대로 갖추지 못하면 사사로운 이익에 빠지기 쉽다. 인간의 품성인 인성人性은 동양 사상에서 말하는 덕德이다. 덕은 타고나는 것이 아니다. 가정교육과 학교 교육 그리고 그가 처한 사회 환경을 통해 길러진다. 무엇보다 자기 노력과 성찰의 결과물이란 점을 알아야 한다.

다리 위

圯上 (이상)

좀 특이한 단어이지만 여기에는 재미난 일화가 있다. '圯'(이)란 글자의 자전적 의미는 '흙다리'로 나온다. 최초의 한자 사전이라 할 수 있는 『설문』說文(또는 『설문해자』說文解字)에는 동쪽 초나라에서는 다리 '橋'(교)를 '圯'(이)라 부른다고 해설되어 있다. 서한삼걸의 한 사람인 장량은 젊은 날 진 시황을 암살하려다 실패하여 도망자 신세가 된다. 그러던 어느 날 하비下邳(지금의 강소성江蘇省 수령睢寧)의 '다리 위'를 지나다가 신비의 노인(황석공黃石公으로 전한다)을 만나 『태공병법』이란 기서奇書를 얻었다. 장량은 이 책을 깊게 연구하였고, 마침내 유방의 제일 참모가 되어 서한 개국의 일등공신이 되었다. 이후 '이상'이라는 이 이상한 단어는 기회, 만남, 기이한 인연 등을 비유하는 말이 되었다. '이상'을 '이교'圯橋로 쓰는 경우도 더러 있다. 장량은 훗날 이 노인을 상징하는 황석을 사당에 모셔 기렸다.

누군들 잘못하지 않나?
잘못했더라도 고칠 수 있다면
그보다 더 좋은 일이 어디 있나.

人誰無過, 過而能改, 善莫大焉(인수무과, 과이능개, 선막대언)

진晉나라 대부 조순이 영공에게 한 충고이다. 누구나 잘못할 수 있지만 그것을 고쳐서 재발하지 않게 하는 일이 중요하다는 지적이다. 당나라 때 사람 위응물韋應物의 「답영호시랑」答令狐侍郎이란 시에 보면 "백옥에 먼지가 앉고 오물이 낄 수 있으나 닦고 털면 빛이 난다."白玉雖塵垢, 拂拭還光輝라는 구절이 있다. 아무리 고상한 인품의 소유자라도 잘못이 없을 수 없으나 고치고 바로잡으면 그 이미지에 손상이 가지 않는다는 의미이다. 『예기』「방기」坊記에서는 "잘한 것은 남이 했다고 하고, 잘못한 것은 내가 했다고 하라."善則稱人, 過則稱己라 했다. 마음이 넓고 기백이 있는 사람은 자신의 잘못을 선뜻 인정할 줄 안다. 또 남이 잘한 일에 대한 칭찬을 아끼지 않는다. 잘못을 인정하지 않고 버티면 그 잘못이 점점 커져 결국은 파멸로 이어지는 경우가 많다. 작은 잘못을 인정하지 않고 감추고 부인하는 통에 큰 잘못이 되어 버리기 때문이다.

절굿공이를 갈아 바늘을 만들다.

磨杵成針 (마저성침)

명나라 때 사람 조학전曹學佺은 그의 책에서 이백李白과 관련해 팽산현 현지縣志에 나오는 다음과 같은 전설을 인용한다. 이백이 상이산象耳山에서 공부를 하다가 다 마치지 못한 채 떠나는데 개울을 지나다가 한 노파를 보게 되었다. 노파는 쇠로 된 절굿공이를 숫돌에 열심히 갈고 있었다. 이백이 쇠공이를 왜 가느냐고 묻자 노파는 바늘을 만들려고 한다고 대답했다. 노파의 대답에 무언가 깨달은 이백은 다시 산으로 돌아가 하던 공부를 마쳤다. 공부가 깊어야 쇠공이를 갈아 바늘을 만들 수 있다. 무슨 일이든 한 분야에서 최고가 되려면 쇠공이를 갈아서 바늘을 만들 듯 각고의 노력이 요구된다. 어설픈 공부, 어설픈 스펙으로 복잡다단한 일과 사람을 대하니 일쑤 언 발에 오줌 누는 식의 단기 처방 내지 엉뚱한 대처 방안만 속출하는 것이다. 모름지기 공부가 깊어야 쇠공이를 갈아 바늘을 만들 수 있다. 그런 사람이 소위 최고 전문가가 될 수 있다.

동쪽에서 잃고
서쪽에서 거둔다.

失之東隅, 收之桑楡 (실지동우, 수지상유)

동한 광무제 때의 장수 풍이馮異가 적미赤眉 군대와의 전투에서 패한 뒤 병사들을 적의 군복으로 갈아입히고 매복전을 전개한 끝에 역전승을 거두었다. 이에 광무제는 글을 내려, 패했다가 다시 분발하여 승리한 것은 "동쪽에서 잃고 서쪽에서 거둔 것"이라며 풍이를 위로했다. 군사에서 흔히 하는 말 중에서 '승패는 병가지상사'란 것이 있는데, 한 번의 패배로 주저앉지 말고 원인을 잘 분석해서 끝내 승리하는 것이 중요함을 지적하는 말이다.

인간에게는 한순간의 좌절이나 실패에 굴하지 않고 그 실패와 상실감에서 빠져나와 보다 나은 결과를 얻으려는 보상심리라는 것이 있다. 이런 심리는 인간의 적극성을 자극한다는 점에서 대단히 중요하다. 광무제가 말한 '동쪽에서 잃고 서쪽에서 거둔 것'은 이런 심리를 잘 파악한 보상기제의 하나로 볼 수 있는데, 자신의 힘으로 역경을 극복하는 것도 중요하지만 빨리 실패와 실수를 만회할 수 있도록 주변에서 격려하는 분위기도 못지않게 중요하다. 그래야만 종로에서 뺨 맞고 한강에 가서 화풀이하는 못난 행동을 막을 수 있다.

남이 도끼를 훔쳐 갔다고 의심하다.

疑人竊斧 (의인절부)

『열자』「설부」에 나오는 유명한 이야기에서 비롯된 성어다. 어떤 사람이 도끼를 잃어버렸다. 이웃집 아들이 의심스러웠다. 걷는 모습을 봐도 표정을 봐도 하는 말을 들어도 영락없이 도끼를 훔친 사람 같았다. 그러다 잃어버린 도끼를 찾았다. 다시 이웃집 아들을 보았더니 도끼를 훔친 사람처럼 보이지 않았다. 대체로 이런 내용이다.

도끼를 잃고 순간 이웃집 아들을 의심한 원인을 따져 들어가 보면 의심이라는 심리의 발생과 발전이 주위 환경, 타인과의 신뢰감과 관련이 있음을 알 수 있다. 즉 가까운 이웃이라는 환경이 의심을 부추겼고, 여기에 이웃집과의 신뢰도가 영향을 미친 결과 이 사람은 앞뒤 재 보지 않고 이웃집 아들을 도둑으로 의심한 것이다. 이는 누구나 가지고 있는 인성의 약점인데, 평소 주의하고 자신의 심리를 단련하면서 잘못을 바로바로 고치는 자세를 가지면 극복할 수 있는 약점이다. 그런데 우리 주변을 보면 이런 잘못된 인성의 약점을 고치기는커녕 집착과 망상으로 강화하려는 사람이 적지 않다. 사회가 병들수록 이런 사람이 많아진다.

한단에서 걸음걸이를 배우다.

邯鄲學步 (한단학보)

전국 시대 연나라 수릉의 한 젊은이가 조나라 수도인 한단 사람들은 걸음걸이가 아주 우아하다는 이야기를 듣고는 천 리가 멀다 않고 한단까지 가서 걷는 법을 배우고자 했다. 젊은이의 눈에는 모든 것이 신기하고 신선하게만 보였다. 그래서 아이가 걷는 법부터 시작하여 노인이 걷는 자세는 물론 여인네가 걷는 자세까지 일일이 다 따라 배웠다. 이렇게 하길 반 달. 결과적으로 젊은이는 걸음걸이를 배우기는커녕 원래 자기가 걷던 자세와 방법까지 다 잊어버렸다. 여비까지 바닥이 난 젊은이는 결국 기어서 고향 수릉으로 돌아오는 수밖에 없었다.

이 고사는 남을 기계적으로 모방해서는 그 장점을 제대로 배우기는 고사하고 자신의 장점과 실력마저 잃어버린다는 것을 생생하게 보여 준다. '한단학보'邯鄲學步는 창의나 개성과는 담을 쌓은 우리 교육 현실을 에둘러 꼬집고 있는 것이 아닌가 하는 생각이 들게 하는 고사성어다.

대추를 통째로 삼키다.

囫圇吞棗(홀륜탄조)

송나라 때 성리학자 주희의 글에 나오는 성어로, '囫圇'(홀륜)이 '鶻
侖'(골륜)으로 되어 있으나 뜻은 마찬가지이다. 고사는 이렇다. 한
젊은이가 배와 대추를 먹으면서 길을 가고 있었다. 지나가던 의사
가 이 모습을 보고는 배는 많이 먹으면 비위가 상하지만 이에는
좋다고 일러 주었다. 그러자 젊은이는 대추는 어떠냐고 물었다.
의사가 대추는 비위를 보호하지만 이에는 좋지 않다고 대답했다.
잠시 뒤 생각에 빠져 있던 젊은이의 얼굴이 환해지더니 "배는 입
에 넣고 씹어서 먹고, 동시에 대추는 씹지 않고 그대로 삼키면 비
위도 상하지 않고 이도 좋아지겠군."이라면서 배와 대추를 한입
에 털어 넣었다. 옆에 있던 사람들은 젊은이를 비웃었다.

무엇인가를 배우려면 대상을 정확하게 이해한 다음 진지하게 내
것으로 만들어야지 대충 두루뭉술하게 배워서는 제대로 지식을
얻을 수 없다는 교훈이다. 지식이 해방된 시대에 살고 있지만 그
지식에 대한 정확한 이해와 파악이라는 제대로 된 공부가 여전히
우리를 기다리고 있다는 사실을 잊어서는 안 된다.

개 꼬리가 담비를 대신하다.

狗尾續貂(구미속초)

삼국 시대 이후 북중국을 통일한 진晉나라의 황제들은 자질이 엉망이었다. 음탕한 가賈 황후를 죽이고 혜제를 내친 조왕 사마륜司馬倫도 마찬가지였다. 그는 황제가 된 다음 대대적으로 자신의 친인척과 친구를 고관대작에 앉혀 자신의 위세를 과시했다. 심지어 자기 집에서 일하던 노복들에게도 관직과 작위를 내릴 정도였다. 당시 관리는 진귀한 담비 꼬리를 모자의 장식으로 사용했는데, 사마륜이 봉한 관직이 너무 많다 보니 담비 꼬리를 구할 수 없어 개 꼬리로 대체했다. 그런데 사마륜이 데려다 고관대작에 앉힌 자들의 자질이 형편없던 탓에 백성들은 가슴을 치며 사마륜과 이들을 원망했다. 그리고 이들을 두고 "담비가 모자라니 개 꼬리가 뒤를 잇는구나."라는 유행어를 만들어 풍자했다. 지금 우리 주위에도 개 꼬리가 많다. 많을 뿐 아니라 꼬리를 마구 흔들며 설치고 있어 백성의 마음이 영 편치 않다.

절묘

黃絹幼婦(황견유부)

동한 시대 절강성浙江省 상우 지방에 조아曹娥라는 열네 살 먹은 여자아이가 있었는데 어느 날 아이의 아버지가 강에 빠지는 사고가 났다. 아이는 강물에 뛰어들어 아버지를 구하고자 했으나 불행히도 구하지 못했다. 상우현 현령이 아이의 효심에 감동하여 당시 열세 살의 천재 한단순邯鄲淳을 시켜 비문을 짓게 했다. 이것이 저 유명한 '조아비'曹娥碑이다.

그런데 비 뒷면에 쓰인 '黃絹幼婦外孫齏臼'(황견유부외손제구)라는 여덟 글자는 누구도 해석을 하지 못했다. 그 뒤 조조가 이 비를 보고는 양수楊修에게 무슨 뜻인지 아느냐고 물었다. 양수는 '黃絹'(황견)은 색이 있는 실이므로 '糸'(사)+'色'(색), 즉 '絶'(절)이고, '幼婦'(유부)는 어린 여자이니 '女'(여)+'少'(소), 즉 '妙'(묘)이며, '外孫'(외손)은 여자의 아들이니 '女'(여)+'子'(자), 즉 '好'(호)이고, '齏臼'(제구)는 마늘이나 파 같은 매운 것을 찧는 절구이므로 '舌'(설)+'辛'(신), 즉 '辭'(사, 辤와 같음)가 된다고 답했다. 그러니까 '絶妙好辭'(절묘호사), 곧 '기가 막히게 좋은 글'이란 뜻이다. 이 해석을 들은 조조는 양수의 재능에 감탄했다고 한다. 한자와 한문 배우기가 어려운 것도 이런 것 때문이다.

누렁이가 편지를 전달하다.

黃耳寄書(황이기서)

육기陸機는 서진西晉 때의 저명한 문학가로 절강성 출신이었다. 그는 수도인 낙양에서 벼슬살이를 하면서 황이黃耳라 부르는 귀 색깔이 누런 개 한 마리를 데리고 사냥 다니길 좋아했다. 황이는 사람 말귀를 알아들을 정도로 영리한 개였다. 한번은 고향집에서 오래도록 소식이 없어 육기가 장난삼아 황이에게 "네 녀석이 내 편지를 우리 집에 전해 주고 올래?"라고 말했다. 황이는 마치 알아들었다는 듯한 표정을 지었다. 육기는 편지 한 통을 쓰고 대나무 통에 넣어 황이의 목에 걸어 주었다. 황이는 역참을 따라 강 건너 산 넘어 육기의 고향 집까지 편지를 전달했다. 배가 고프면 작은 동물 따위를 잡아먹었고, 때로는 사공을 졸라 배를 얻어 타기도 했다. 황이는 답장까지 가지고 오십 일 만에 돌아왔다. 이후로도 육기는 종종 황이를 시켜 고향집에 편지를 전하곤 했다. '황이기서'黃耳寄書는 개가 주인을 위해 편지를 전한다는 뜻의 신기한 고사성어다.

높이 걸려 있는 진나라 거울

秦鏡高懸(진경고현)

진秦나라 수도의 함양궁咸陽宮에는 앞뒤 모두 밝게 빛나는 거울이 보관되어 있었다. 똑바로 서서 자신의 모습을 거울에 비추면 모습이 거꾸로 비치는데 가슴팍을 문지르면 오장육부를 또렷하게 볼 수 있었다. 병이 있는 사람은 병을 알 수 있고, 나쁜 마음을 먹고 있으면 그것조차 환히 드러났다. 진 시황은 궁인들을 이 거울에 비추어 심장이 급하게 뛰는 사람을 가려내 처벌했다. 그 뒤 이 신비의 거울은 자취를 감추었다. 진나라 말기 함양궁에 진입한 유방도 항우도 이 거울을 찾지 못했다. 아무튼 이런저런 전설 때문에 '진경'秦鏡과 '진경고현'秦鏡高懸은 시비를 잘 가리고 판단을 공정무사하게 내리는 행위나 그런 법관을 비유하는 단어가 되었다. 또 법원이나 관청 문에 '진경고현'이라 쓴 현판을 내걸어 정의로운 판결의 상징으로 삼기도 했다. 지금 우리에게 필요한 거울이다. 어디다 걸어야 가장 좋겠는가?

벽돌을 갈아 거울을 만들다.

磨磚作鏡(마전작경)

당나라 현종 때 도일道一이란 승려가 전법원傳法院에 머무르며 좌선 수행을 하고 있었다. 당대의 고승 회양懷讓 선사는 도일을 눈여겨 보았다. 하지만 도일의 수행법이 영 아니었다. 그래서 회양은 도일에게 "하루 종일 그렇게 앉아서 뭘 하려는 것이오?"라고 물었다. 도일은 당당하게 "성불하려고 합니다."라고 대답했다. 회양은 더 이상 말을 하지 않고 벽돌 하나를 가지고 와 도일이 보는 앞에서 돌 위에 올려놓고 갈기 시작했다. 도일은 고개를 갸웃하며 "선사께서는 뭣에 쓰려고 벽돌을 가십니까?"라고 물었다. 회양은 태연하게 "갈아서 거울을 만들려고 하오."라고 답했다. 도일이 그런 말도 안 되는 일이 어디 있느냐며 언성을 높였다. 그러자 회양은 "그럼 좌선만 한다고 성불할 수 있소이까?"라고 반문했다. 세상에 아무런 도움이 되지 않는 수행보다는 작으나마 실천행을 중시했던 선종의 번득이는 지혜가 엿보이는 일화다.

재주가 여덟 말을 차지하다.

才高八斗 (재고팔두)

송나라 때 무명씨가 지은 『석상담』이란 책에 나오는 성어이다. 남조 송나라 때의 사영운謝靈運은 유명한 산수 시인이다. 명문가 출신으로 진晉나라의 명장 사현謝玄의 손자이기도 하다. 송나라 문제는 사영운의 문학적 재능을 크게 평가하여 그의 시와 서예를 '두 가지 보물'로 부를 정도였다. 주변의 높은 평가에 기고만장한 사영운은 "(위진 이래) 천하의 뛰어난 문장가가 한 섬 있었는데, 그중 조식이 혼자 여덟 말을 차지하고, 내가 한 말을 차지한다. 나머지 한 말은 천하에 남은 사람이 나누어 차지한다."天下之才, 總共有一石, 而曹子建獨占八斗, 我得一斗, 天下人共一斗라며 큰소리를 쳤다. 표면적으로는 조식의 재능을 높이 평가하고 있지만 실제로는 세상 인재를 다 합쳐도 자기 하나만 못하다는 오만이 배어 있는 말이다. 이 때문에 그는 조정 권세가의 눈 밖에 나서 유배지를 전전하다 광주에서 피살되었다. 그의 나이 마흔아홉이었다. '재고팔두'才高八斗는 '재점팔두'才占八斗, '독점팔두'獨占八斗로도 쓴다. 모두 뛰어난 재능을 뜻하는 성어이지만 그 이면에는 이런 고사가 숨어 있다.

길가의 자두는 맛이 쓰다.

道傍苦李(도방고리)

서진西晉 시대 때 왕융王戎이란 인물과 관련한 일화다. 길에 나와 놀던 아이들이 길가의 자두나무를 발견하고는 자두를 따려고 우르르 몰려들었다. 그런데 유독 한 아이만 그 자리에서 꼼짝하지 않고 아이들에게 가지 말라고 말렸다. 물론 아이들은 그 말을 무시했다. 이윽고 자두를 잔뜩 따 가지고 돌아온 아이들이 일제히 자두를 베어 무는 순간 누구랄 것 없이 모두 '우엑' 하며 토하고 말았다. 그러고는 동시에 그 아이 쪽으로 눈을 돌렸다. 이미 먹어 본 것 아니냐는 표정들이었다. 아이는 싱긋 웃으며 "길옆 자두나무에 열매가 잔뜩 열렸다면 진작 다 따 먹혀 없어야 하는데 이렇게 멀쩡하게 매달려 있다는 것은 맛에 문제가 있다는 뜻 아니겠니?"라고 말했다. 이 아이가 바로 죽림칠현竹林七賢의 한 사람인 왕융이다.

길가의 자두는 맛이 쓰고 시다는 뜻의 '도방고리'道傍苦李란 고사성어는 이렇게 탄생했다. 사람들의 주의로부터 멀어지거나 버려진 것을 비유하는데, 보기에 그럴듯한 물건 따위가 버려져 있다는 것은 그만한 이유가 있다는 뜻이고, 때로는 이 때문에 원상을 보존할 수 있다는 뜻으로도 쓰인다.

고귀한 친구들이 자리를 가득 메우다.

高朋滿座 (고붕만좌)

왕발王勃은 당나라 초기 문단에 지대한 영향을 미친 천재 시인이다(그를 포함하여 양형楊炯, 노조린盧照隣, 낙빈왕駱賓王 이 네 사람을 '초당사걸'初唐四傑이라 부른다). 그가 즉석에서 남긴 「등왕각서」는 천고의 명편으로 꼽힌다.

675년 왕발은 남창을 지나다가 등왕각滕王閣에서 열린 등왕각 중수重修 축하 연회에 참석하게 되었다. 연회를 개최한 염閻 도독은 자기 사위의 재주를 자랑하기 위해 미리 잘 쓴 서문을 준비해서는 마치 즉석에서 발표하는 것처럼 했다. 그리고 다른 사람들에게도 지필묵을 나눠 주며 각자 서문을 짓도록 했다. 도독의 의도를 알아챈 사람들은 작문을 사양했다. 그러나 왕발만은 '눈치 없게' 모든 사람이 보는 앞에서 일필휘지一筆揮之로 「등왕각서」를 써냈다. 염 도독은 기분이 상했지만 어쩔 수 없었다. 더욱이 왕발이 쏟아내는 문장은 자리를 가득 메운 모든 사람을 감탄시키기에 충분했다. 이렇게 해서 천고의 명문 「등왕각서」가 탄생했다. 여기서 왕발은 '千里逢迎, 高朋滿座'(천리봉영. 고붕만좌)란 여덟 글자로 '먼 길을 마다 않고 달려와 자리를 가득 메운 귀한 친구'와 성황을 이룬 연회를 묘사했다.

바람에 풀이 움직이다.

風吹草動(풍취초동)

『돈황변문집』에는 중국 역사 고사도 일부 수록되어 있는데 춘추 시대 사람 오자서伍子胥에 관한 이야기가 전한다. 오자서는 초나라 평왕에 의해 아버지와 형님이 살해당하는 화를 겪고 간신히 초나라를 빠져나가 오나라로 망명한다. 여러 기록에서, 오자서가 초나라를 탈출하는 과정은 드라마를 보는 것처럼 대단히 다채롭고 극적이다. 탈출 과정에서 오자서는 한 어부의 도움을 받게 되는데 어부가 먹을 것을 가지러 잠깐 집으로 간 사이 강변에서 기다리는 상황이 되었다. 오자서는 조마조마한 마음으로 어부를 기다렸다. 순간 어디선가 바람이 불어와 갈대와 들풀이 소리를 냈다. 오자서는 깜짝 놀라 풀숲 속으로 몸을 감추었다. 초나라의 추격병인 줄 알았던 것이다. 알고 봤더니 '바람이 불어 풀이 움직인 것이었다.' 아버지와 형님을 잃고 전국에 수배령이 내린 급박한 상황에 탈출을 감행한 오자서로서는 바람이 불어 나는 풀 소리에도 놀랄 수밖에 없었을 것이다. 오자서의 절박한 심경을 잘 나타내는 네 글자라 할 것이다.

노반의 집 앞에서 도끼를 휘두르다.

班門弄斧〔반문농부〕

이 성어는 유종원柳宗元의 글에서 비롯되어, 이후에도 많은 시인묵객이 즐겨 인용하곤 했다. 명나라 때 시인 매지환梅之煥이 채석기采石磯 근처에 있는 이백의 무덤을 찾아갔다가 무덤 앞에 낙서처럼 어지럽게 쓰여 있는 문장들을 보고는 화가 나서 "채석강변 흙더미, 천고에 길이 남은 이백이란 이름. 노반의 집 앞에서 도끼를 휘두르는 심정으로 시 한 수 남긴다."採石江邊一堆土. 李白之名高千古. 來來往往一首詩, 魯班門前弄大斧라는 글을 남겼다.

노반魯班은 춘추 시대를 풍미한 목수이자 건축가이다. '노반의 집 앞에서 도끼를 휘두른다.'라는 말은 우리 속담의 '번데기 앞에서 주름 잡는다.'와 같은 뜻이다. 최고 실력자 앞에서 자신의 솜씨를 드러내려 하는 것을 비유한다. '번데기 앞에서 주름 잡는다.'와 비슷한 말로는 '호랑이 앞에서 웃통 벗는다.'나 '돼지 앞에서 코 뒤집는다.' 따위가 있다. 곳곳에 고수투성이인 세상이다. 어설픈 지식 따위를 자랑하다가는 망신당하기 십상이다.

도둑은 주인을 미워한다.

盜憎主人 (도증주인)

춘추 시대 진晉나라에서는 극씨郤氏 삼형제가 정권을 농단하고 있었다. 이들은 충성스럽고 바른말을 잘하는 대부 백종伯宗이 눈엣가시 같아 틈만 나면 국군 앞에서 백종에 대한 나쁜 말을 늘어놓았다. 혓바닥이 쇠를 녹인다고 했던가, 국군은 백종의 충성과 재능을 의심하기 시작했고, 급기야 사소한 잘못을 트집 잡아 백종을 죽였다.

진나라의 현자 한헌자韓獻子는 착한 사람들을 해치는 극씨가 화를 면치 못할 것이라 예언했다. 그런데 백종이 죽기 전부터 그의 아내는 늘 "도둑은 자기가 훔친 물건의 주인을 미워하고, 백성은 자신들의 머리 위에 올라앉은 관리를 미워하기 마련입니다. 바른말만 좋아하는 당신께 재앙이 닥치지 않을까 걱정입니다."盜憎主人, 民惡其上, 子好直言, 必及於難라고 충고했다고 한다. '도증주인'盜憎主人은 사악한 자는 정직한 사람을 증오한다는 비유적 표현이다. 세상에 이런 자가 적지 않다.

죽음을 두려워하지 않는 장군

斷頭將軍(단두장군)

삼국 시대 유비가 병사들을 이끌고 사천으로 들어가 유장劉璋을 공격했다. 장비는 강주江州를 격파하여 파군태수 엄안嚴顏을 사로잡았다. 엄안이 오랏줄에 묶인 채 장비 앞으로 끌려왔다. 장비는 잔뜩 성이 난 얼굴로 "상대가 되지 않는다는 걸 잘 알면서 어째서 투항하지 않고 저항한 것이냐?"라며 호통을 쳤다. 엄안은 전혀 두려움 없는 표정으로 차분하게 "내가 왜 투항해야 하는가? 우리 성에는 '단두장군'斷頭將軍만 있을 뿐 '투항장군'은 없다."라고 응수했다. 더욱 화가 치민 장비는 당장 끌고 나가 목을 베라고 명령했다. 엄안은 더욱더 차분하게 "목을 자를 거면 자르면 되지 왜 그렇게 화는 내는가?"라고 비꼬았다. 엄안의 꼿꼿한 기백과 정신에 감동한 장비는 몸소 오랏줄을 풀어 주고 그를 상객으로 대접했다. 이후 '단두장군'은 목이 잘리는 죽음조차 두려워하지 않는 용감한 무장을 일컫는 표현으로 정착했다.

배를 움켜쥐고 크게 웃다.

捧腹大笑(봉복대소)

『사기』에서 점쟁이의 이야기를 다룬 「일자열전」에 보이는 사자성어이다. 너무 우스워 '배를 끌어안고 쓰러진다.'라는 뜻의 포복절도抱腹絕倒나 하도 웃겨서 '허리가 꺾이고 배가 아플 정도'라는 뜻의 요절복통腰折腹痛과 같은 뜻이다. 배꼽을 잡고 웃는다는 말도 있다.

서한 시대 장안의 점쟁이 사마계주司馬季主는 그렇게 용한 재주를 가지고 있으면서 공명을 추구하지 않고 왜 그렇게 천한 일을 하고 있느냐는 송충宋忠과 가의賈誼의 지적에 '배를 움켜쥐고 크게 웃으며' "지금 그대들이 말하는 유능한 자란 죄다 부끄러워해야 한다. 몸을 낮추어 앞으로 나아가고 아첨을 일삼으며, 서로 권세와 이익으로 이끌고, 당파를 만들어 옳은 것을 배척함으로써 높은 명예를 추구하고, 나라의 녹봉을 받으면서도 사리사욕을 채운다."라고 일갈한다. 가의와 송충은 부끄러워 어쩔 줄 몰라 하면서 "도는 높을수록 몸이 편해지고, 권세는 높을수록 위태롭구나."라며 한숨을 내쉬었다. 뜻있는 사람을 '봉복대소'捧腹大笑하게 만드는, 천하고 가소로운 자가 설쳐대는 세태는 예나 지금이나 별반 달라진 것이 없다.

뜻을 얻으면 형체는 잊는다.

得意忘形(득의망형)

위진 시대에 속세를 벗어나 술과 시를 벗 삼아 고담준론高談峻論을 일삼았던 죽림칠현은 틈만 나면 죽림이나 산속에 들어가 호탕하게 마시고 놀았다. 완적阮籍은 그중에서도 두드러진 인물이었다. 책을 한번 읽었다 하면 몇 달을 집에서 나오지 않는가 하면, 외출했다 하면 몇 날 며칠을 집으로 가지 않고 쏘다녔다. 기분이 좋으면得意, 모든 것을 잊었는데 심지어 자신이 지금 어떤 모습을 하고 있는지조차 잊었다忘形. 세상 사람들은 완적의 이런 경지를 두고 '치'痴라 불렀다. 미치광이란 뜻이다. '득의망형'得意忘形은 완적을 비롯한 죽림칠현의 정신적 경지를 대변하는 단어가 되었다.

정치와 사회에 염증을 느끼고 현실을 도피한 이들의 처신을 다 옳다고 할 수는 없지만 심약한 인간인지라 이들의 삶이 부러울 때가 있다. '득의망형'은 무아無我의 경지를 뜻하기도 하고, 지고지순한 예술적 경지를 비유하기도 한다. 어느 쪽이나 세상 시선은 아랑곳하지 않고 자신의 정신적 경지만을 추구했던 순수의 표상이라 할 것이다.

묵자의 굴뚝은 시커멓지 않다.

墨突不黔 (묵돌불검)

『한서』를 편찬한 반고의 글에 나오는 성어로서 풀이만으로는 이해가 가지 않는다. 묵자가 머무는 집의 굴뚝은 불을 때면 생기는 검댕이 없다는 것인데, 말하자면 아궁이에 불을 때지 않아 굴뚝이 그을리지 않았다는 뜻이다. 묵자가 하도 바쁘게 돌아다는 통에 집에 붙어 있는 날이 없었기 때문이란다. 이와 대구를 이루는 말로 '공석불난'孔席不暖이 함께 나온다. 공자의 자리는 따뜻할 날이 없다는 뜻이다. 자리에 진득이 앉아 있는 경우가 없던 까닭이다.

묵자나 공자 모두 천하를 떠돌며 자신의 사상과 철학을 전파하려 애를 쓴 사람이다. 바쁘게 돌아다니는 모습을 과장해서 표현한 말이지만 한편으로는 꽤 쓸쓸한 성어이기도 하다. 그만큼 묵자나 공자의 마음을 세상이 헤아려 주지 못했다는 반증이 아니겠는가?

[9] 월

九月九日憶山東兄弟

獨在異鄉爲異客
每逢佳節倍思親
遙知兄弟登高處
遍插茱萸少一人

구월 구일에 산동의 형제를 그리며

— 왕유(王維)*

홀로 타향에서 나그네 되어
명절 때마다 부모님 생각이 간절해지네.
멀리서 생각해 보니 형제들은 높은 산에 올라가
두루 수유를 꽂을 때 한 사람 부족하다는 것을 알겠지.

* 왕유는 중국 당나라의 시인이자 화가로서 자연을
소재로 한 서정시에 뛰어났다. 독실한 불교도였던
어머니의 영향으로 불교에 깊이 심취했기 때문에
'시불'(詩佛)이라고 불렸다. 그의 이름인 유(維)와
자인 마힐(摩詰)은 『유마경』(維摩經)에 나오는 거사(居士)
유마힐(維摩詰)의 이름에서 비롯된 것이다. 수묵산수화에도
뛰어나 남종문인화(南宗文人畵)의 창시자로 평가받는다.
이백(李白), 두보(杜甫)와 함께 중국 서정시를 완성한
3대 시인의 한 사람으로 꼽힌다. 소식(蘇軾)은 그의
시와 그림을 두고 "시 속에 그림이 있고, 그림 속에 시가
있다."(詩中有畵, 畵中有詩)라고 평가했다.

흐린 물을 씻어 내고 맑은 물을 흐르게 하다.

激濁揚淸(격탁양청)

서진西晉 때 견수牽秀는 문인으로 상당한 재능을 보여 황제의 귀여움을 받으며 황제를 모시는 시종관이 되었다. 견수는 평소 여러 사람에게 자신이 재상이 되면 백관을 제대로 감찰하여 권선징악勸善懲惡하고 '흐린 물을 씻어 내고 맑은 물을 흐르게 하듯' 조정의 나쁜 풍토를 없애고 좋은 기풍을 살리겠다고 큰소리를 쳤다. 하지만 정작 요직에 기용되자 조정의 기풍을 바로잡기는커녕 조정의 분란을 이용하여 최고 권력자들에게 달라붙어 아부하고 굽실거리기를 밥 먹듯이 했다. 그는 그렇게 사마충司馬衷을 시작으로 사마예司馬睿, 사마영司馬穎, 사마옹司馬顒에 이르기까지 네 명의 권력자 밑에서 충견 노릇을 하다가 피살되었다.

견수처럼 유능한 인재가 이렇게 타락하는 까닭은 무엇일까? 재승박덕才勝薄德, 즉 재주는 넘치고 덕은 모자라기 때문이다. 여기서 말하는 덕이란 자기 수양이자 투철한 소신일 것이다. 우리 주위에도 견수 같은 자가 넘쳐나기 때문에 세상이 혼탁한 것이다. 어쨌거나 견수가 말한 '격탁양청'激濁揚淸은 시대를 초월하여 꼭 필요한 성어가 되었다.

악대에 불필요한 피리 연주자가 수를 채우다.

濫竽充數(남우충수)

전국 시대 제나라 선왕은 악대의 합주를 즐겨 들었다. 이 때문에 피리를 잘 부는 악사들을 구해 삼백 명에 이르는 피리 연주대를 구성할 정도였다. 이 악대에 남곽南郭이라는 자가 있었는데, 연주 실력도 별 볼 일 없으면서 온갖 방법을 다 짜내 선왕의 환심을 사 악대에 들어갔다. 악대가 피리를 연주할 때 다른 악사는 실력을 한껏 발휘했지만 남곽은 그저 연주하는 흉내만 낼 뿐이었다. 그러나 악대의 숫자가 워낙 많은 덕에 남곽 한 사람이 연주하지 않아도 전혀 티가 나지 않았다. 이렇게 남곽은 몇 년 동안 다른 악사들과 같은 좋은 대접을 받으며 지냈다. 그런데 선왕을 이어 즉위한 민왕은 합주보다 독주를 선호했다. 남곽은 매일 마음을 졸이며 지낼 수밖에 없었고, 결국은 서둘러 보따리를 챙겨 몰래 궁에서 도망쳤다. 자질과 실력은 물론 인간성도 형편없는 자들이 사회 곳곳에서 자리를 꿰찬 채 세금과 사회적 재부를 축내고 있는 우리 현실을 비꼬는 고사성어라 할 것이다.

이리 같은 종류들이 패를 지어 나쁜 짓을 일삼다.

狼狽爲奸(낭패위간)

낭狼과 패狽는 모두 이리 종류의 동물로, 생김도 성질도 비슷하다고 한다. 다만 '낭'은 앞다리가 긴 데 비해 '패'는 뒷다리가 길다. 이 두 야수가 가축을 잡아먹는 통에 사람들은 여간 골치가 아픈 것이 아니었다. 가축을 키우는 축사의 울타리를 높여서 아예 넘어오지 못하게 방비했지만 놀랍게도 이 두 야수는 신체의 장점을 살려 '패'는 긴 뒷발을 이용해 바로 서고 자신의 어깨 위로 '낭'을 태워 울타리를 넘어 '낭'의 긴 앞발로 양을 잡도록 했다. 이로부터 '낭'과 '패'는 늘 함께 다니며 서로의 장점을 이용해 먹이를 사냥했다. 이 두 야수로부터 우리가 흔히 사용하는 '낭패'라는 단어가 파생되었고, 두 야수가 짝을 지어 가축을 해치는 것을 '낭패위간'狼狽爲奸이라 했다. 이후 이 성어는 패거리를 지어 함께 나쁜 짓을 저지르는 것을 비유하기에 이르렀다. '낭패위간' 하는 패거리 문화가 우리 사회의 발전을 해치는 심각한 병폐라는 사실은 오래전부터 지적되었지만 별반 나아진 것은 없는 것 같다.

늙은 서생이 늘 하던 말

老生常談〔노생상담〕

관로管輅는 삼국 시대 위나라의 술사術士였는데, 훗날 점복과 관상의 대가로 추앙받았다. 관로의 명성은 당시 권세가인 하안何晏과 등양鄧颺의 귀까지 들어갔다. 이들은 사람을 보내 관로를 불렀다. 관로는 권세만 믿고 설치는 이자들을 훈계하기로 마음먹었다. 관로를 만난 하안은 다짜고짜 언제 승진하고 얼마나 치부할지 자신의 앞날을 점쳐 달라고 요구했다. 관로는 점잖게 과거 현자들을 본받아 덕을 쌓으라고 충고하면서, "당신에게 감사하는 사람보다 두려워하는 사람이 더 많으니 조짐이 좋지 않다."라고 했다. 그러자 등양이 나서서 "하는 말이 죄다 늙은 서생이 늘 하는 말이라 재미가 없다."라며 불쾌해했다. 관로는 "늙은 서생이 늘 하던 말이지만 무시해서는 안 됩니다."라고 충고했다. 해가 바뀔 무렵 이 두 사람은 조상曹爽과 함께 모반을 꾀하다가 주살되었다. 이 소식을 들은 관로는 "늙은 서생이 늘 하던 말을 무시해 그런 꼴을 당한 것 아닌가."라며 혀를 찼다. '노생상담'老生常談은 늙은 서생이 평소 하던 말을 가리키지만, 후에는 과거에 여러 차례 했던 말을 두루 가리키는 성어가 되었다.

노파도 이해하다.

老嫗能解(노구능해)

송나라 때 사람 증조曾慥가 편찬한 『유설』에 인용된 『묵객휘서』墨客揮犀에 보면 당나라 때 시인 백거이白居易와 관련한 일화가 전한다. 백거이는 시詩란 세상 사람들이 이해하고 기억할 수 있어야 한다고 생각했다. 그래서 깊게 들어가서 쉽게 나오도록 평이하고 통속적으로 쓰는 데 주의를 기울였다. 이를 위해 백거이는 시를 쓰면 이웃집 노파에게 보여 주고 노파가 이해하면 그대로 쓰고, 이해하지 못하면 이해할 때까지 고쳐 썼다. 그런가 하면 평범한 사람에게서 항간의 다양한 이야기를 듣고 작품에 반영하기도 했으며, 시를 완성하면 자신이 직접 시를 읊어 주면서 작품에 대한 반응을 보고 들어 적절하게 고치거나 보완하였다고 한다. 공부를 제대로 한 사람은 글을 쉽게 쓴다. 반면 어설프게 공부한 자가 어려운 글과 말로 세상 사람들을 농락한다. 자신의 무지와 남에 대한 무시가 몸에 배어 있기 때문이다. 이런 지적 오만은 자신은 물론 남까지 해친다.

귀를 막고 종을 훔치다.

掩耳盜鈴 (엄이도령)

춘추 시대 말기 산서성 일대의 큰 제후국 진晉은 공실의 권위가 무너지면서 권력을 나눠 가진 여섯 집안이 대립했다. 기원전 491년, 범씨范氏와 중항씨中行氏 집안이 나머지 네 집안의 공격을 받아 멸망했다. 범씨 집안사람들은 이 와중에 죽거나 뿔뿔이 흩어져 집안에는 아무도 남지 않았다. 어느 날 누군가 텅 빈 범씨 집에 들어와 큰 종을 하나 발견했다. 가져가서 녹여 다른 공구를 만들면 딱 좋을 것 같았다. 종이 너무 무거워 들고 갈 수 없자 이자는 종을 부수어 가져가기로 작정하고 망치로 종을 때렸다. 순간 큰 종소리에 깜짝 놀란 그는 자신의 귀를 막았다. 귀를 막으니 소리가 자연히 작게 들릴 수밖에. 이자는 귀를 막고 종을 깨면 되겠다 싶어 귀를 막은 채 큰 망치로 마구 종을 때렸다. 온 동네로 종소리가 울려 퍼졌음은 말할 것도 없다. 이 성어는 원래 '도종엄이'盜鐘掩耳로 썼으나 후대에 '엄이도령'掩耳盜鈴으로 바뀌었다. 어리석은 자가 자신의 짓거리를 감추려는 자기기만을 비꼬는 성어이다. 뻔한 거짓말을 천연덕스럽게 해 대는 자들에게 들려주고 싶은 절묘한 비유가 아닐 수 없다.

사마소의 야심은
길 가는 사람도 다 안다.

司馬昭之心, 路人皆知（사마소지심, 노인개지）

삼국 시대 위나라의 대신 사마의司馬懿는 정변을 일으켜 조상曹爽 형제와 그 일당을 제거하고 대권을 장악했다. 사마의가 죽자 그 아들 사마사司馬師가 권력을 계승했고, 사마사가 죽자 그 동생 사마소司馬昭가 대장군이 되어 조정 대권을 좌우했다. 괴뢰 황제였던 조모曹髦는 이런 상황을 단숨에 해결하고자 시중 왕침王沈 등을 불러 "사마소의 야심은 길 가는 사람도 다 안다. 나는 앉아서 죽을 수 없다. 기다리다가는 사마소에게 폐위당할 것이 뻔하니 우리가 함께 저들을 토벌하자."라고 제안했다. 조모의 계획은 물론 수포로 돌아갔고 그 자신은 칼에 찔려 죽었다. 그의 나이 열아홉이었다. 위나라는 사마소의 아들인 사마염司馬炎에 이르러 결국 사마씨에게 멸망당했다. '사마소의 야심은 길 가는 사람들도 다 안다.'는 누군가의 야심이 너무나 명확하게 드러나 모든 사람이 다 아는 상황을 비유한다. 대개 음모나 야심은 감추기 마련이지만 대세가 완전히 기울었거나, 당사자가 사악하고 비열한 자라면 아예 대놓고 야심을 드러내기도 한다. 사마소가 그랬고, 우리 주변에도 적지 않다.

천 사람이 손가락질하다.

千人所指〔천인소지〕

서한의 애제는 젊고 잘생긴 남자를 선호했는데, 특히 동현董賢이란 자를 애지중지하여 금전은 물론 높은 벼슬까지 내려 주었다. 또 비단으로 장식된 기둥이 있는 호화스러운 집을 지어 주고 각지에서 올라오는 진기한 물품들을 아낌없이 하사했다. 정도를 넘은 우대를 보다 못한 왕가王嘉는 애제에게 글을 올려 '천 사람이 손가락질을 하면 병이 없어도 죽는다.'千人所指, 無病而死라는 속담으로 동현에 대한 세간의 우려와 분노를 전했다. 하지만 애제는 이 충고를 받아들이기는커녕 왕가에게 자살을 명했다. 왕가는 이를 거부하고 옥에서 굶어 죽었다. 왕가가 죽자 바른말 하는 사람이 사라졌고, 동현에 대한 황제의 총애는 더해만 갔다. 그러나 애제가 병으로 죽자 동현은 의지할 곳을 잃었고, 실권을 쥔 왕王 태후는 동현의 모든 관직을 박탈했다. 그날 두려움을 견디지 못하고 동현은 자신의 아내와 자살했으며 가산도 몰수당했다. 많은 사람의 손가락질을 받으며 오래가는 권세와 권력은 없다. 대중의 분노는 물이나 불보다 무섭다. 분노에 담긴 기운을 느낄 줄 아는 자만이 자리를 제대로 보전할 수 있다.

무거운 짐을 벗은 듯하다.

如釋重負(여석중부)

춘추 시대 노나라 소공 때 조정의 실제 권력은 계손씨季孫氏를 비롯한 이른바 삼환三桓의 수중에 들어가 있었다. 소공은 무기력하게 일손을 놓은 채 놀이에만 빠져 모친상 중에도 웃는 얼굴로 사냥을 다녔다. 백성은 소공의 무기력과 무지를 비웃었고, 민심은 떠나갔다. 그 뒤 소공은 어쭙잖게 숙손씨叔孫氏와 계손씨를 제거하려다가 도리어 이들의 연합 공격을 받고는 노나라를 빠져나가 제나라로 갔다. 백성은 소공의 망명을 안타까워하거나 동정하기는커녕 손가락질을 하며 마치 '무거운 짐을 벗은 듯' 후련해했다. 한 나라의 지도자가 정변의 와중에 타국으로 도망가는 사태가 벌어졌음에도 백성이 속 시원하게 여긴 것이다. 이는 소공이 진즉에 민심을 잃은 까닭이다. 그는 즉위하자마자 백성의 안위는 아랑곳 않고 사냥과 놀이에 빠지는 등 국정을 게을리했고, 그저 삼환을 비롯한 귀족 세력에 빌붙어 구차하게 보잘것없는 자신의 권력을 연명하려 했다. 백성은 때로는 독재자 못지않게 무기력한 지도자를 증오한다.

종이 석 장에 나귀가 없다.

三紙無驢(삼지무려)

옛날 재주가 남다른 한 서생이 늘 자신의 유식을 뽐내고 다녔다. 사람들은 이런 그를 '박사'라 부르며 비꼬았는데 그는 그것도 모르고 좋아했다. 하루는 서생의 집에서 나귀를 한 마리 사면서 관례에 따라 간단하게 계약서를 써야 했다. 서생이 거창하게 지필묵을 대령하여 계약서를 써 내려가는데 큰 종이로 석 장을 쓰고도 다 쓰지 못했다. 날은 저물고, 나귀를 파는 사람은 발을 동동 구르며 재촉했지만 서생은 "글도 모르는 무식한 자가 뭐가 급하고 재촉하는가? 곧 나귀 '려'驢 자를 쓰려고 하는데……."라고 했다. 석 장을 쓰고도 정작 써야 할 나귀 '려' 자는 나오지도 않았던 것이다. 수나라 때 사람 안지추顏之推는 『안씨가훈』에서 "박사가 나귀를 사면서 종이 석 장을 쓰고도 나귀 '려' 자가 없었다."博士買驢, 書券三紙, 未有驢字라고 했다. 이렇게 해서 '삼지무려'三紙無驢는 문장이나 말이 요령을 얻지 못하고 온통 쓸데없는 것으로 가득 찬 상황을 비유하는 성어가 되었다.

자리만 차지하고 밥만 축내다.

尸位素餐(시위소찬)

서한 원제 때 주운朱雲은 강직하기로 이름난 인재였다. 그는 무능한 고관대작들을 대놓고 공격하다 결국은 모함을 받아 관직에서 쫓겨났다. 원제를 이은 성제는 장우張禹란 자를 사부로 모셨다. 주운이 글을 올려 성제를 뵙고자 했다. 성제를 만난 주운은 다짜고짜 지금 조정 대신은 자리만 차지한 채 밥만 축내는 무능한 자들이니 한 사람의 목을 베어 나머지에게 경고해 달라고 청했다. 성제가 누구의 목을 베려 하느냐고 묻자 주운은 서슴없이 승상 장우라고 답했다. 성제는 노발대발하며 주운을 끌고 나가 목을 베라고 했다. 좌장군 신경기辛慶忌가 주운의 강직함은 세상이 다 아는 일이니 목숨만은 살려 주십사 간청했다. 주운 대신 자신의 목이라도 내놓겠다는 신경기의 간청에 성제는 주운을 석방했다. 자리만 차지한 채 국민의 세금만 축내는 밥버러지들은 예나 지금이나 곳곳에 있었던 모양이다. 더 큰 문제는 이를 지적하는 주운 같은 강직한 관리가 아예 씨가 말랐다는 사실이다.

기세가 대나무를 쪼개듯 하다.

勢如破竹 (세여파죽)

삼국 시대 말기 서진西晉의 무제 사마염은 촉나라를 멸망시키고 위나라 정권을 탈취한 이후 오나라 공격을 준비하고 있었다. 대신들은 실력을 좀 더 키운 뒤 공격하길 바랐다. 이때 대장 두예杜預는 사마염에게 글을 올려 오나라의 힘이 빠진 지금 공격하지 않으면 안 된다고 역설했다. 279년 사마염은 이십여만 병마를 동원해 수륙 두 방향으로 오나라를 공격했고 가는 곳마다 승리를 거두었다. 두예가 오나라 수도를 향해 진격하려고 하자 사람들은 장강의 물이 불었다며 기다렸다가 겨울에 공격하자고 건의했다. 이에 두예는 "군대의 투지란 날카로운 칼로 대나무를 쪼개는 것과 같다. 몇 마디 쪼개면 나머지는 칼날만 갖다 대도 쪼개진다."今兵威已振, 譬如破竹, 數節之後, 皆迎刃而解라며 반대했다. 여기서 '세여파죽'勢如破竹이란 성어가 탄생했고, 흔히들 '파죽지세'破竹之勢로 많이 쓴다. 막힘없이 밀고 나가는 기세나 강력한 기세로 계속 승리하는 모습을 비유한다. 파죽지세의 기세로 백성과 나라가 발전하는 모습을 보고 싶다.

물방울이 돌을 뚫다.

水滴石穿〔수적석천〕

송나라 때 사람 장괴애張乖崖는 공평무사하고 청렴하며 강직한 관리였다. 숭양에서 현령으로 근무하던 어느 날 관아를 순시하고 있는데 말단 관리 하나가 황급히 창고에서 뛰쳐나오는 것을 발견하고는 붙들어 추궁했다. 관리는 정색을 하며 딱 잡아뗐지만 장괴애의 거듭된 추궁에 마지못해 "창고에서 한 냥을 갖고 나왔을 뿐입니다. 이 정도를 가지고 절 죽이기라도 할 겁니까?"라며 버텼다. 이에 장괴애는 "하루 한 냥이면 천 일이면 천 냥이다. 먹줄이 나무를 썰고, 물방울이 돌을 뚫는 것이야."一日一錢, 千日一千, 繩鋸木斷, 水滴石穿라고 꾸짖었다. 그리고 붓을 들어 판결을 내리고 직접 보검으로 관리의 목을 쳤다. 이후 관아 내에서는 이런 일이 일절 발생하지 않았다. 자고로 상은 크게 주고 벌은 약하게 주라고 했다. 하지만 때와 상황에 따라서는 일벌백계一罰百戒로 다스려야 한다. 공직자의 기강이 현저히 무너졌을 때는 특히 그렇다. '바늘 도둑이 소 도둑 된다.'라는 속담이 예사롭게 들리지 않는 것도 이 때문이다.

잘못을 말해 주면 바로 기뻐하다.

聞過則喜(문과즉희)

공자의 수제자 가운데 자로子路는 개성이 남달랐다. 욱하는 성질 때문에 스승에게 늘 질책을 받았고, 끝내는 그 성질 때문에 제명에 죽지 못했다. 하지만 그는 공자 곁을 지키면서 바른말을 서슴지 않았다. 그가 스승 앞에서도 당당하게 자신의 소신과 생각을 밝힐 수 있었던 것은 그 자신의 수양 정도와 관계가 깊다.

맹자는 자신의 학생과 함께 타인의 비평과 질책을 어떻게 받아들일 것인가 하는 문제를 토론하던 중 자로의 이런 면을 두고 "자로는 누구라도 잘못을 말해 주면 바로 기뻐했다."子路, 人告之以有過則喜라는 말로 자로를 높이 평가했다. 그리고 고대 전설 속 제왕인 우 임금과 순 임금의 미덕을 함께 거론하며 자로의 이런 자세를 한층 높였다. 자신의 잘못을 지적하는 말을 들으면 대개는 기분이 상하고 상대가 미워진다. 하지만 이 단계를 넘어서야만 자신이 하는 일을 제대로 할 수 있을 뿐 아니라 이 사회에 유익한 사람이 될 수 있다. 허심탄회虛心坦懷하게 충고를 받아들이는 자기 수양은 그 어떤 미덕보다 큰 미덕이다.

닷새 경조윤

五日京兆(오일경조)

서한 선제 때 장창張敞은 수도 장안 지역의 경조윤 자리에 있으면
서 엄격한 법 집행으로 치안과 질서 유지에 탁월한 능력을 발휘해
선제의 마음을 잡았다. 장창은 경조윤 자리를 장장 9년을 맡았는
데, 그 뒤 사건에 연루되어 자리가 흔들리게 되었다. 장창을 파면
하라는 상소가 빗발쳤고, 파면은 시간문제였다. 그러나 장창은 흔
들림 없이 업무에 충실했고, 그 무렵 발생한 절도 사건을 부하 서
순絮舜에게 서둘러 처리하도록 명령했다. 서순은 '닷새면 경조윤에
서 물러날' 사람이 무슨 사건 조사냐고 코웃음을 치면서 집에 돌
아가 늘어지게 잠을 잤다. 이 사실을 안 장창은 서순을 잡아다 옥
에 가두었다. 때는 한 해가 끝나기 며칠 전이었다. 당시 법에 따르
면 마지막 달에 죄인을 처결하게 되어 있었다. 서순은 결국 사형
판결을 받고 그해가 저물기 전에 처형되었다. '오일경조'는 얼마
남지 않은 임기를 말하지만 미래를 내다보지 못하는 자나 그런 언
행을 비유한다.

바람을 잡고 그림자를 붙들다.

捕風捉影(포풍착영)

한나라 성제는 스무 살에 황제 자리에 올라 마흔이 넘도록 자녀를 얻지 못했다. 고민하던 끝에 성제는 방사方士들의 말을 듣고 장안 교외 상림원上林園에서 대대적으로 제사를 올리며 하늘을 향해 자녀를 기원했지만 기력만 낭비하고 아무런 소득이 없었다. 방사들의 불로장생약도 복용했지만 역시 효과가 없었다. 이에 광록대부 곡영谷永은 글을 올려 인간의 본성과 세상 만물의 이치를 아는 사람이라면 귀신 따위에 제사를 올리지 않으며, 허황된 불로장생不老長生 이론이나 약에 현혹되지 않는다면서, 이런 것을 추구하는 것은 마치 '바람을 잡고 그림자를 붙들려는' 것이나 마찬가지라고 했다. 성제는 곡영의 말에 일리가 있다고 생각하여 귀신에 대한 제사 등을 중단했다. '포풍착영'捕風捉影은 근거도 없고 증명된 바도 없는 황당무계한 논리를 내세우거나 그런 행동을 비유할 때 사용할 수 있는 성어이다.

아무렇지 않게 멋대로 말을 바꾸다.

信口雌黃 (신구자황)

위진 시대는 문벌을 중시하는 풍토가 판을 쳤다. 명문가 출신의 왕연王衍은 총명하기가 따를 사람이 없을 정도였지만 자기 멋대로 하는 성격인 데다 자신의 이익밖에 몰랐고, 논리에 모순이 많다는 지적을 받으면 그 자리에서 말을 바꾸었다. 왕연은 태자에게 딸을 시집보낸 후 태자가 모함에 빠지자 황제에게 간청하여 딸을 이혼 시켰다. 훗날 태자의 억울함은 풀렸지만 태자는 충격으로 정신이 상이 되었다. 서진西晉 궁중의 내란 때 왕연은 거듭 권세가에 빌붙어 고관대작에 올라 부귀영화를 추구했다. 서진이 망했을 때는 자신은 조정 일에 간여하지 않았기 때문에 책임이 없다고 시치미를 뗐지만 죽음을 면치는 못했다. 당시 사람들은 이런 왕연을 두고 '신구자황'信口雌黃이라고 평했다. '자황'雌黃은 황적색의 광물이다. 당시에는 황지黃紙라는 종이에 글을 썼는데 글자를 잘못 쓰면 자황 으로 만든 안료를 칠해 글자를 지우고 다시 썼다. '신구자황'은 사 실 관계는 확인도 않고 마구 헛소리를 내뱉거나 수시로 말을 바꾸 는 것을 비유하는 흥미로운 성어이다.

근심과 기쁨이 서로 얽혀 있다.

休戚相關(휴척상관)

춘추 시대 진晉나라 도공은 젊었을 때 여공의 박해를 받아 자기 나라에 살지 못하고 주나라 낙양에서 생활했다. 도공은 젊은 나이에도 불구하고 진중하고 인품이 뛰어나 주나라의 귀족 단양공의 총애를 듬뿍 받았다. 단양공이 죽으면서 그 아들에게 도공을 진심으로 잘 돌보라는 유언을 남길 정도였다. 도공은 늘 조국 진나라 소식에 관심을 기울여, 나라에 "좋지 않은 소식을 들으면 근심으로 가득했고, 좋은 소식이 있으면 기뻐했다." 晉國有憂未嘗不戚, 有慶未嘗不怡 여기서 '휴척상관'休戚相關이란 성어가 탄생했다. 그 후 진나라에 내란이 일어나 여공이 살해되자 대부들은 낙양으로 사람을 보내 도공을 맞이하여 국군으로 즉위시켰다. '휴척상관'이란 성어에서 '休'(휴)는 '기뻐하다.'라는 뜻이고, '戚'(척)은 '슬퍼하다, 걱정하다.'의 뜻이다. 기쁨과 슬픔이 서로 밀접하게 얽혀 있다는 것이니, 관계가 아주 가깝거나 이해가 서로 일치하는 것을 형용하는 표현이라 할 것이다. 예컨대 "조직의 발전과 쇠퇴는 조직원이 일에 어떤 태도로 임하느냐와 '휴척상관'이다."라는 식으로 말할 수 있다.

정나라 사람이 신발을 사다.

鄭人買履(정인매리)

정나라에 신발을 한 켤레 사려는 사람이 있었다. 자기 발의 크기를 몰라 끈으로 발의 크기를 잰 다음 크기에 맞게 끈을 잘라서 의자 위에 걸어 둔 채 기분 좋게 신발을 사러 도성으로 들어갔다. 신발 상점에 도착해서야 발을 잰 끈을 두고 왔다는 사실을 알았다. 신발 상점 주인이 신발을 한번 신어 보면 되지 않겠느냐고 권했지만 이 사람은 뒤도 안 돌아보고 집으로 뛰어가 그 끈을 찾아서는 다시 성안으로 뛰어왔다. 신발 상점은 이미 문을 닫은 뒤였다. 지나가던 사람이 호기심 어린 표정으로 "누구에게 신발을 사 주려는 것이오?"라고 물었다. 정나라 사람은 "아, 내가 신으려는 것이지."라며 큰 소리로 대답했다. 행인이 "그럼 자기 발을 이용해서 신발을 신어 볼 일이지 뭣 하러 끈을 가지러 집에까지 갔다 왔단 말이오?"라며 고개를 갸웃거렸다. 정나라 사람은 고개를 강하게 흔들며 "내 발이 이 끈보다 정확할 수 있겠소?"라고 반문했다. '정인매리'鄭人買履는 훗날 실제 상황은 고려하지 않고 틀에 박힌 조항에만 얽매여 변통을 모르는 사람이나 그런 사고방식을 비꼬는 성어로 정착했다.

종남산이 지름길이다.

終南捷徑 (종남첩경)

당나라 때 사마승정司馬承禎은 어려서부터 학문이 여간 아니었으나 벼슬에 마음을 두지 않고 천대산天臺山에서 수십 년을 은거했다. 중종부터 현종까지 그에게 벼슬을 내리겠다고 불렀으나 그는 거절했다. 사마승정이 도성으로 와서 예종을 만나고 가던 중 장안 남쪽의 종남산終南山에서 은거하다 벼슬을 받은 노장용盧藏用과 마주쳤다. 노장용이 종남산 쪽을 가리키며 "저곳에 확실히 무궁무진한 재미가 있소이다그려."라며 웃었다. 이에 사마승정은 "그렇소이다. 내가 보기에 종남산은 확실히 관리가 되는 지름길이오." 라고 응수했다. 사마승정은 벼슬자리가 여의치 않자 일부러 도성 가까운 종남산에 은거하여 이목을 끈 다음 벼슬을 얻은 노장용의 행위를 이렇게 비꼰 것이다. 그 뒤 '종남첩경'終南捷徑은 벼슬이나 명리를 추구하는 가장 좋은 길이나 방법을 비유하는 성어로 정착 했다.

걸어 다니는 책 궤짝

立地書櫥(입지서주)

북송 때 오시吳時란 인물은 박학다식하고 일 처리도 신속했다. 화주 정현의 현령으로 있을 때 어떤 지식인이 쓴 문장에 조정을 비판하는 듯한 내용이 있어 큰 사건으로 비화될 조짐을 보였다. 오시는 그 문장을 가져오게 한 뒤 많은 사람이 보는 앞에서 화로에 던져 잿더미로 만들어 버렸다. 그런 다음 "신하 된 사람으로도 이런 글을 차마 견디지 못하거늘 황제께서야 오죽하겠는가."라고 했다. 글을 쓴 자는 화를 면했고, 다들 오시의 일 처리가 적절했다고 여겼다. 오시는 이런저런 문제들을 지혜롭고 신속하게 처리했을 뿐 아니라, 문장을 쓰는 속도도 놀랄 정도로 빨랐다. 이 모두가 엄청난 독서량에서 나온 것이었다. 훗날 오시가 도성으로 올라와 관직을 맡자 그와 만난 당시 최고 학부인 태자감과 태학의 사람은 그를 모든 일에 두루 능통한 '만사통'萬事通이니 '걸어 다니는 책 궤짝'이니 하는 별명으로 칭찬했다. 이렇게 해서 '입지서주'立地書櫥는 공부를 많이 하고 학식이 박학한 사람을 비유하는 고사성어가 되었다.

진경이 말을 팔다.

秦瓊賣馬(진경매마)

당나라 개국공신의 한 사람인 진경秦瓊은 『수당연의』와 『설당』說唐 같은 역사 소설에도 비중 있는 인물로 등장한다. 이 때문에 민간에서도 명성이 대단했다. 소설에 보면 진경이 노주라는 곳에서 곤경에 처하여 여관비조차 지불하지 못해, 몸에 지닌 무기를 저당 잡히고 나중에는 아끼는 애마까지 팔아야 하는 딱한 처지가 된 적이 있다. 게다가 운마저 따르지 않아 말을 사려는 사람이 나서지 않아 속을 끓였다. 그러다 진경의 처지를 동정한 장작 파는 노인의 소개로 단웅신單雄信이라는 사람에게 말을 팔게 되었다. 노주 지역 단웅신의 명성을 들어서 알고 있던 진경은 체면 때문에 가짜 성을 대고 말을 팔았다. 나중에 이 사실을 알게 된 단웅신은 진경의 뒤를 쫓아와 "진 형, 이 단웅신을 죽일 작정이셨습니까?"라며 진경의 체면을 세워 주었다. '진경매마'秦瓊賣馬는 곤경에 처한 영웅의 상황을 비유하는 성어인데, 진경 역시 『수호전』에 나오는 송강처럼 영웅호걸의 숭배를 받는 캐릭터다. 하기야 동서양을 막론하고 수난을 겪지 않은 영웅이 어디 있던가?

민낯으로 천자를 뵙다.

素面朝天 (소면조천)

당나라 현종과 양 귀비의 로맨스는 백거이의 「장한가」長恨歌 등 문학 작품을 통해 더욱 전기傳奇적인 색채를 띠면서 후대에 많은 이야깃거리를 낳았다. 아무튼 양 귀비가 현종의 총애를 한 몸에 받은 덕분에 양씨 집안사람들까지 덩달아 출세를 하게 되었는데, 양 귀비의 언니 셋이 부인으로 봉해질 정도였다. 이 세 사람 중에서도 셋째 언니인 괵국부인虢國夫人은 미모가 출중했고 여기에 자기만의 묘수로 현종의 마음을 사로잡았다. 그 묘수란 다름 아닌 현종을 보러 갈 때면 화장을 하지 않은 맨 얼굴로 나타나는 것이었다. 황제의 마음을 사로잡기 위해 다들 두꺼운 화장에 온갖 치장을 하는데 괵국부인은 그 반대로 화장을 하지 않은 얼굴로 자신의 존재감을 확실히 드러낸 것이다. 하기야 바탕에 자신이 없었으면 '소면조천'素面朝天은 꿈도 꾸지 못했을 것이다. 아무튼 민낯으로 현종을 사로잡은 괵국 부인은 황제의 저택 못지않게 화려한 집에서 부귀영화를 누렸지만 안사의 난 때 황망히 도망치다 진창이란 곳에서 객사했다. 모르긴 해도 그때도 아마 민낯이었을 것이다.

칼을 잡다.

捉刀(착도)

삼국 시대 조조의 부하 중 최염崔琰이란 무관은 긴 수염을 멋지게 휘날리는 아주 잘생긴 미남이었다. 조조는 늘 최염의 미모를 부러워했다. 한번은 흉노에서 사신을 보냈는데, 조조는 외국 사신에게 잘 보이려고 최염을 자신처럼 분장시켜 맞이하게 했다. 조조는 그 곁에서 '칼을 잡은 채' 사신의 태도를 관찰했다. 접견이 끝나자 조조는 흉노 사신의 반응이 궁금하여 사람을 보내 위왕魏王(조조)의 모습을 본 느낌이 어땠는지 알아보게 했다. 사신은 "위왕의 자태는 대단히 출중했지만 그 옆에서 '칼을 잡고 있던' 사람이 진짜 영웅처럼 보입디다."라고 말했다.

이 이야기는 조조의 영웅적 모습을 미화하기 위해 꾸민 것이지만 여기서 '착도'捉刀라는 재미난 단어가 탄생했다. 글자대로라면 '칼을 잡다.'라고 풀이되나 시간이 흐르면서 누군가의 역할을 대신하거나 남의 일을 대신해 주거나 다른 사람을 대신하여 글을 써 주는 대필代筆의 의미까지 포괄하게 되었다. 사람을 모셔 와 대신 문장을 쓰게 한다는 '청인착도'請人捉刀라는 성어나 대필자를 가리키는 '착도인'捉刀人이란 단어도 파생되었다.

단단한 돌도 머리를 끄덕이다.

頑石點頭(완석점두)

승려 축도생竺道生은 불교를 깊이 믿어 호구산虎丘山에서 불가의 이치에 대해 깊이 연구했다. 하루는 혼자 산 깊은 곳까지 뛰어가서는 큰 돌을 여러 개 가지고 돌아와 정성스럽게 마당에 나란히 늘어놓았다. 축도생은 마치 제자라도 되는 듯 이 돌들을 대했다. 그리고 매일 아침부터 저녁까지 돌들을 향해 귀찮은 줄도 모르고 『열반경』涅槃經을 읊어 주었다. 그런데 얼마 지나지 않아 놀라운 일이 발생했다. 축도생이 『열반경』을 읊을 때면 돌들이 하나하나 고개를 끄덕이는 것이었다. 마치 불경을 알아듣기라도 하듯이 말이다.

이 이야기에서 '단단한 돌이 머리를 끄덕이다.'라는 뜻의 사자성어 '완석점두'頑石點頭가 파생되었다. 참을성을 갖고 가르치고 또 가르치면 그 이치가 마음속까지 파고들어 감동시키게 된다는 비유의 성어이다. '지성至誠이면 감천感天'이란 속담이 같은 맥락이다. 사물과 인간의 이치를 깊게 가르치려 하지 않고 그저 얄팍한 지식만을 가르치는 우리 교육의 현실을 되짚어 보게 하는 성어이다.

천랑의 혼이 빠져나가다.

倩女離魂 (천녀이혼)

당나라 때 사람 진현우陳玄祐의 소설로 전하는 『이혼기』離魂記는 왕주王宙와 천랑倩娘의 사랑 이야기로, 이들의 사이를 억지로 떼어 놓자 천랑의 넋이 사람의 모습으로 변해 왕주의 뒤를 쫓아가 함께 살게 된다는 내용이다.

'천녀'倩女는 고대 전설 속의 천랑倩娘을 가리키는데, 아리따운 미인을 이렇게 불렀던 모양이다. 한 시대를 풍미했던 홍콩 영화『천녀유혼』倩女幽魂 시리즈도 이런 전통적인 전기傳奇 소설이나 지괴志怪 소설에서 소재를 얻어 만든 것이다. 남녀가 사랑에 푹 빠지면 흔히 넋이 나갔다고들 하는 것 역시 천랑과 왕주 같은 러브 스토리의 영향 때문이 아닌가 한다.

젊은 남녀의 순수한 사랑을 무미건조하고 퇴행적인 이유를 들어 무조건 반대하는 기성세대에게 왕주와 천랑 같은 사랑의 감정을 되살려 보라고 권하고 싶다. '천녀이혼'倩女離魂은 젊은 여인의 치정癡情을 비유하는 성어이지만 그 이면에는 우리가 잊고 살았던, 애틋하고 순수한 감정의 골짜기를 타고 흐르는 천랑의 눈물이 함께 웅크리고 있다.

웃는 모습을 황하가 맑아지는 것에 비유하다.

笑比河淸〔소비하청〕

북송 때 사람인 포증은 철면무사鐵面無私의 청백리로 흔히 '포청천' 包靑天이란 별명으로 불린다. 단주라는 곳에 근무하다 전근을 가게 된 그에게 누군가 그 지방 특산물인 벼루를 기념품으로 선물했지만 그는 이마저 받지 않았다. 이런 결벽증 때문에 사람들은 그를 적잖이 오해했다. 그래서 소설이나 드라마에서는 그의 얼굴을 무시무시하게 검은 얼굴로 묘사하는가 하면, 포증이 심장이 없는 사람이라는 황당무계한 소리까지 있었다. 어느 쪽이나 그의 엄정한 법 집행을 대변하는 이야기다.

그중에서 흥미로운 것은 포증이 좀처럼 웃지 않았다는 것인데, 그래서 사람들은 포증의 웃음을 황하가 맑아지는 것에 비유했다. 황하는 늘 누렇게 흐려 있다가 천 년에 한 번 맑아진다는 전설이 전해 온다. 포증이 얼마나 근엄했으면 그가 웃는 모습을 천 년에 한 번 맑아진다는 황하에 비유했겠는가만 사실 포증은 백성을 아주 화기애애한 모습으로 대했다. 그렇다면 이 성어는 어떤 압력에도 굴하지 않고 가차 없이 법을 집행하는 그를 시기하고 미워했던 나쁜 권력자의 심경의 일단을 나타내는 것은 아닐까.

목이 말라서야 우물을 파다.

臨渴掘井(임갈굴정)

춘추 시대 노나라 소공은 실권자인 계손씨를 토벌하려다 오히려 반격을 받아 제나라로 망명하는 신세가 되었다. 제나라 경공은 아직 앞날이 창창한 젊은 국군이 어쩌다 나라를 잃었느냐며 그 원인에 대해 반성해 보았느냐고 물었다. 소공은 많은 사람이 자신을 위해 애를 썼는데 정작 자신은 그들을 무시했고, 그러다 보니 주위에는 아부하는 자만 넘쳐났다며 이를 '나뭇잎과 가지가 너무 많아 뿌리가 뽑히는' 것에 비유했다.

경공은 젊은 소공이 자신을 반성하는 모습에 장차 가망이 있겠다고 보고 안영에게 의견을 물었다. 안영은 누군가 물속에 빠진 다음 왜 물에 빠졌는지를 생각하고, 길을 잃고 나서야 길을 찾으려는 것은 위기가 닥친 다음에 무기를 만들어 반격하려는 것과 마찬가지라며, "음식이 목에 걸려 삼킬 수 없는 지경이 되어서야 우물을 파서 물을 얻으려는 것"噎而遽掘井은 아무리 빨리 우물을 파도 이미 늦은 것이라고 대답했다. '임갈굴정'臨渴掘井은 평소 준비하지 않고 있다가 일이 터진 다음에야 방법을 찾느라 부산을 떠는 것을 비유하는 성어이다.

배를 가르고 진주를 감추다.

剖腹藏珠(부복장주)

당나라 때 서역의 한 상인이 뜻하지 않게 대단히 귀한 진주를 얻어 장안으로 가서 비싼 값에 팔기로 결심했다. 상인은 가는 도중 진주를 빼앗기지나 않을까 걱정이 되어 자신의 배를 가르고 그 안에 진주를 감추었다. 비단길을 따라 수만 리 천신만고 끝에 장안으로 들어온 상인은 숙소를 잡자마자 문을 걸어 잠그고 작은 칼로 자신의 배를 갈라 진주를 꺼냈다. 하지만 먼 여정에 지칠 대로 지친 몸이라 출혈을 감당하지 못하고 그만 죽고 말았다. 이 사건은 사람들의 입소문을 타고 조정까지 전해졌다. 사건의 진위를 확인한 태종은 "사람들이 그저 진주만 아낄 줄 알고 자기 몸은 아끼지 않는구나. 관리들이 법을 어기고 부정한 짓을 저지르다 자신은 물론 가족까지 망치는 일이 종종 있는데 이번 그 서역 상인과 다를 바가 뭐가 있는가."라며 탄식했다. '부복장주'剖腹藏珠는 물건 때문에 자신의 몸을 상하게 하거나, 중요한 일과 그렇지 않은 일을 바꾸는 어리석은 행동을 비유하는 성어다.

껍데기가 없는데
털이 어디에 붙을 수 있나?

皮之不存, 毛將焉附(피지부존, 모장언부)

춘추 시대 진晉나라 공자 이오夷吾는 정쟁의 와중에 이웃한 강대국 진秦나라 목공의 도움을 받아 고국으로 귀국하여 국군으로 즉위할 수 있었다. 이가 혜공이다. 당시 혜공은 목공에게 자신이 국군으로 즉위할 수 있게 해 준다면 하서 땅 다섯 개 성을 보답으로 주겠다고 약속했다. 그러나 혜공은 이 약속을 무시했다. 얼마 뒤 진晉나라에서 가뭄이 발생하여 진秦나라에 식량 원조를 요청하자 진나라는 이를 받아들였다. 그러나 반대 상황이 되자 진晉나라는 식량 원조를 거절했다. 이때 혜공의 외숙 괵사虢射는 두 나라 사이의 관계를 근본적으로 해결하지 않은 상황에서 식량을 원조하는 것은 '털만 있고 껍질은 없는' 것에 비유할 수 있다면서, '껍데기도 없는데 털이 어디가 붙을 수 있느냐.'라며 원조에 반대했다. 경정慶鄭이 나라 간 신의를 저버리면 장차 어려움이 닥쳤을 때 누가 도와주겠느냐며 반박했지만 혜공은 당장의 이익에 눈이 멀어 식량 원조를 거부했고, 결국 진나라의 공격을 받아 포로가 되었다. 이 성어는 근본이나 기본이 없으면 여기에 기댈 모든 것들이 존재할 수 없다는 말이다. '백성 없이 나라가 어떻게 존재할 수 있겠는가.'라는 말과 같은 의미다.

[10]월

長安秋望

樓倚霜樹外
鏡天無一毫
南山與秋色
氣勢兩相高

장안의 가을

— 두목(杜牧)*

서리 덮인 나무 저만치에 누각 서 있고
거울처럼 맑은 하늘 구름 한 점 없구나.
종남산과 가을빛
그 기세 함께 드높아라.

* 두목은 당나라 후기를 대표하는 시인으로 흔히
이상은(李商隱)과 함께 '이목'(李牧)으로 불린다.
또 작품의 성향이 두보(杜甫)를 닮았다고 하여 '작은 두보',
즉 '소두'(小杜)라고 불리기도 한다. 역사를 소재로 한 작품을
많이 남겼는데 「아방궁부」(阿房宮賦)는 그중 대표작이다.
소소한 일에 매이지 않는 강직한 성품으로 쇠락해 가는
당나라를 위해 무던 애를 썼다. 이 때문인지 군사와 병법
연구에도 적지 않은 관심을 보였다. 이 시는 드높은
가을 하늘과 종남산(終南山)을 함께 놓고 그 높은 기세에
방점을 찍고 있지만 첫 구절 서리 덮인 나무는 이와는
대조적으로 처연한 느낌을 준다.

다스림과 혼란의 이치를 모르고서는
통치 방법의 변통을 말할 수 없다.

不通治亂, 不可以語變(불통치란, 불가이어변)

통치자의 가장 중요한 자질은 다른 무엇보다 나라를 다스리는 이치에 대한 깊이 있는 인식이다. 그래서 강 태공은 "전쟁의 책략을 모르고서는 적을 말할 수 없듯이"不知戰攻之策, 不可以語敵 다스림과 혼란의 근본적인 이치를 통찰하지 않고서 정책의 변화를 운운해서는 안 된다고 말했다.

하나의 정책이 백성에게 미칠 영향을 신중하게 고려하고, 그것을 각계각층의 전문가에게 충분한 자문을 구한 다음 시행할 때에야 변통變通이 가능하지, 무턱대고 터뜨려 놓고 문제가 발생한 다음 변통하려는 것은 변통이 아니라 어설픔이자 꼼수에 지나지 않으며, 변통이 아니라 변덕이다. 따라서 모든 정책은 '변통'에 앞서 만일에 있을지 모르는 '혼란'을 고려해야 하고, 또 '변통'만을 고집하는 것은 '변통'하지 않는 것만 못하다는 것을 알아야 한다.

이는 마치 전쟁에서 책략이 전쟁을 이끄는 영혼인 것과 같다. 책략이 전쟁터의 대세와 전쟁의 승부를 직접 결정짓기 때문이다. 정책의 실수와 실책을 만회하기 위해 일을 터뜨리는 통치 방식은 심하게 말하면 망국으로 가는 길이 될 수도 있다.

땀 흘리는 말

汗馬(한마)

'한마'汗馬는 두 가지 뜻을 가진 단어이다. 하나는 '한혈마'汗血馬, 즉 땀을 피처럼 흘리는 말이란 뜻이다. 한나라 무제 때 이사장군 이광리李廣利가 서역에 위치한 대완大宛 국왕의 목을 베고 '한혈마'를 한 필 얻어 돌아왔다. 이 대목에 대한 주석에는 이런 내용이 보인다. "대완에 좋은 말이 있는데 땀을 앞쪽 어깨 쪽에서 흘리며 색이 피 같다. 이 말은 하루에 천 리를 달리는 준마다." 이후 시나 문장에서 '한마'는 준마를 일컫는 단어가 되었다.

또 하나는 전투에서 세운 공로나 작전을 비유하는 단어로 사용되는 경우다. 『한비자』「오두」五蠹에 보면 "집안일은 잊은 채 나라를 위해 '한마'의 수고를 다해야 한다."棄私家之事而必汗馬之勞라는 구절이 보인다. 전투에 나간 말이 땀 흘리며 전투에 참여하듯 그런 수고를 아끼지 않아야 한다는 뜻이다. 여기서 '한마지로'汗馬之勞라는 성어가 파생되었다. 공직자와 무인武人이 나라와 백성을 위해 최선을 다하는 것을 이를 때 '한마지로'라는 표현을 많이 쓰며, 그렇게 해서 세운 공을 '한마공로'汗馬功勞라고 한다.

무산의 꿈

巫山之夢(무산지몽)

전국 시대 초나라의 미남자 송옥宋玉이 쓴 「고당부」에 보면 이런 이야기가 나온다. 초나라 회왕이 고당高唐의 궁으로 놀러 갔다가 피곤하여 대낮에 잠이 들어 꿈을 꾸었다. 꿈에 자칭 무산巫山의 신녀神女라는 여자가 나타나서는 회왕의 잠자리 시중을 들겠다고 청했다. 회왕은 이로써 그녀를 총애하게 되었다.

이윽고 신녀는 회왕에게 작별을 고하면서 "첩은 무산의 양지, 고구高丘의 음지에서 새벽에는 아침 구름, 저녁에는 비가 되어 아침저녁으로 궁궐 아래로 내려옵니다."라고 말했다. 회왕이 잠에서 깨어 신녀를 찾느라 두리번거리는데 무산의 봉우리가 마치 신녀처럼 보였다. 회왕은 무산의 봉우리가 신녀의 화신이라고 여겨 거기에 사당을 세우고 '조운'朝雲이란 이름을 붙여 주었다.

'무산지몽'巫山之夢은 회왕이 꿈에서 신녀를 만나 운우雲雨의 정을 나눈 것을 비유하는 성어인데, 이런 꿈을 심리학이나 정신분석학에서는 '성몽'性夢이라 하며, 속세에서는 '염몽'艷夢 또는 '춘몽'春夢이라 한다. 그 후 '무산지몽'은 '성몽'의 대명사가 되었고, '무산운우'巫山雲雨하면 남녀 간의 은밀하고 그윽한 연애를 비유하는 용어가 되었다.

호랑이 이야기를 하면 얼굴색이 변한다.

談虎變色 (담호변색)

어떤 사람이 길을 가다가 누군가가 호랑이에게 해를 당하는 광경을 보았다. 이 때문에 이 사람은 호랑이 이야기만 나오면 바로 얼굴색이 변했다. 주변 사람들은 이 사람이 호랑이의 무서움을 몰랐다면 그렇게 얼굴색이 변하지 않았을 것이라며 진짜 호랑이를 아는 사람이라고 했다.

송나라 때 주희가 편찬한 『이정어록』에 나오는 이야기다. '담호변색'談虎變色은 무서운 일을 언급하면 두려움에 표정이 변하는 것을 가리키는 성어다. 이런 사람을 두고 심하면 정신적으로 문제가 있다고들 하는데, 실은 담이 작고 신경이 예민한 경우가 대부분이다.

공포 심리와 긴장된 정서는 지극히 정상적인 심리 현상이다. 공포는 어떤 상황에서 나타나는 개체의 보호반응으로 위험에서 피하라는 경고와 같다. 따라서 정도를 넘지 않는다면 병으로 발전하지는 않는다. 주희는 어떤 사물이나 현상을 실제로 인지하거나 경험해야만 그 본질을 제대로 알 수 있다는 철학적인 이야기를 하고 싶었겠지만 그 이면에는 인간의 심리 현상이 숨어 있는 것이다.

물의 성질은 흐르는 것이지만
터 주지 않으면 통하지 않는다.

水性雖能流, 不導則不通(수성수능류, 부도즉불통)

당나라 때 사람 마총馬總이 엮은 잡가류의 『의림』에 인용된 『성패지』成敗志에 보면 이런 구절이 눈길을 붙잡는다. "물의 성질은 흐르는 것이지만 터 주지 않으면 통하지 않고, 인간의 성품은 지혜롭지만 가르치지 않으면 통달할 수 없다. 배움이란 나무를 심는 것과 같아 배우지 않으면 뒤떨어진다."水性雖能流, 不導則不通. 人性雖能智, 不教則不達. 學猶植也, 不學將落 아무리 총명한 사람도 배워야 한다는 의미이다.

물의 특성은 잘 흐른다는 것이다. 하지만 물길을 터 주지 않으면 갇혀서 죽은 물이 된다. 인간이 다른 동물과 근본적으로 구별되는 것은 고급 사유 능력을 갖고 있다는 점이다. 그러나 교육하지 않으면 어리석어질 수밖에 없다. 동양에서 말하는 교육이란 단순히 지식의 습득을 가리키지 않는다. 본성에 대한 깊은 통찰과 그 본성을 잃지 않게 수양할 것을 권하는 인성人性 교육이 핵심이다. 우리 교육이 지나치게 기능 위주에다 승자 독식의 경쟁에만 몰두하다 보니 공부 잘한 사람이 세상을 망치는 희한한 현상이 만연해 있다. 인간의 본성에 맞는 교육법과 정책을 강구해야 한다.

말을 듣기보다 하는 일을 보는 것이 낫다.

聽言不如觀事(청언불여관사)

진晋나라 때 사람 부현傅玄이 엮은 『부자』에 나오는 한 대목인데, 이어지는 구절은 "하는 일을 보는 것보다 하는 행동을 보는 것이 낫다."觀事不如觀行이다. 그 사람 말만 듣고 살피지 않은 채 선악과 시비를 판단하면 오류를 범할 수밖에 없고, 그것을 상대에게 간파당하면 상대는 계속 교묘한 말로 나의 판단력을 어지럽힐 것이다. 부현은 진나라 무제 즉위 초기에 여론을 전달하고 정책의 잘잘못을 직간하는 일을 맡았던 까닭에 백성의 목숨이 관리에게 달려 있다고 보고 관리를 선발할 때는 반드시 그 말보다는 그 일을, 그 일보다는 그 행동을 살피라고 강조한 것이다. 그는 나라를 다스리는 일이란 어떤 인재를 기용하느냐가 관건이라는 점을 정확하게 인식하고 있었다. 여기서 말을 듣기보다 하는 일을 보라는 것은 일할 때의 태도와 자세를 보라는 의미이며, 하는 행동을 보라는 것은 실제 드러나는 것을 정확하게 살피라는 의미이다. 그 행동에 따른 실질적인 능력, 즉 결과물이 가장 중요하다는 뜻이다.

몸에 맞게 옷을 재단하다.

量體裁衣 (양체재의)

남조 시대 제나라의 장융張融은 젊어서부터 남다른 재능으로 조정에 중용되어 고위 관리가 되었는데 높은 관직에 올랐음에도 늘 검소한 생활로 타의 모범이 되었다. 특히 의복은 언제나 헌 옷만 입고 다녔다. 제나라 태조는 이런 그를 두고 "이런 사람이 없어서도 안 되지만 둘도 없는 것 같다."라며 칭찬을 아끼지 않았다. 하루는 태조가 허름한 옷만 입고 다니는 장융을 위해 특별히 사람을 보내 옷 한 벌을 내렸다. 그러면서 "내가 전에 입던 옷을 한 벌 보낼 터인데 옷은 오래된 것이지만 입어 보면 새 옷보다 나을 것이오. 내가 그대의 몸에 맞게 다시 고치게 했기 때문이오. 그대가 입으면 분명 편할 것이오."라는 조서를 함께 전했다. 황제가 내린 옷을 받아 든 장융은 감격에 어쩔 줄 몰라 하며 더욱더 자신의 일에 최선을 다했다.

'양체재의'量體裁衣는 원래 키와 몸무게 및 체격 등 몸의 크기에 맞게 옷을 재단한다는 뜻을 가진 성어였다. 그 뒤 이 성어는 구체적인 상황에 근거하여 실제적으로 일을 정확하게 처리하는 것을 비유하게 되었다.

연못을 앞에 두고 글씨를 배우다.

臨池學書(임지학서)

동한 시대의 서예가 장지張芝는 이른바 '금초'今草라는 자기만의 독특한 초서체를 만든 사람이었다. 물이 흐르듯 유려하면서 힘이 넘치는 그의 서체는 당시는 물론 후대에도 큰 영향을 주어 초서의 성인이란 뜻의 '초성'草聖이란 명성까지 얻게 되었다. 서예의 성인 왕희지王羲之조차 자신의 초서는 장지만 못하다고 할 정도였다. 장지의 이런 서체는 그냥 나온 것이 아니었다. 그가 서예를 연마하던 방법과 정신은 역사상 감동적인 일화로 남아 있다.

장지는 관료 집안에서 태어났지만 아버지 장환張煥이 청렴한 사람이어서 장지에게 글씨를 연습할 천을 대 줄 수가 없었다. 장지는 하는 수 없이 옷을 깁는 데 사용할 천 따위에다 연습했다. 특히 장지는 집 부근의 연못가에서 글씨를 연습했는데 연못의 물을 떠서 먹을 갈다 보니 연못의 물이 먹물처럼 검게 물들었다고 한다. 그래서 훗날 사람들은 서예를 '임지'臨池란 말로 표현하기도 했다. 사람들은 이런 장지의 글씨를 몹시 아껴서 한 글자라도 얻으려고 기를 썼다. 여기서 장지가 쓴 글씨라면 '단 한 치의 종이도 남기지 않았다.'라는 뜻의 '촌지불유'寸紙不遺도 파생되었다.

쇠로 만든 벼루가 다 닳고 구멍이 나다.

磨穿鐵硯(마천철연)

오대 시대 상유한桑維翰이란 유생이 과거에 급제하여 자신의 포부를 실현하고자 각고의 노력을 기울여 공부했다. 과거를 치르는데 미신에 빠진 시험관이 상유한의 성을 보고는 '桑'(상) 자와 '喪'(상)자는 음이 같아 불길하다며 "이런 사람은 문장이 좋아도 절대 급제시킬 수 없다."라고 했다. 이렇게 상유한은 낙방했다. 이유를 알게 된 상유한은 「일출부상부」日出扶桑賦란 글을 써 전설 속 신성한 나무인 부상扶桑에서 태양이 떠오른다면서 그런 '상' 자가 어찌 불길할 수 있느냐고 했다. 누군가 정치적 포부를 실현하는 길이 꼭 과거 급제만 있느냐고 하자 상유한은 "내 뜻은 이미 정해졌다."라면서 장인에게 쇠로 된 벼루를 하나 주조하게 해 친구들에게 보여 주며 "이 쇠로 만든 벼루가 다 닳고 구멍이 난다면 다른 길을 찾겠다."라고 했다. 쇠벼루가 닳고 구멍이 날 때까지 자신의 뜻을 꺾지 않겠다는 굳센 의지의 표명이었다. 그 뒤 상유한은 그렇게도 갈망하던 진사에 급제했다. '마천철연'磨穿鐵硯은 굳센 의지와 한마음으로 학업에 열중하는 모습이나 그런 의지를 비유하는 성어가 되었다.

지난번 다녀갔던 유랑이 또 왔다네.

前度劉郞 (전도유랑)

당나라 순종은 805년 유종원, 유우석 등을 전격 기용하여 이른바 '영정永貞 혁신'으로 불리는 개혁 정치에 시동을 걸었다. 그러나 환관 세력의 저항이 의외로 막강하여 순종은 황제 자리에서 쫓겨나고 개혁 인사도 죄다 지방으로 쫓겨났다. 십 년 뒤 수도로 돌아온 유우석은 명승지 현도관玄都觀을 찾아 "현도관의 흐드러진 복숭아나무는 모두 유랑(유우석)이 떠난 뒤에 심은 것들이라네."라며 지난 십 년을 회고했다. 그런데 권력을 쥔 소인배들은 이 시가 자신들을 풍자한 것이라 트집 잡아 유우석을 강주로 좌천시켰다. 그로부터 14년 뒤 다시 현도관을 찾은 유우석은 "널찍한 마당 절반은 이끼투성이라, 복숭아나무는 다 어디 가고 풀만 무성하구나. 복숭아나무 심던 도사는 어디로 갔나, 지난번 다녀갔던 유랑이 다시 왔는데."百畝庭中半是苔, 桃花淨盡菜花開. 種桃道士歸何處, 前度劉郞今又來라는 시를 남겼다.

'전도유랑'前度劉郞은 다녀갔다가 다시 온 사람을 비유하는 시구절이지만, 여기에는 유우석의 강렬한 전투 정신이 묻어난다. 아무리 박해를 가해도 마지막에 웃는 사람은 나 유우석이라는 자부심이 함께 배어 있다.

(남산의) 대나무를 모조리 죽간으로 만들어도
다 기록할 수 없다.

罄竹難書(경죽난서)

수나라 말기, 양제 양광楊廣의 폭정이 브레이크 없는 폭주 열차처럼 종착점을 향해 달리고 있었다. 농민 봉기가 곳곳에서 터져 나왔고 그중에서 적양翟讓이 이끄는 와강군瓦崗軍이 가장 빠르게 세를 키워 갔다. 그리고 장수 이밀李密이 합류하면서 그 기세는 더욱 커졌다. 적양의 신임을 얻어 금세 전군의 주도권을 장악한 이밀은 각지의 봉기군과 수나라 문무 관리에게 합류를 권했다. 이어 수도 낙양으로 진격하기로 결정하고 그에 앞서 양제 토벌의 명분을 마련하고자 격문을 발표했다. 이 격문에서 이밀은 양제의 열 가지 죄상을 열거한 다음 "남산의 대나무를 모조리 베어 죽간으로 만들어도 양광의 죄상은 다 기록할 수 없으며, 동해의 물을 다 끌어와도 그 죄악을 씻어 낼 수 없다."라고 했다. 618년 양제는 강도에서 피살되었고, 이밀은 당나라에 항복했지만 이내 당나라에 반기를 들었다가 살해되었다.

'경죽난서'罄竹難書는 기록할 일이 너무 많아 다 적을 수 없을 때 쓰는 성어이다. 역사는 그 자체로 기억이며, 그 기억을 토대로 공소시효 없는 심판을 단행한다. 기억만큼 두려운 일도 없다.

땅을 구하고 집을 묻다.

求田問舍 (구전문사)

동한 말기 진등陳登은 광릉태수로 일하면서 엄격한 법 집행과 철저한 자기 관리로 백성의 마음을 얻었다. 하루는 허사許汜라는 친구가 찾아와 땅과 집을 사는 일 따위를 물었다. 진등은 변변찮은 허사의 사람됨을 아는지라 대꾸하지 않았다. 이어 밤이 되어 잠자리를 봐주었는데 진등이 허사를 침상 아래에서 자게 하자 허사는 진등에게 섭섭한 마음을 품었다. 훗날 허사는 유표劉表 밑으로 들어갔고, 한번은 유비 등과 더불어 이야기를 나누던 중 진등 이야기가 나오자 과거의 일을 불만스럽게 털어놓았다. 이에 유비는 황제조차 거처할 집이 없을 정도로 세상이 어지럽거늘 땅과 집에만 관심을 보이는 당신 같은 이를 침상 아래에 재우는 것은 당연하지 않겠느냐며 허사를 나무랐다. 그러면서 유비는 자기 같았으면 백척 누각 위에서 자면서 허사를 지하에다 재웠을 것이라 했다.

고려 말기의 충신 목은 이색은 이런 진등의 지조를 생각하면서 「야우」夜雨라는 시에서 "지금 이 마음 누가 알아주랴? 진등의 백 자 높은 다락에 높직이 누웠노라."라며 자신의 의지를 밝힌 바 있다.

거문고로 서로의 마음을 도발하라.

琴心相挑(금심상도)

문장으로 한 시대를 풍미했던 사마상여는 젊은 날 아주 특별한 로맨스 경력을 가진 풍류인이었다. 한번은 사천 지역의 부호 탁씨卓氏 집안의 초청을 받아 잔치에 거의 반강제로 참석했다. 주위의 강권에 사마상여는 거문고 실력을 선보였고, 이를 훔쳐보던 탁씨의 딸 문군文君은 그만 사마상여의 자태에 반해 버리고 말았다. 탁문군은 시종을 보내 만남을 청했고, 사마상여도 탁문군에게 마음이 끌려 당장 그날 밤으로 야반도주를 했다. 탁씨 집안은 발칵 뒤집혔고, 탁씨는 다시는 딸을 보지 않겠노라 선언했다. 살길이 막막해진 두 사람은 탁문군이 챙겨 온 패물 따위를 처분하여 우물을 파고 술집을 차렸다. 사마상여는 직접 술을 나르고 술상을 치웠다. 얼마 뒤 사마상여는 황제의 부름을 받아 장안으로 올라가 벼슬을 받았고, 그사이 탁씨 마음도 풀려 넉넉한 생활을 누릴 수 있게 되었다.

'금심상도'琴心相挑는 거문고 연주 소리에 자신의 마음을 담아 전함으로써 상대의 마음을 도발하겠다는 발칙한 애정의 표현이 아닐 수 없다. 동시에 낭만과 격조가 있는 애정 표현이라고도 하겠다.

백성을 잃었다는 것은
백성의 마음을 잃었다는 것이다.

失其民者, 失其心也 (실기민자, 실기심야)

맹자는 자신의 어록이자 대화록이라 할 수 있는 『맹자』에서 "걸 임금과 주 임금이 천하를 잃은 것은 그들의 백성을 잃었기 때문이 며, 그들이 백성을 잃었다는 것은 백성의 마음을 잃었다는 것이 다."桀紂之失天下也, 失其民也. 失其民者, 失其心也라고 했다. 그러면서 "천하 를 얻는 길이 있으니, 백성을 얻으면 천하를 얻는다. 백성을 얻는 방법이 있으니 마음을 얻으면 백성을 얻는다. 마음을 얻는 방법이 있으니 하고자 하는 것을 모아서 주고 싫어하는 것을 하지 않는 것이다."得天下有道, 得其民, 斯得天下矣. 得其民有道, 得其心, 斯得民矣. 得其心有道, 所 欲與之聚之, 所惡勿施爾也라는 방법까지 제시한다. 요컨대 백성의 마음을 얻는 자가 천하를 얻는데, 그 구체적인 방법으로는 하고 싶은 것 을 할 수 있게 다양한 기회를 제공하고, 하기 싫어하거나 원치 않 는 것을 시행하지 않는 것이다. 모르긴 해도 고대 동서양에서 맹 자만큼 백성의 위치와 중요성을 이렇게 높이 끌어올린 사람도 없 을 것이다. 맹자는 백성을 아끼지 않는 이런 통치자를 가장 하잘 것없는 존재라면서 아예 없애야 한다고 일갈했다. 맹자의 호통이 새삼스럽다.

사람에게 부끄럽지 않으면
하늘조차 무섭지 않다.

不愧于人, 不畏于天 (불괴우인, 불외우천)

이 시는 자신을 배반한 사람을 원망한 내용이라 하는데, 이 구절이 나오는 관련 대목은 이렇다. "저 사람은 어떤 사람이기에 내 뜰 안을 지나면서, 그 목소리만 들릴 뿐 그 모습 보지 못하게 하나? 사람들에게 부끄럽지 않나, 하늘이 두렵지 않나?" 彼何人斯, 胡逝我陳. 我聞其聲, 不見其身. 不愧于人, 不畏于天 여기의 마지막 대목이 사람으로서 언행이 정정당당하고 떳떳하면 그 무엇도 무서울 것이 없다는 뜻으로 변했다. 그래서 현자들은 자신이 정당하면 설사 일이 잘못되거나 뜻한 대로 일이 풀리지 않아도 하늘을 원망하지 않고 남 탓을 하지 않았다.

이렇듯이 예로부터 중국인은 '愧'(괴)라는 글자를 척도로 삼아 자신의 언행을 점검하곤 했다. 지식인이나 리더는 특히 그랬다. 심지어 '괴'를 문명의 척도로까지 생각하여 이에 대해 진지하게 탐구하기도 했다. 말하자면 부끄러워할 줄 아는 사람과 그렇지 못한 사람의 경계와 차이에 대한 진지한 성찰을 해 온 것이다. 오늘날 우리가 배워야 할 참으로 소중한 동양적 가치이자 전통이 아닐 수 없다.

남을 잘 관리하는 사람은
먼저 자기 관리를 잘하는 사람이다.

善治人者, 能自治者也(선치인자, 능자치자야)

한나라 때 환관이 정리한 정책 토론집인 『염철론』에는 한나라 무제 때의 정책에 대한 논쟁뿐 아니라 통치 방략이나 리더십과 관련하여 경청할 만한 대목이 적지 않다. 이 구절의 관련 대목을 함께 소개하면 이렇다. "자기 관리를 잘 못하면서 남을 잘 관리하는 사람은 없다. 따라서 남에게 잘하는 사람은 자신에게도 잘하는 사람이고, 남을 잘 관리하는 사람은 먼저 자기 관리를 잘하는 사람이다."

명의는 병난 곳을 잘 고치는 의사이다. 마찬가지로 정치의 폐단을 바로잡는 사람은 반드시 그런 폐단을 일으킨 근원을 찾아낼 줄 안다. 폐단의 원인을 찾아낼 줄 알아야 예방할 수 있기 때문이다. 병의 원인을 모르면 아무리 좋은 약을 써도 무효하듯이, 폐단의 근원을 찾아내지 못하면 허구한 날 땜질 처방에 급급해질 뿐이다. 개인도 마찬가지다. 자기의 장단점이 무엇인지, 특히 자신의 잘못이 무엇 때문에 생겼는지를 정확하게 파악해야 같은 실수를 반복하지 않을 수 있다. 리더는 더욱 그렇다. 자기 관리를 잘하는 리더는 무엇보다 자신의 실수와 잘못을 있는 그대로 인정할 줄 안다.

어떤 행동이 기대한 효과를 얻지 못하면
자기 자신에게 원인이 없는지 돌아보라.

行有不得者, 皆反求諸己 (행유부득자, 개반구제기)

무슨 일이든 우선은 자신에게 무슨 문제가 없는지, 또는 일이 되지 않는 원인이 자신에게 있는 것은 아닌지를 점검하라는 말이다. 그러면서 맹자는 "그 몸이 바르면 천하 사람이 그를 따르게 된다."라고 말한다. 옛사람은 '자신을 돌아본다.'라는 뜻의 '반신' 反身이란 단어로 자기 자신을 성찰하고, 모자란 것이 있거나 잘못한 것이 있으면 더 노력하고 뉘우치면서 같은 잘못을 반복하지 않기 위해 애썼다. 그것이 자신과 가정과 사회에 누를 덜 끼치는 최소한의 수양이라고 생각했기 때문이다. 이런 '반신'이나 '반성'의 과정이 따르지 않으면 사회의 도덕이 무너지고 나아가 나라 전체가 나쁜 기풍에 감염되어 극심한 혼란을 초래한다. 옛사람이 수신修身과 수양의 문제를 논할 때 늘 특별히 자성自省을 강조했던 까닭도 여기에 있다. 이것이 전통적인 동양의 사회적 책임감이라 할 수 있다. 서양이 주로 사회적 기제機制를 통해 개개인의 실수와 잘못을 견책하거나 통제한다면 동양은 철저히 개인의 반성과 자성에 무게를 두어 왔다. 동서양의 가치관 차이겠지만, 인간의 본질을 염두에 둔다면 개개인의 철저한 반성과 자성이 선행되어야 할 것 같다.

두견새의 울음소리

不如歸(불여귀)

두견새의 울음소리를 나타내는 이 의성어는 '불여귀거'不如歸去라고도 한다. 송나라 때 사람 매요신梅堯臣의 「두견」이란 시에 '불여귀거'란 구절이 보이며, 그 밖에 여러 기록에 두견새와 관련된 설화가 나온다. 또 두견새 전설은 강물에 떠내려온 자라의 정령에게 홀려 딸까지 주는 등 지나친 총애를 퍼붓다가 임금 자리에서 쫓겨난 촉나라의 망제望帝와도 연관이 있다. 하루아침에 나라를 빼앗기고 타국으로 쫓겨난 망제는 촉나라로 돌아가지 못하는 자기 신세를 한탄하며 온종일 울기만 했다. 망제는 끝내 울다가 지쳐 죽었는데, 한 맺힌 그의 영혼은 두견이라는 새가 되어 밤마다 '불여귀'不如歸(돌아가고 싶다는 뜻)를 부르짖으며 목구멍에서 피가 나도록 울었다고 한다. 훗날 사람들은 이 두견새를 망제의 죽은 넋이 화해서 된 새라 하여 '촉혼'蜀魂이라 불렀으며, 원조怨鳥·두우杜宇(망제의 이름)·귀촉도歸蜀途·망제혼望帝魂 등으로도 불렀다. 숙부 수양대군에 의해 쫓겨났다가 살해당한 단종은 영월의 적막한 귀양지에서 두견새의 슬피 우는 소리를 듣고 자신의 처지를 슬퍼하여 "궁중에서 쫓겨난 원한의 두견새여."로 시작하는 시를 남겼다.

둘도 없다.

無雙(무쌍)

흔히 '천하무쌍'이란 말들을 한다. 천하에 둘도 없다는 뜻이다. 항우를 물리치는 데 결정적인 공을 세운 한신韓信을 두고 소하蕭何는 일찍이 '국사무쌍'國士無雙이라고 표현했다. 한신을 '온 나라를 통틀어 둘도 없는 인재'로 지목한 것이다. 『동관한기』에 보면 황향黃香은 열두 살 나이에 온갖 서적을 독파한 천재로 이름을 떨쳤는데, 먹고 입을 것이 없을 정도로 가난했지만 주위의 도움조차 뿌리칠 만큼 지조 또한 대단했다. 황제가 이런 이야기를 듣고 황향에게 『회남자』와 『맹자』를 내려 주면서 동관東觀에 와서 읽지 못한 책을 읽도록 특별히 배려했다. 그러면서 황제는 황향을 "천하무쌍, 강하황동"天下無雙江夏黃童이라며 칭찬을 아끼지 않았다. '천하에 둘도 없는 강하 지방의 황 어린이'란 뜻이다. 송나라 때 문인 황정견黃庭堅은 이 고사를 두고 "조서를 내려 무쌍에게 동관에 와서 보지 못한 책을 보도록 허락하셨네."라는 시를 남기기도 했다. 황향과 관련한 이 고사는 '무쌍'無雙, '무쌍황동'無雙黃童, '강하무쌍'江夏無雙, '강하황동'江夏黃童, '황동'黃童, '무쌍사'無雙士 등 재능이 출중한 인재를 비유하는 숱한 파생어를 만들어 냈다.

농담하며 고기를 베어 내다.

詼諧割肉 (회해할육)

삼천갑자三千甲子 동방삭은 장수의 대명사에다 훗날 도교의 신으로까지 추앙된 기이한 인물이다. 물론 실존 인물이다. 한나라 무제 때 특유의 유머와 익살 그리고 풍자로 조야의 인기를 한 몸에 받았다. 최근 중국의 한 드라마에서는 동방삭을 무제의 멘토로 묘사하기도 했다. 동방삭의 기행은 곳곳에 기록이 남아 있는데, 황제가 상으로 내린 고기를 멋대로 베어서는 어깨에 들쳐 메고 나가 저잣거리 술집에서 여자들과 함께 나눠 먹은 일화가 특히 유명하다.

당시 조정의 법에 따르면 황제가 하사한 고기는 반드시 담당 관리가 나누어 주도록 되어 있었다. 그러나 관리를 기다리는 것이 귀찮았던 동방삭은 자신의 칼로 고기를 슥 베어 가지고 나가 버렸다. 조정의 여론이 들끓었지만 동방삭은 여유만만하게 자신의 행동을 유머러스하게 비호하여 무제를 웃게 만들었다. 물론 어떤 처벌도 없었다. 그래서 훗날 '회해할육'詼諧割肉은 누군가의 은총을 듬뿍 받는 것을 비유하는 성어가 되었다. 동방삭은 최고 권력자 무제를 비판하는 바른말도 서슴지 않았다. 그는 유머와 풍자로 시대의 부조리와 권력자의 탐욕을 비꼰 올곧은 지식인이었다.

닭과 개조차 편치 않다.

鷄犬不寧(계견불녕)

당나라는 중기에 환관이 권력을 농단하고 군벌이 할거하는 통에 하루도 편할 날이 없었다. 통치자는 늘어나는 군비와 권력 유지를 위해 백성을 죽어라 쥐어짰고 뜻있는 사람은 박해를 받았다. 유명한 문인 유종원도 변방으로 좌천되었다. 그는 백성의 비참한 생활상에 충격을 받아 '뱀 잡는 사람 이야기'라는 뜻의 「포사자설」捕蛇者說이란 글을 써서 당시 상황을 폭로했다.

이 사람은 삼대째 뱀 잡는 일을 가업으로 이어 오고 있었는데 할아버지와 아버지가 모두 독사에 물려 죽는 비극을 겪고도 그 일을 버리지 못하고 있었다. 그 까닭을 물었더니 농사짓는 것보다 낫기 때문이라는 대답이 돌아왔다. 농사를 지으면 관리들이 허구한 날 쳐들어와 갖은 명목으로 세금을 뜯어 가는 통에 '닭과 개조차 편할 날이 없어' 결국은 도망가거나 이사를 가야 한다는 것이었다.

이렇게 해서 '계견불녕'鷄犬不寧은 요란하고 지독하게 소란을 떨거나 사납게 행동하는 것을 형용하는 성어가 되었다. 이 때문에 당사자는 물론 주변까지 피해를 당하는 것을 비유하기도 한다.

시에 갇힌 죄수

詩囚(시수)

시선詩仙이란 단어는 들어 보았어도 '시수'詩囚란 단어는 생소할 것이다. 당나라 시기는 말 그대로 '시詩의 시대'였고, '당시'唐詩는 당나라의 대명사가 되었다. 그만큼 많은 시인과 시가 출현했다는 반증이다. 그 숱한 시인 가운데에서도 맹교孟郊와 가도賈島는 대단히 특이했다. 이들은 시를 창작하느라 공무公務를 잊는 것은 물론 자신을 학대하기까지 했다. 생활이 어렵고 힘든 것은 말할 것도 없었다. 시 때문에 삶이 고단했던 것이다. 그렇게 창작된 시도 어두웠다. 마치 감옥에 갇힌 죄수처럼 말이다. 그래서 후대 사람들은 이들을 두고 '시수'라 표현했다.

원나라 때 문인 원호문元好問도 「논시」論詩에서 "맹교의 궁핍과 시름은 죽어서도 쉬지 못하니, 이 높고 넓은 천지에서 시에 갇혔구나."東野窮愁死不休, 高天厚地一詩囚라고 했다. 가도는 글자 하나하나를 다듬고 또 다듬어 '퇴고'推敲라는 유명한 일화를 남겼다. '시수'는 고통스럽게 시를 창작하는 시인을 비유하는 특별한 단어가 되었다.

털을 불어서 흠을 찾아내다.

吹毛求疵(취모구자)

한비자는 정치란 큰 틀을 장악하고 법도에 따라 사람을 이끌어야 한다고 말했다. 도가道家의 냄새가 다분하다. 한비자의 말을 좀 더 들어 보자. "털을 불어서 작은 흠을 찾아내서는 안 되며, 더러운 때를 씻어 내면서까지 찾기 어려운 병을 찾아내서도 안 된다. 목수는 나무를 자를 때 먹줄선 밖을 잘라도 안 되고, 먹줄선 안으로 잘라도 안 된다. 법도의 한계 너머까지 다그쳐서도 안 되며, 그 한계 안에서는 해이해져서도 안 된다." 不吹毛而求小疵, 不洗垢而察難知. 不引繩之外, 不推繩之內. 不急法之外, 不緩法之內

'취모구자'吹毛求疵는 우리가 흔히 하는 말 중에 '털어서 먼지 내는' 것과 같은 맥락이다. 일부러 흠을 잡으려 하거나, 도발하여 실수하게 만들어 약점을 찾는 것을 비유한다. 인간은 실수의 동물이다. 동시에 그 실수를 반복하지 않으려고 노력할 줄 안다. 지나간 작은 실수까지 들춰내서 현재를 단정하려고 기를 쓰는 일이 너무 많다. 그 사람의 과거를 보는 것도 중요하지만 현재의 모습에 근거하여 보호해 줄 것은 보호해 주는 풍토가 아쉽다. 상처를 들쑤시면 덧나기 마련이다.

무리를 해치는 말

害群之馬 (해군지마)

전설 속 제왕으로 중국 사람의 시조로 추앙받는 황제黃帝와 관련한 일화다. 황제가 순시를 나갔다가 양성이란 곳에서 길을 잃어, 지나가는 어린 목동에게 길을 물었다. 다부지게 대답하는 목동이 기특하여 황제는 천하를 다스리는 이치를 물었다. 목동은 웃으면서 이렇게 말했다. "전에 산수를 유람하다 병이 났습니다. 한 선배께서 밖을 유람할 때는 해가 뜨면 나가고 해가 지면 돌아와 쉬는 것에 주의해야 한다고 했습니다. 천하를 다스리는 이치도 이와 같다고 생각합니다." 황제가 천하를 다스리는 방법을 묻자 목동이 사양하다 대답했다. "말을 방목하는 것과 다를 바 없을 것입니다. 무리를 해치는 말만 내쫓으면 나머지 말은 별 탈 없이 잘 지낼 수 있습니다." 황제는 목동을 하늘이 내리신 스승이란 뜻에서 '천사'天師라 부르며 공손하게 몇 번이나 절을 한 다음 길을 떠났다. 목동의 이야기를 조직과 정치에 적용하면, 리더의 눈과 귀를 가리고 리더의 권위를 사칭하여 조직원을 해치는 간신배를 내치면 된다는 말이다. 그러려면 리더 자신이 밝아야 한다. 옛사람들은 이를 '명기'明己라 했다.

최항과 최해가 의기투합하다.

沆瀣一氣(항해일기)

송나라 사람 왕당王讜이 편찬한 『당어림』唐語林에 나오는 이야기다. 당나라 희종 때 장안에서 시행된 과거에 전국 각지의 인재가 앞을 다투어 올라와 응시했다. 고시생 중에 최해崔瀣는 학문이 매우 뛰어난 인재로 급제를 자신했다. 주시험관 최항崔沆은 최해의 문장을 보고는 한눈에 최해의 재능을 간파하고 당장 그를 급제자 명단 맨 위에 올렸다. 당당히 급제한 최해는 관례에 따라 주시험관인 최항, 즉 은사恩師에게 인사를 하고자 그를 찾아갔다. 좌주座主(시험관) 최항은 문생門生(급제자) 최해를 보고 같은 최씨라는 사실에 더욱 기뻐했다. 게다가 이름인 '항'과 '해'를 합치면 좋은 뜻의 단어가 되었다. 이에 사람들은 이 두 글자를 합쳐 '좌주문생, 항해일기'座主門生, 沆瀣一氣라는 두 구절을 만들어 서로 의기투합하는 사람이 한곳에 모였다는 것을 비유하는 성어로 사용했다. 우리가 흔히 하는 '찰떡궁합'이란 말이 이와 비슷한 느낌을 준다.

좋은 게 좋은 선생

好好先生 (호호선생)

동한 말기 사마휘司馬徽는 인재를 알아보는 눈이 남달랐다. 그가 추천한 유명한 인물이 다름 아닌 삼국 시대를 주름잡은 제갈량諸葛亮과 방통龐統이었으니 두말할 필요가 없다. 이 두 사람은 훗날 유비의 책사가 되어 큰 역할을 했다. 당시 정치 정세가 어지러웠기에 사마휘는 시골에 은거하여 인재를 기르는 일에 전념했다. 그런데 그는 무슨 일에 대해 자신의 생각이나 의견을 제시해야 할 때면 좋다 나쁘다가 아니라 늘 '좋다.'라고만 했다. 사람들은 그런 그를 '호호선생'이라 불렀다.

어느 날 사마휘가 길에서 옛 친구를 만났다. 친구는 사마휘의 근황을 물었고 사마휘는 당연히 '좋다.'라고 답했다. 얼마 뒤 한 친구가 사마휘를 찾아와 자기 아들이 불행히 일찍 세상을 뜬 이야기를 했다. 사마휘는 이런 좋지 않은 이야기를 듣고도 "아주 좋아."라고 말했다. 친구가 간 뒤 그의 아내가 사람이 어찌 그럴 수 있느냐며 나무라자 사마휘는 "좋아! 당신 말은 더 좋아."라며 태연해했다. 난세를 그런 식으로 헤쳐 나간 사마휘였다. 이 이야기는 풍몽룡馮夢龍의 『고금담개』古今譚概에도 나온다.

수레바퀴 자국에 괸 물의 붕어

涸轍之鮒(학철지부)

명예와 이익에 관심이 없어 가난했던 장자가 감하후監河侯라는 사람에게 양식을 빌리러 갔다. 양식을 빌려 주기 싫었던 감하후는 녹봉을 받으면 은자 삼백 냥이라도 빌려 주겠다고 했다. 감하후의 속내를 눈치 챈 장자가 감하후에게 이런 이야기를 들려주었다.

전날 장자가 길을 가는데 어디선가 살려 달라고 외치는 목소리가 들렸다. 주위를 둘러보았더니 수레바퀴가 지나간 자리에 고인 물에 사는 붕어였다. 붕어는 물이 다 말라 죽게 생겼으니 물 한 바가지만 갖다 달라고 했다. 그래서 남쪽의 오나라와 월나라 국왕을 설득하여 장강의 물을 퍼서 주면 어떻겠느냐고 했다. 그랬더니 붕어란 놈은 물 한 바가지면 충분히 살 수 있는데 그 따위로 말하다니 차라리 말라 죽어 건어물이 되거든 생선 가게에서 자기를 찾는 것이 더 빠르겠다며 버럭 성을 냈다. 이야기를 마친 장자는 감하후를 한심하다는 듯이 쳐다보고는 뒤도 돌아보지 않고 자리를 떴다. 당장 들어줄 수 있는 작은 부탁을 거절하려고 꼼수를 부린 감하후를 우화로 비꼰 것이다. '학철지부'涸轍之鮒는 당장 도움이 필요할 정도로 급한 곤경에 처한 사람을 비유하는 성어다.

닭과 벌레의 득실

鷄虫得失(계충득실)

당나라 때 시인 두보가 기주에서 살고 있을 때의 일이다. 집에 닭을 몇 마리 기르고 있었는데 어느 날 하인이 닭을 꽁꽁 묶어 시장에 내다 팔 준비를 하고 있었다. 닭은 두려움에 온몸을 퍼덕이며 울어 댔다. 두보가 하인에게 자초지종을 물었다. 이 닭이 벌레를 쪼아 먹는 모습을 본 집안사람들이 닭에게 힘없이 먹히는 작은 벌레를 가여워해 닭을 내다 팔기로 했다는 것이다. 그 이야기를 들은 두보는 그들이 가련한 벌레만 알고 팔린 닭이 직면하게 될 운명은 생각하지 못하는 것인가 싶었다. 왜 작은 벌레에게는 은혜를 베풀려 하면서 닭에게는 각박하게 대한단 말인가? 닭을 풀어 주게 한 두보는 문득 닭을 살리자니 벌레가 죽고 벌레를 살리자니 닭이 죽는다는 생각이 들었다. 그리하여 착잡한 마음에 산 위의 누각에 올라 서늘한 강바닥을 내려다보면서 당시의 불안한 사회상을 떠올렸다. 그리고 한숨을 내쉬며 「박계행」이란 시를 남겼다. 그 뒤 '계충득실'鷄虫得失은 중요한 것과는 무관한 아주 작은 득실을 비유하는 성어가 되었다.

줄곧 사이가 좋지 못하다.

積不相能(적불상능)

왕망王莽이 세운 신나라가 갖은 모순과 폐단으로 불과 십 년 만에 무너졌다. 각지에서 봉기가 일어났고, 한나라 황실의 일족인 유현劉玄도 한 왕조의 부흥을 외치며 일어났다. 점쟁이 출신의 왕랑王郎이란 자도 한 왕조의 후손임을 사칭하며 한단을 기반으로 황제를 자칭했다. 유현은 사궁謝躬을 보내 왕랑을 치게 했는데 사궁의 공격이 지지부진하자 다시 유수劉秀에게 지원하게 하여 한단을 점령했다. 그런데 사궁과 유수는 지금까지 줄곧 사이가 좋지 않았고 사궁은 툭하면 유수를 공격했다. 이제 두 사람의 군대가 함께 한단에 주둔하고 있으니 뭔 일이 벌어질 판이었다. 사궁은 유수를 깔보았고, 유수는 차분히 기회를 기다렸다. 사궁의 아내가 이런 상황을 간파하고는 사궁에게 유수를 미리 방비하라고 충고했으나 사궁은 아내의 충고를 듣지 않았다. 그 뒤 유수는 사궁에게 함께 봉기군을 공격하자고 제안했고, 사궁은 별 생각 없이 이 제안에 응했다가 참패를 당하고 끝내는 피살되었다. 사궁은 유수의 허허실실 계략에 말렸던 것이다. '적불상능'積不相能은 오랫동안 반목해 도저히 화해할 수 없는 사이를 말한다. 이런 사이라면 경계의 끈을 늦추어서는 안 된다.

다른 사람의 울타리 아래에 의지하다.

寄人籬下 (기인리하)

남제 시대에 장융張融이란 지식인이 있었다. 키도 작고 못생긴 데다 성격까지 괴팍하여 늘 사람들이 수군거렸지만 그는 아랑곳하지 않았다. 소도성蕭道成은 황제가 되기 전부터 장융과 친하게 지내며 누구보다 그의 재능을 인정했고 그 뒤 남제 정권을 세워 황제가 되었지만 장융과는 격 없이 잘 지냈다. 장융 또한 거침없이 황제 앞에서 바른말을 했다. 두 사람은 황제와 신하라는 벽을 허물고 수시로 시국과 학문과 예술에 관해 토론했다.

한번은 소도성이 장융의 글씨를 왕희지, 왕헌지王獻之 부자와 비교하며 그가 조금 부족한 것 같다고 비평했다. 그러자 장융은 그 두 사람이 자기보다 부족하다고 해야 옳지 않겠느냐고 응수했다. 소도성은 크게 웃으며 다시는 비교하지 않았다. 장융은 글을 지을 때 늘 자신의 스타일을 강조하면서, "사내대장부라면 공자가 『시경』과 『상서』를 편찬하고 예악禮樂을 제정했듯 자기만의 독특한 개성을 창조해야지 다른 사람의 울타리 아래 빌붙어야겠는가." 라고 했다. 여기서 개성 없이 남을 따라하거나 의지한다는 '기인리하'寄人籬下라는 성어가 비롯되었다.

극단적 고통에 이르면 모든 것을 초월한다.

艱苦卓絶(간고탁절)

소옹邵雍은 송나라 때의 이름난 철학가이자 성리학의 대가였다. 어렸을 때 집안이 가난하여 생활이 팍팍했지만 뼈를 깎는 노력으로 책을 읽고 지식을 연마했다. 젊은 소옹은 자신의 큰 뜻을 펼치고 공명을 세우길 강렬하게 희망해 읽지 않은 책이 없었다. 독서를 시작할 때는 정말이지 지독한 각오로 자신을 채찍질해서 겨울에는 화로를 피우지 않았고 여름에는 부채를 들지 않았다. 그 뒤 소옹은 자신의 공부에 회의를 품고 바깥세상으로 나가 천하를 주유하기도 했으나 결국은 다시 돌아와 출입을 끊은 채 학문에 정진했으며 관직에도 나아가지 않았다. 당시 공성령으로 있던 이지재李之才는 소옹의 이런 엄격한 학문 자세에 감동하여 자신이 평생 배운 『하도』河圖, 『낙서』洛書, 『팔괘』와 『64괘』를 하나하나 소옹에게 전수했고, 소옹은 이루 말할 수 없는 고통을 견뎌 내며 일체를 초월하는 정신으로 당대 최고의 학자로 성장했다. '간고탁절'艱苦卓絶은 원래 '지독한 각오로 자신을 채찍질한다.'라는 뜻의 '견고각려'堅苦刻勵에서 변화된 성어로, 뜻은 같다.

渡浙江問舟中人

潮落江平未有風
扁舟共濟與君同
時時引領望天末
何處靑山是越中

절강을 건너면서 배 안에 있는 사람에게 물었네

— 맹호연(孟浩然)*

썰물에 강물은 평소대로 흐르건만 바람 일지 않고
조각배로 너와 함께 건너는구나.
때때로 목을 빼어 저 먼 곳을 바라보니
어느 곳이 월나라의 청산이런가?

* 당나라 때의 시인으로 맹자의 후손으로 자처하며
늦게까지 고향에서 공부에 힘쓰다가 40세 무렵 과거에
응시했으나 떨어졌다. 장안에 머무르며 여러 사람과
교류하였지만 뜻을 얻지 못하고 고향에 돌아와 은둔
생활을 하였다. 만년에 재상 장구령(張九齡)의 부탁으로
잠시 그 밑에서 일한 것 이외에는 관직에 오르지 못한 채
불우한 일생을 마쳤다. 도연명(陶淵明)을 존경하여
고독한 전원생활을 즐기고 자연의 한적한 정취를 사랑한
작품을 남겼다. 그의 시는 자연으로부터 터득한 진리를
매우 담담한 필치로 표현했으며 이를 통해 무한한 시적
정취를 풍긴다는 평을 받는다.

(일을) 성공시킬 수 있는 재능도
신속함이 중요하다.

才能成功, 以速爲貴 (재능성공, 이속위귀)

『유자』는 남북조 시대 남조의 양나라 유협劉勰이 지었다고 하는 책이다. 이 대목은 "정책을 수립하고 결정하는 충분한 지혜를 가졌더라도 민첩함이 필요하다."智能決策, 以疾爲奇라는 구절로 이어진다. 다 같은 재능, 비슷한 지혜를 가졌더라도 기회를 제대로 잡아 과감하게 결정을 내리고 신속하게 일을 추진하지 못하면 결과에서 큰 차이가 난다. 즉 승부와 성과의 갈림길이 기회와 속도에 있다는 말이다. 재능과 지혜의 운용에서는 기회를 잡는 것이 중요하다는 지적이기도 하다.

중요한 정책을 세워 결정하고 실행할 때 근본을 버리고 요령만 뒤쫓는 단견短見은 절대 금물이다. 마찬가지로 머뭇거리는 행동이나 무조건 여러 사람의 의견에 따르는 무소신과 어중간한 태도 또한 피해야 한다. 한번 기회를 놓치면 다시 계획을 수립하기가 아주 어렵거나 아예 시행할 수조차 없는 사업이나 정책이 있기 때문이다. 따라서 이 구절은 사업이나 정책의 성격과 정책을 정확하게 알고 있어야 한다는 전제를 깔고 있는 명구이기도 하다.

자신을 살피면 다른 사람을 알 수 있다.

察己則可以知人 (찰기즉가이지인)

이어지는 대목은 "지금을 살피면 과거를 알 수 있다."察今則可以知古
이다. 흔히 과거를 살피면 현재를 알 수 있다고 하지만, 여기서는
현재를 살펴 과거를 유추하라고 권한다. 어느 쪽이나 다 필요한
자세이다. 이 두 구절은 사물이나 사람을 판단하기에 앞서 자신
의 현재 모습을 살핀 다음 미루어 유추하는 자세를 가지라고 말한
다. 여기서 살핀다는 의미의 '察'(찰)은 참 속뜻이 깊은 말이다. 겉
뿐 아니라 속도 들여다본다는 뜻까지 담고 있다. 길을 잘 살피면
돌부리에 걸려 넘어지거나 하는 사고를 막을 수 있듯이, 자신을
잘 살피면 내 언행이 타인에게 어떤 영향을 주는지를 알아 조심하
게 된다. 나아가 다른 사람의 언행이 갖는 의미에 대해서도 바르
게 인식하여 내 언행을 더욱 조심하게 되는 것이다. 과거를 미루
어 현재를 아는 것도 중요하지만, 지금의 언행을 잘 살피면 과거
의 모습까지 알아서 지금의 나를 반성하는 자료로 삼을 수 있다는
말이다. 현재가 과거의 그림자라면, 과거는 현재를 비추는 빛이
다. 그래서 『여씨춘추』를 지은 사람들은 "과거와 현재가 하나이
고, 남과 내가 같을 따름이다."古今一也, 人與我同耳라고 말했다.

큰 명성 아래서는
오래 머물기 힘들다.

大名之下, 難以久居 (대명지하, 난이구거)

물러날 때를 잡지 못하고 머뭇거리며 세속의 명예와 부귀에 목을 매다가 씁쓸하고 비참한 말로를 맞이한 사람은 역사에서 헤아릴 수 없이 많다. 그래서 사마천은 『사기』 곳곳에서 잘 물러나라고 충고한다. "성공 밑에 오래 있어서는 안 된다."成功之下, 不可久處 등과 같은 대목이다. 유방을 도와 항우를 물리치는 데 큰 공을 세운 장량의 사당 큰 바위에는 큼지막하게 새겨진 "知止"(지지)라는 글자가 있다. '멈출 줄 알아라!'라는 뜻이다. 인생의 브레이크를 잘 밟으라는 말로 들린다.

지금 우리 사회는 온통 노욕老慾으로 가득 차 있는 것 아닌가 할 정도로 병들어 있다. 인생의 막바지에 접어든 늙은이가 헛된 명성과 부귀 그리고 알량한 권력을 끝까지 붙들겠다고 발버둥을 치는 모습을 보노라면 정말이지 큰 걱정이 아닐 수 없다. 나이가 들어서도 얼마든지 많은 일을 할 수 있다. 하지만 그 일이 남의 자리를 빼앗거나 남을 부리거나 남에게 행세를 하기 위한 것이라면 얘기는 달라진다. 문득 나이가 든다는 것은 멋이 든다는 것이란 광고 문구가 뇌리를 스친다. 멋진 늙은이의 씨가 말랐다.

향을 넣은 물고기라도 시장에 나가면
원래 향기마저 비린내에 파묻힌다.

帶香入鮑肆, 香氣同鮑魚 (대향입포사, 향기동포어)

당나라 때 사람 조업曹鄴이 쓴 「잡계」라는 시의 한 구절이다. 그 뜻
이 깊어 여운이 한참 남는다. 이와 유사한 말로 "붉은 것을 가까이
하면 붉어지고, 검은 것을 가까이하면 검어진다."近朱者赤, 近墨者黑가
언뜻 떠오른다. 그래서 우리 선인들은 "까마귀 노는 곳에 백로야
가지 마라."라며 경계했던 모양이다.

좋은 사람도 나쁜 자와 어울리면 악습에 물들 수밖에 없다는 지
적인데, 너무 소극적인 사고방식이라는 생각이 든다. 자고로 선과
악의 대립은 인간사의 절대 명제였다. 우리는 늘 선이 끝내는 승
리한다며 우리 자신을 위안해 왔지만 현실은 그 반대인 것 같다.

한편 이 대목은 이런 단순한 경고의 차원을 뛰어넘어 리더에 대한
신랄한 풍자로도 들린다. 리더가 제아무리 순수하고 깨끗해도 그
가 부리는 자들이 더럽고 사악하다면 결국 리더 자신도 그 추악함
에 묻힐 수밖에 없다는 뜻이 아니겠는가?

흥하는 리더는
남이 말해 주지 않을까 걱정한다.

將興之主, 惟恐人之無言 (장흥지주, 유공인지무언)

명나라 때 사람 방효유方孝孺가 남긴 천고의 명언이다. 방효유는 명나라 성조 주체朱棣의 왕위 찬탈을 끝까지 반대하다 십족十族을 멸하는 끔찍한 화를 당한 직신直臣의 대명사다. 그렇다면 망하는 리더는 어떤 리더일까? 방효유는 이 구절에 이어 "망하는 리더는 남이 무슨 말을 할까 걱정한다."將亡之主, 惟恐人之有言라고 꼬집는다. 바른말과 옳은 대책, 정확한 대안 제시 등을 거부하는 리더는 결국 망할 수밖에 없다는 뜻이다.

전통적으로 바른말을 받아들이는 것을 '납간'納諫이라 하여, 리더십의 중요한 덕목으로 꼽는다. 그래서 예로부터 훌륭한 리더는 납간을 매우 중시했다. 무정武丁을 도와 은나라를 중흥시킨 부열傅說은 "사람이 많이 듣고자 하면 일을 성사시킬 수 있다."라고 했고, 당나라 태종은 "두루 들으면 현명해지고, 치우쳐 믿으면 어리석어진다."라는 위징의 말을 좌우명으로 삼았다. 방효유는 한 걸음 더 나아가 이 납간에 따라 한 나라가 흥할 수도 망할 수도 있다고 본 것이다.

큰 나무가 백 장씩 자랄 수 있는 것은
그 뿌리가 깊고 깊기 때문이다.

大木百尋, 根積深也 (대목백심, 근적심야)

당나라 때 사람 마총馬總이 편찬한 『의림』에 실린 『당자』唐子의 한 구절이다. 이 대목 뒤로 "바다가 그렇게 깊은 것은 모든 하천이 모여서 흐르기 때문이다."滄海萬仞, 衆流成也라는 구절이 이어진다. 이 부분은 이사李斯가 진 시황에게 올린 「간축객서」諫逐客書의 "강과 바다는 자잘한 물줄기를 가리지 않기에 그렇게 깊은 것입니다."河海不擇細流, 故能就其深라는 문장을 떠올리게 한다.

뿌리가 깊어야만 하늘을 가릴 정도의 큰 나무로 자랄 수 있듯이, 훌륭한 인재 하나가 탄생하기 위해서는 주위의 많은 격려와 자신의 노력이 오래 쌓여야만 한다. 공부도 사업의 성공도 마찬가지 이치일 것이다. 아이 하나를 제대로 길러 내기 위해서는 온 마을이 필요하다는 속담이 있듯 주위의 따뜻한 관심과 그 관심에 부응하는 노력의 과정에서 바른 인재가 자라나는 것이다. 서로 이기려고 수단과 방법을 가리지 않는 풍토에서는 결코 인간다운 인재가 나올 수 없다.

영척이 소를 먹이다.

寧戚飯牛〈영척반우〉

부열傳說의 판축版築과 함께 '판축반우'版築飯牛라는 고사성어를 남긴 영척寧戚은 세상에 나오기 전 소를 키우며 시골에서 살았다. 그는 세상 모두가 제나라 환공의 패업을 칭송할 때 '요순을 만나지 못했도다.', '밤이 길어 새벽이 오지 않는다.'라며 환공의 업적을 깎아내렸다. 환공이 그 까닭을 묻자 제후의 배반이 잇따르며 군대 동원이 계속돼 백성의 부담이 가중되는데 무슨 업적이냐며 대놓고 직언했다. 좌우에서 영척을 잡아 죽이려 하자 영척은 "걸桀은 관용봉關龍逢을, 주紂는 비간比干을 죽였다. 지금 이 영척이 세 번째가 되겠구나."라고 탄식했다.

이 말에 정신이 버쩍 난 환공이 그를 풀어 주고 예를 갖추어 대하자 영척은 관중管仲의 추천서를 꺼냈다. 왜 진작 보여 주지 않았느냐고 환공이 묻자 영척은 "신이 듣자 하니 현명한 군주는 인재를 선택하여 보좌하게 하고, 현명한 신하는 군주를 선택하여 보좌합니다."라며 군주가 직언을 싫어하고 아부만 좋아하여 신하를 홀대한다면 죽어도 추천서를 내놓지 않았을 것이라고 했다. 리더만 인재를 선택하는 것이 아니다.

아첨하는 무덤

諛墓(유묘)

당나라 때 시인 이상은李商隱의 문집에 나오는 일화다. 당대 최고의 문장가 중 한 사람으로 명성을 떨친 한유는 그 문장력으로 인해 많은 청탁을 받았다. 특히 돈깨나 있고 힘깨나 쓰는 집안에서는 비문, 즉 묘비명을 청탁하는 일이 많았다. 그런데 묘비명을 짓는 대가가 만만치 않아 금덩이를 싸 가지고 한유를 찾는 사람까지 있었다고 한다. 한유가 죽은 사람을 칭찬하는 아부성 문장에 아주 능숙했기 때문이다. 이왕 죽고 없는 사람에게 험한 말보다야 칭송하는 말이 낫겠지만 한유의 칭송 일변도 묘비명은 그 정도가 지나쳤던지 후대 문인에게 두고두고 '유묘'諛墓라는 조롱거리를 제공했다.

예나 지금이나 돈과 권력을 가진 자에 대한 비굴한 자세는 다를 바가 없는 모양이다. 독립운동에 몸을 바친 열사는 국립묘지로 가지 못하는데 친일 하고 독재한 나쁜 자는 버젓이 국립묘지의 명당을 차지하고 있는 우리 현실이 '유묘' 조성에 열을 올렸던 그때 그 풍조보다 하나 나을 게 없다.

개혁은 철저할수록
백성에게 이롭다.

變古愈盡, 便民愈利(변고유진, 편민유리)

청나라 말기의 개혁 사상가 위원魏源이 남긴 명구이다. 좀 더 쉽게 풀이하자면, 낡고 불합리한 제도에 대한 개혁은 철저하면 철저할수록 백성에게는 그만큼 더 이롭다는 정도가 될 것이다. 역사상 수많은 개혁이 시도되었지만 성공한 개혁은 극히 드물었다. 그래서 개혁이 혁명보다 더 어렵고 힘들다는 자조 섞인 푸념까지 나왔다. 위원도 이런 사실을 통감하여 이런 명구를 남긴 것이다.

역사적 사실은 분명히 보여 준다. 철저히 개혁한 자만이 역사의 승리자가 되었고, 어설프게 개혁한 자는 결국은 쇠퇴했으며, 개혁을 거부한 자는 예외 없이 역사의 무대에서 퇴장당했다는 것을. 개혁은 어떤 개혁이 되었건 큰 뜻이 백성의 이익에 있어야 한다는 점도 역사는 생생하게 비춰 준다. 그리고 개혁의 출발점은 우리의 치부를 솔직히 인정하고 완전히 드러내는 것이다. '改革'(개혁)이란 글자의 뜻이 '짐승 가죽을 홀랑 벗기다.'라는 점에 방점이 찍힌다.

천리마에게 소금 수레를 끌게 하다.

驥服鹽車 (기복염차)

천리마가 소금을 실은 수레를 끌고 태항산太行山을 넘어가고 있었다. 산세가 가파른 데다가 수레에는 소금을 가득 실은 탓에 천리마는 땀을 비 오듯 흘리며 연신 가쁜 숨을 몰아쉬었다. 간신히 산을 넘어 평지로 나왔지만 천리마는 더 이상 움직일 수 없었다. 쉬고 싶었지만 주인은 사정없이 채찍을 휘둘렀다. 천리마가 고통을 참으며 다시 산길을 올라가는데 갑자기 눈앞에 커다란 돌덩이가 하나가 굴러와 발을 때렸다. 천리마는 맥없이 땅에 주저앉았다. 마침 말을 잘 고르는 백락伯樂이 그곳을 지나다 주저앉은 천리마를 보고는 애통한 표정으로 쓰다듬으며 천리마를 이렇게 혹사시켜서야 되겠느냐고 주인을 나무랐다. 천리마는 마치 백락의 말을 알아듣기라도 한 것처럼 눈물을 글썽이며 하늘을 향해 울부짖었다. 그런데 주인은 채찍을 들어 말의 등짝을 갈기며 "내 말을 내 맘대로 하는데 당신이 무슨 참견이냐."라고 성을 버럭 냈다. 우리 주위에 채찍질을 당하며 울부짖고 있는 천리마가 너무 많다. 게다가 백락조차 없는 것 같다.

집 안의 닭, 들판의 꿩

家鷄野雉(가계야치)

이 성어는 남조 시대 송나라 사람 하법성何法盛이 동진東晉 시기의 사적을 기록한 78권의 기전체紀傳體 역사서 『진중흥서』에 나온 일화에서 비롯된다. 서성書聖으로 추앙받는 위대한 서예가 왕희지와 한 시대를 살았던 유익庾翼이란 장수는 한때 왕희지와 나란히 거론될 정도로 뛰어난 서예가였다. 그러나 정치와 군사 활동에 쫓겨 서예를 멀리하다 보니 실력이 퇴보할 수밖에 없었다. 반면 왕희지는 벼슬에 욕심을 두지 않고 산천을 떠돌며 비석에 새겨진 역대 서법과 서체를 연구하는 등 늘 서예와 함께하는 삶을 꾸렸다. 이런 왕희지의 글씨는 천하의 명성을 독차지했고, 부잣집 자제는 물론 일반 백성까지 그의 서법을 배우고 싶어 했다. 급기야 유익의 아들과 조카조차 가문의 서법을 버리고 왕희지를 흉내 냈다. 심기가 불편해진 유익은 친구에게 편지를 보내 "지금 내 자식과 조카 놈까지 집 안의 닭은 외면하고 들판의 꿩을 좋아한다."라며 푸념을 늘어놓았다. 그 후 '가계야치'家鷄野雉는 서예에서 서로 다른 그 나름의 풍격을 비유하는 말이 되었다.

따로따로 단편적으로 들으면 어리석어진다.

別而聽之則愚 (별이청지즉우)

이어지는 구절은 "전면적으로 두루 청취하면 밝아진다."合而聽之則聖이다. 당나라 태종의 멘토 위징은 "두루 들으면 현명해지고, 치우쳐 믿으면 어두워진다."라고 했는데 완전히 같은 뜻이다. 상고上古시대의 제왕인 은나라 탕湯 임금이나 주나라 무왕 같은 영명한 군주조차 저잣거리 사람들의 의견까지 두루 들었다고 한다. 전설 속군주들인 오제五帝에게서 발견되는 공통된 리더십 항목 가운데는경청, 사리분별, 백성의 절박한 요구를 헤아림, 사방의 민의 파악등과 같은 겸청兼聽 내지 합청合聽에 해당하는 것이 있다. 그러나 겸청이나 합청에는 진실한 자세가 전제되어야 한다. 이런 자세와 열린 마음으로 사회적 공론을 모아야 정치가 제 길을 찾는다. 듣고싶은 것만 들으면 아랫사람은 듣고 싶어 하는 말만 골라서 하게된다. 그러면 아랫사람은 간신이 되고, 리더는 작게는 어리석은리더, 크게는 나라를 망치는 망국의 리더가 된다. 리더 주위에 예스맨을 포진시킬 것이냐, '아니요.'라고 할 수 있는 충직한 사람을둘 것이냐는 오로지 리더의 귀와 마음에 달려 있다.

팔공

八公〔팔공〕

『사기』의 주석서 가운데 하나인 『사기색은』史記索隱에 인용된 『회남요략』淮南要略에 보이는 단어이다. 회남왕 유안은 은밀히 빈객을 모아 자신이 세력을 키웠는데 수천에 이르는 빈객 중 여덟 명, 즉 '팔공'八公이 가장 뛰어났다고 한다. 이들을 중심으로 여러 학자가 힘을 모아 편찬한 책이 『회남자』다. 갈홍의 『신선전』에는 이들 팔공이 신선이 되었다고 기록되어 있다. 또 『진서』에는 일찍이 유안이 팔공과 함께 산에 오른 적이 있는데, 이 때문에 그 산 이름이 '팔공산'이 되었다고 적혀 있기도 하다. 이후 '팔공' 하면 문객 또는 뛰어난 문객을 가리키는 단어가 되었고, 간혹 신선이란 의미로도 받아들여졌다. 또 한나라 초기 네 사람의 은자인 상산사호商山四皓와 함께 '8공4호'로 불린다.

참고로 우리나라 대구 팔공산은 한자는 같지만 유래가 다르다. 신라 말 왕건이 견훤과 싸우다가 신숭겸 등 여덟 장수가 전사했는데, 이들이 전사한 곳을 팔공산이라 부르게 된 것이다. 어느 쪽이든 여덟 명의 인재와 관련된 단어이자 산 이름이다.

집의 낡은 빗자루

家有弊帚 (가유폐추)

25년 유수劉秀가 황제로 칭하면서 동한 왕조가 건립되었다. 역사에서는 그를 광무제라 한다. 정권 초기, 지방에는 여전히 할거 세력이 난립하며 통일을 가로막고 있었다. 그중에서 파촉 지역의 공손술公孫述이 가장 강력했다. 광무제는 대사마 오한吳漢과 잠팽岑彭을 보내 공손술을 토벌하게 했으나 승승장구하던 잠팽이 뜻하지 않게 공손술의 자객에게 살해되었다. 오한은 유우劉禹를 보내 다른 방향에서 공손술을 공격하게 했지만 참패했다. 오한은 유우와 합류하여 전력을 정비한 다음 다시 공격을 가했다. 격전 끝에 공손술은 죽었고 파촉 지역은 평정되었다. 혼이 난 오한은 분풀이로 공손술과 그 장수들 가족까지 모두 죽이고 성도에 병사를 풀어 노략질을 시작했다. 광무제는 이 사실을 알고 즉각 사람을 성도로 보내 노략과 살육을 중지시키는 한편 "백성에게는 집에 남은 다 떨어진 빗자루라도 천금만큼 귀한 법인데 책임이 막중한 장수들이 어찌 그런 짓을 저지를 수 있는가."라며 나무랐다. '가유폐추' 家有弊帚는 자신이 가진 물건이 좋지는 않지만 보물처럼 귀하게 여기는 것을 비유하는 성어이다. 입장을 바꿔 생각해 보라는 의미도 깃들어 있다.

공적인 명의를 빌려 사리사욕을 취하다.

假公濟私（가공제사）

한나라 성제 때 외척 왕망王莽은 황제가 되려는 야욕을 숨긴 채 성인군자처럼 위장하여 조야의 인심을 농락하고 있었다. 문제는 적방진翟方進이었다. 재상 적방진은 공명정대하고 강직한 인품으로 정평이 나 있었다. 그가 있는 한 왕망의 야욕은 쉽게 달성될 수 없었다. 왕망의 유혹에 넘어간 적방진의 절친한 친구 이심李尋은 별자리의 이상 현상을 불길한 징조로 왜곡하면서 그 책임을 재상에게 씌우려 했다. 어리석은 성제는 적방진을 추궁했고, 견디다 못한 적방진은 스스로 목숨을 끊었다. 그 뒤 성제는 자신의 경솔함을 뉘우치며 적방진을 사면하고 그의 죽음을 애도하려 했다. 그러자 두업杜業을 비롯한 왕망의 졸개들이 들고 일어나 적방진이 '공적인 명의를 빌려 사리사욕을 취했다.'라고 헐뜯으며 성제의 명을 취소시켰다.

예나 지금이나 공공이란 이름을 내걸고 사적인 이익과 욕심을 갈취하는 자가 가장 입에 많이 올리는 단어가 '공'公이다. 공사 구분이 분명한 사람은 군이 '공'이란 단어를 거론하지 않는다. 그럴 필요가 없기 때문이다. '가공제사'는 '탁공보사'托公報私로 쓰기도 한다.

1전 태수

一錢太守（일전태수）

유총劉寵은 한나라 때의 청백리로 유명했다. 그가 회계 지역 태수로 부임할 무렵 백성은 대단히 어려운 상황이었다. 유총은 번거로운 법령과 절차를 없애거나 간소화하여 백성을 이롭게 했다. 그가 다른 곳으로 전근을 가던 날 산음현의 백발노인 대여섯 명이 산속을 나와 유총을 찾아왔다. 그런데 이 노인들이 모두 각자 백 전이란 적지 않은 돈을 유총에게 전별금으로 내놓았다. 유총이 이들을 위로하며 돈 받기를 사양하자 노인들은 이렇게 말했다. "저희는 산골에 사는지라 관청 구경을 못해 보았습니다. 다른 태수는 백성에게 이런저런 세금을 뜯어내는 통에 밤낮없이 편히 생업에 종사할 수 없었습니다. 그런데 지금 이렇게 훌륭한 분이 떠나신다기에 싸 가지고 나온 것입니다." 유총은 "이 몸이 한 일은 그리 대단한 것이 아닙니다. 여러분이 수고하신 것입니다."라고 하고는 마음의 징표로 한 사람당 1전씩만 받았다. 이로부터 '일전태수一錢太守'는 청렴결백한 관리를 비유하는 성어가 되었다. 유총 같은 청백리는 고사하고 1전의 의미도 모르는 자들이 1전을 받았다고 트집을 잡지는 않을까 걱정이 앞서는 세상이다.

이 게가 이 게와 같지 않다.

一蟹不如一蟹(일해불여일해)

소식의 글에 나오는 이야기이다. 중원에 애자艾子라는 사람이 살았다. 바다를 구경해 본 적이 없는 애자가 바다 구경을 했다. 모든 게 다 신기했다. 물고기를 잡는 어부의 그물에는 이런저런 물고기 외에 한 근이나 나감 직한 큰 게가 있었다. 궁금함을 참지 못한 애자가 그게 무엇이냐고 묻자 어부는 웃으며 게라고 가르쳐 주었다. 그 뒤 애자는 처음 본 게와 비슷한 게를 또 보게 되었다. 애자는 이것도 게라고 부르느냐고 물었다. 그곳 사람은 그건 민물게라고 일러 주었다. 처음 본 것은 바닷게였던 것이다. 그 뒤 애자는 또 민물게와 비슷하게 생긴 게를 보게 되었다. 애자는 이것도 게냐고 물었고, 그 지역 사람은 게는 게인데 애자가 지금까지 본 게들과는 다른 게라고 일러 주었다. 그러자 애자는 "아이고! 어찌 이렇게 같으면서 다른 물건들이 있을꼬! 어째 이 게가 저 게가 다르단 말인가."라며 한숨을 내쉬었다. '일해불여일해'一蟹不如一蟹는 게가 다 다르다는 의미로도 이해할 수 있고, 하나하나가 모두 다르다는 뜻도 된다. 그리하여 같아 보이지만 다르고 차이가 나는 것을 비유하는 말이 되었다.

하지 않으면 그만이지만
하려면 철저히 하라.

一不做, 二不休 (일부주, 이불휴)

당나라 때 사람 조원일趙元一이 편찬한 『봉천록』에 나오는 이야기다. 755년 안녹산安祿山이 난을 일으키자 조정에서는 반란 진압군을 급파했다. 첫 전투에서 반란군의 대장 왕사례王思禮는 하마터면 화살에 맞아 죽을 뻔했는데 이 위기에서 왕사례를 구한 사람이 장광성張光晟이었다. 왕사례는 그 은혜를 잊지 않고 장광성을 군정에 추천했고, 장광성은 승진을 거듭했다. 그 뒤 장광성은 반란군의 우두머리 주차朱泚의 부장이 되었고, 주차가 황제로 자칭하면서 재상까지 올라갔다. 하지만 반군은 이성李晟이 이끄는 정부군의 압박을 받아 와해될 위기에 놓였다. 이에 장광성은 몰래 이성에게 사람을 보내 투항 의사를 밝혔다. 이성은 사면을 조건으로 장광성의 투항을 받아들였다. 하지만 황제 덕종은 장광성의 반역을 용서하지 않고 처형하라고 명령했다. 처형에 앞서 장광성은 "후세에 한마디 하노라. 첫째, 하지 마라! 둘째, 그래도 하겠다면 멈추지 마라."라며 원통해했다. 반역자 장광성의 분한 마음이 담긴 말이지만, 무슨 일이든 하려면 제대로 하라는 뜻의 성어로 압축되었다.

다른 사물을 보면 생각이 바뀐다.

見異思遷 (견이사천)

춘추 시대 최초의 패자가 된 환공이 재상 관중과 국사를 논의했다. 환공이 땅이 넓고 인구가 이렇게 많은 제나라를 어떻게 다스려야 백성이 즐겁고 편하게 생업에 종사할 수 있겠느냐고 물었다. 이에 관중은 많은 사람이 한데 섞여 살면 서로서로 영향을 끼쳐 혼란을 일으킬 것이므로 구역을 나누어 관리해야 백성이 생업에 종사하기가 유리하다고 말했다. 그리고 어릴 때부터 이런 환경에 익숙해야 '다른 사물을 보아도 생각이 바뀌지' 않게 된다고 조언했다.

관중은 사람이란 새로운 것이나 이상한 것을 보면 마음이 움직이기 마련이라는 인간 본성의 입장에서, 안정적으로 믿고 기댈 수 있는 생업의 확보가 나라 발전에 중요한 요인으로 작용한다고 보았다. 다소 소극적이기는 하지만 당시로서는 비교적 정확한 분석이었다. 그러나 이 성어는 그 후로 의미가 조금씩 변하여 의지가 굳지 못하여 좋고 싫음이 쉽게 바뀌는 것을 비유하는 성어로 정착했다.

무례하게 불러서 먹이려는 음식

嗟來之食(차래지식)

춘추 시대 어느 해 제나라에 큰 가뭄이 들어 길거리에 굶어 죽는 사람이 속출했다. 검오黔敖라는 한 귀족이 집에 남아도는 식량을 주체하지 못해 마침내 선심을 쓰기로 마음먹었다. 검오는 식량을 가지고 거리로 나와 굶주린 사람들에게 나눠 주며 자신의 인자함을 마음껏 뽐냈다. 그날도 검오는 길에 식량을 늘어놓고 굶주린 사람을 기다렸다. 이때 저쪽에서 곧 쓰러질 것 같은 사람이 다가왔다. 다 해진 옷에 기진맥진한 모습이었다. 검오는 그 사람을 향해 거만하게 "어이, 이리 와서 먹게나."라고 말했다. 뜻밖에도 그 사람은 검오를 노려보면서 "나는 그 따위 모욕적인 선심을 거부하다 이렇게 굶주렸다. 내가 굶주림 때문에 존엄성을 버릴 것 같은가."라고 쏘아붙였다. 그 사람은 끝내 먹기를 거부하며 길거리에 쓰러져 죽었다. '사람은 궁해도 뜻은 궁하지 않다.'人窮志不窮라는 말이 있다. 한 줌도 안 되는 권력과 명성에 뜻을 서슴없이 팔아치우는 자들이 새겨들어야 할 소리다. '차래지식'嗟來之食은 무례한 언사로 먹을 것을 베풀려는 짓을 가리키는 성어였지만, 모욕적인 선심을 가리키는 용어로 많이 사용된다.

발을 땅에 단단히 딛고 서다.

脚踏實地(각답실지)

송나라 때 사람 소백온邵伯溫의 책에서 나오는 성어이다. 관련 일화는 다음과 같다. 사마광은 중국 역사상 최대의 편년체 역사서인 『자치통감』 편찬을 주도한 송나라의 이름난 역사가이자 정치가이다. 영종 때 사마광은 명에 따라 『자치통감』 편찬을 시작했는데, 이 일을 제대로 해내는 데 몰두해 잠자는 것도 잊고 먹는 것도 건너뛰었다. 심지어 그는 나무 베개를 일부러 둥글게 만들어 잠자리를 불편하게 만들었다. 오래 잠자리에 누워 있지 않겠다는 의지였다. 그는 이 목침을 '경침'警枕이라 했다. 이렇게 하길 이십여 년, 294권 300만 자가 넘는 방대한 『자치통감』이 완성되었다. 사마광의 이런 자세는 많은 사람의 칭찬을 들었다. 한번은 사마광이 소백온의 아버지 소옹邵雍에게 "그대는 내가 어떤 사람이라 생각하오?"라고 물었다. 소옹은 수염을 어루만지며 "그대는 발을 땅에 단단히 딛고 서 있는 사람이지."君實脚踏實地人也라며 웃었다. '각답실지'脚踏實地는 허풍 떨지 않고 진지하게 실제적으로 일을 하는 자세나 그런 사람을 비유하는 성어이다.

정위가 바다를 메우다.

精衛塡海(정위전해)

아주아주 먼 옛날 염제炎帝의 막내딸이 동해로 목욕을 하러 갔다가 불행하게 그 바다에 빠져 죽었다. 막내딸은 한 마리 작은 새가 되었다. 이 새는 흰 부리에 붉은 발톱이었고, 머리에는 아름다운 문양이 있었다. 울음소리가 '정위 정위' 하는 것처럼 들렸기 때문에 모두들 '정위조'精衛鳥라 불렀다. 정위조는 다른 사람이 바다에 빠져 죽지 않도록 하기 위해 동해 바다를 메우기로 결심했다. 매일 수만 리를 날아 서산西山에서 나뭇가지며 돌을 물어다 바다에 빠뜨렸다. 하루도 쉬지 않고 이 일을 반복했다.

인류 초기의 역사는 이처럼 '정위전해'精衛塡海의 정신으로 자연에 맞서 싸운 과정이었다. 그 결과 수천 년에 걸쳐 인류는 자연을 완전히 정복한 것처럼 보였다. 하지만 지금 인류는 자신이 자초한 대자연의 반격에 직면하여 어쩔 줄 모르고 있다. 이제 인류사의 전 과정을 차분히 되돌아보고 자연과 공생할 수 있는 지혜를 모아야 할 때다. 당초 '정위조'가 바다를 메우려 한 까닭은 순수한 인류애 때문이었다. 우리는 이런 숭고한 인류애를 실천하는 방법만 바꾸면 되는 것이다.

부지런히 노력하여 아둔함을 보완하다.

將勤補拙 (장근보졸)

백거이의 글에 나오는 대목이다. 친가와 외가 어른 모두가 시인인 집안에서 태어난 백거이지만 그는 재주보다 노력을 더 중시했다. 각고의 독서를 통해 문장을 다듬고 다듬어 중국 문학사에서 '시마' 詩魔, '시왕'詩王이란 별칭을 얻었다. 특히 그의 시는 시사 문제와 백성의 질곡을 반영하는 작품이 많아 후대에 큰 영향을 미쳤다.

825년 당나라 동남 지구에서 가장 큰 주州인 소주의 자사로 임명된 그는 중책을 맡아 크게 선정을 베풀어 사랑을 한 몸에 받았다. 그는 좋아하던 술도 끊고 오로지 공무에 전념했다. 훗날 백거이는 친구에게 보낸 편지에서 이때의 생활을 회고하면서 '補拙莫如將勤'(보졸막여장근)이라고 썼다. 자기처럼 아둔하게 태어난 사람이 소주자사라는 중책을 담당했으니 부지런히 노력하여 모자란 부분을 메우는 일 외에는 다른 방법이 없다는 뜻이다.

자질이 평범하다 해서 실망하거나 좌절할 필요는 없다. 끊임없는 노력으로 얼마든지 부족함을 메울 수 있기 때문이다. 이런 사람이 얄팍한 재주와 자질만 믿고 게으름을 부리거나 오만을 떠는 자보다 훨씬 낫다.

사적 원한이 공적인 일에 개입되어서는 안 된다.

私仇不及公 (사구불급공)

이어지는 문장은 "좋아한다고 해서 잘못을 감출 수 없고, 미워한다고 해서 잘한 행동을 없앨 수 없다." 好不廢過, 惡不去善이다. 원한이나 묵은 감정을 푸는 '석원'釋怨의 전제 조건이 엄격한 공사 구분에 있음을 지적한 명구이다.

『삼국지』「허정전」許靖傳에 보면 "정말 그 사람을 얻고 싶다면 원수라도 반드시 추천하라. 정말 그 사람이 아니다 싶으면 친인척이라도 받아들이지 마라."라는 구절이 있다. 진정으로 인재를 얻으려면 사사로운 감정에 치우쳐서는 안 된다는 뜻이다. 인재는 조직은 물론 국가의 안위를 좌우할 수 있는 가장 중요한 요소이기 때문이다. 따라서 공사 구분의 자세는 필수다. 『부자』傅子에서는 "사사로움을 없애지 못하면 공공의 도가 없어진다."라고 했다.

좋은 음악은 쉽고,
큰 예절은 간략하다.

大樂必易, 大禮必簡 (대악필이, 대례필간)

이 대목을 온전히 인용해 보면 다음과 같다. "음악은 안에서 나오고, 예는 밖에서 일어난다. 음악은 안에서 나오기에 차분하고, 예는 밖에서 일어나기에 꾸밈이 있다. 좋은 음악은 쉽고, 큰 예절은 간략하다. 음악이 지극하면 원망이 없고, 예절이 지극하면 다투지 않는다." 樂由中出, 禮自外作. 樂由中出故靜, 禮自外作故文. 大樂必易, 大禮必簡. 樂至則無怨, 禮至則不爭

마찬가지 이치로 가장 수준 높은 정책이나 정치는 간략하고 쉬워야 한다. 유방이 함양성에 입성하여 여론 주도층을 모아 놓고, 번잡하고 가혹한 진秦나라 법률을 다 없앤 다음 '세 조항만 남긴' 약법삼장約法三章으로 민심을 휘어잡을 수 있었던 것도 이런 이치를 체득하고 있었기 때문이다. 번잡하고 조변석개朝變夕改 내지 조령석개朝令夕改 하는 정책은 백성을 괴롭힐 뿐이다. 공부도 같다. 공부를 제대로 한 사람의 말과 글은 쉽다. 그렇지 못한 자가 무지를 감추기 위해 어려운 용어를 잔뜩 늘어놓고, 주장이나 논지를 이리저리 뒤틀어 애매모호하게 만들어 사람의 눈을 가리고 판단을 흐리게 하는 것이다.

득실은 일시적이지만,
영욕은 천 년을 간다.

得失一朝, 榮辱千載(득실일조, 영욕천재)

한나라 때 사람 순열苟悅이 편찬한 『신감』에 보이는 대목이다. 좀 더 부연하자면 물질적 득실은 일시적이지만, 인격의 영욕은 영원하다는 뜻이다. 영예와 치욕에 대한 생각인 '영욕관'榮辱觀이란 영예와 치욕을 대하는 태도로부터 출발한다. 어떤 일을 하는 것이 영예이며, 어떤 일을 하는 것이 치욕인가를 보는 관점은 도덕적 지향이 선명하게 보이는 실질적인 가치관이자 도덕관이다. 마찬가지로 어떤 일을 해야 하며, 어떤 일을 하지 말아야 하는 것에 대한 가치 판단도 영욕관을 가르는 기준이 된다. 명예와 치욕의 문제가 추상적 개념이 아닌 까닭이다. 그러므로 자랑스러움과 부끄러움을 모르는 자를 조직이나 나라의 리더로 선택해서는 안 된다. 스스럼없이 조직과 나라를 사유화하고, 나아가 조직과 나라를 망치는 자가 바로 이런 자다. 그렇기 때문에 영욕관에 대한 인식이 확고하게 정립되어야 한다. 부끄러움을 모르면 사람이 아니란 말을 잘 새겨야 할 것이다.

겨울날 얼음이 단단히 얼지 않으면
봄여름의 초목이 무성하게 자라지 못한다.

冬日之閉凍也不固, 則春夏之長草木也不茂
（동일지폐동야불고, 즉춘하지장초목야불무）

한비자는 주공周公의 이 말에 이어서 이렇게 말한다. "천지간의 자연조차 늘 사치하고 낭비하는 일이 없거늘 하물며 자연의 일부인 사람이야 어떠할까? 세상의 만물에는 흥하고 쇠하는 때가 있으며, 모든 일에는 느슨할 때도 팽팽하게 긴장될 때도 있는 것이다."

天地不能常侈常費, 而況於人乎. 故萬物必有盛衰, 萬事必有弛張

얼음이 석 자씩 얼려면 하루 이틀 추워서는 안 된다. 겨울의 추위가 심한 해일수록 오는 봄의 나뭇잎은 한층 푸른 법이다. 만물의 이치가 그렇다는 말이다. 한비자가 하고자 하는 말도 마찬가지다. 그런데 이런 만물의 이치에 둔감한 사람이 많다. 무지한 인간이다. 그런가 하면 이런 만물의 이치에 무모하게 도전하는 자도 많다. 무모한 인간이다. 또 만물의 이치를 무시하는 인간은 더 많다. 무서운 인간이다. 만물의 이치에는 당연히 인간사 이치도 포함된다. 무지하고 무모하고 무서운 인간으로 넘쳐 나는 세상이다. 천지만물의 운행 법칙과 인간사 돌아가는 이치에 대한 인식의 전환이 필요하다. 지구가 망가지고, 인간관계가 갈수록 파괴당하고 있는 까닭에 한시라도 급하다. 생명 운동이 곳곳에서 벌어지고 있는 이유이기도 하다.

나라가 망하려면
반드시 근본이 먼저 쓰러진다.

國將亡, 本必先顚 (국장망, 본필선전)

나라가 망하려면 근본이 먼저 쓰러진다는 말은 나무로 말하자면 뿌리가 먼저 뽑힌다는 뜻이리라. 가지와 잎사귀는 나중에 부러지거나 쓰러진다. 그렇다면 나라의 근본은 무엇인가? 백성이다. 그리고 그 백성을 지탱하는 힘은 무엇일까? 위정자와 정책에 대한 백성의 믿음일 것이다. 근본이 먼저 무너진다는 것은 이런 믿음의 전복顚覆이 아니겠는가? 백성의 믿음이 무너지면 세상은 삭막해지고 사회는 타락한다. 오로지 나만 살고, 나만 잘되면 그만이라는 지독한 도덕적 타락이 동반된다. 내 편과 네 편을 가르고, 사정없이 서로를 공격한다. 특히 타락하고 부패한 기득권층은 내 것을 지키기 위해서라면 어떤 짓도 마다하지 않는다. 그런 짓거리가 결국은 자신마저 무너뜨린다는 사실은 모른다. 사마천의 말대로 나라가 망하려면 나라를 어지럽히는 자가 귀한 몸이 된다. 도덕적 타락은 궁극적으로 도덕이란 근본의 붕괴로 이어지며, 물질세계도 이에 따라 붕괴된다. 백성의 믿음은 이런 점에서 물질과 정신적 타락의 바로미터로 작동한다. 민심을 얻으란 말이 괜한 말이 아니다.

껍데기는 금옥이나
속은 말라비틀어진 솜덩이

金玉其外, 敗絮其中 (금옥기외, 패서기중)

명나라 때 개국공신인 유기劉基의 글에 나오는 한 대목이다. 항주에 홍귤을 파는 상인이 있었다. 여름에는 귤을 저장하기가 아주 어려운데도 이 상인은 귤을 아주 잘 저장했는지 늘 황금빛이 도는 것이 막 딴 것처럼 아주 신선해 보였다. 어느 날 유기가 길을 가다가 이 홍귤을 보고는 하도 신기해서 몇 알을 샀다. 집에 가지고 와서 껍질을 벗겨 보니 속이 다 말라비틀어져 도저히 먹을 수가 없었다. 화가 난 유기는 귤을 들고 그 상인을 찾아가 따졌다.

그런데 상인의 반응이 아주 뜻밖이었다. "내가 이 귤을 판 지가 벌써 몇 년째인데 지금까지 뭐라고 하는 사람은 없었소이다. 내가 사람들을 속였다 해도 그건 생계를 위한 것일 뿐이오. 으리으리하고 화려하게 살고 있는 문무 대관이 어디 나라와 백성을 다스리는 이치를 알아서 그렇게 사는 것이오? 그자들은 여기 내가 팔고 있는 귤처럼 겉은 금옥처럼 번지르르하지만 속은 말라비틀어진 솜덩이와 하나 다를 바 없지 않소이까?" 유기는 어떤 말로도 반박할 수 없었다. 그냥 풀이 죽은 채 발길을 되돌리는 수밖에. 이 성어는 겉만 화려하고 속은 보잘것없는 물건이나 사람을 비유한다.

바둑돌(장기 알)을 든 채 놓지 못하다.

擧棋不定〔거기부정〕

춘추 시대 위衛나라의 헌공은 폭군이었다. 대부 손문자孫文子와 영혜자寧惠子가 군사 쿠데타를 일으켜 헌공을 내쫓고 공손표公孫剽를 국군으로 맞아들였다. 그 뒤 영혜자는 후회하기 시작했고, 급기야 죽음을 앞두고는 아들 영도자寧悼子에게 제나라에 있는 헌공을 다시 맞아들이라는 유언을 남겼다. 이런 정황을 포착한 헌공은 자신이 귀국하면 정치에는 일절 개입하지 않겠노라는 언질을 주었다. 대부 숙의叔儀는 무슨 일이든 앞뒤가 맞아야 하는데 내쫓을 때는 언제고 이제 와서 다시 맞아들이겠다는 것은 무엇이냐며 "바둑돌을 들고 놓지 않고 머뭇거리다가는 기회를 놓치고 실패할 것입니다."라고 충고했다. 영도자는 이 충고를 받아들이지 않고 아버지 영혜자의 유언대로 헌공을 맞아들였다. 그와 동시에 공손표, 손문자까지 죽이고 권력을 독점했다. 그렇게 하면 헌공도 어쩔 수 없을 것이라고 판단한 것이다. 하지만 귀국한 헌공은 암암리에 보복을 준비했고, 대부 공손면여公孫免餘를 이용하여 결국 영도자는 물론 영씨 세력 전체를 철저하게 제거했다. '거기부정'擧棋不定은 그 뒤 어떤 일을 맞이하여 머뭇거리며 결정하지 못하는 것을 비유하는 성어가 되었다.

北風行

燭龍棲寒門, 光曜猶旦開
日月照之何不及此, 惟有北風號怒天上來
燕山雪花大如席, 片片吹落軒轅臺
幽州思婦十二月, 停歌罷笑雙蛾摧
倚門望行人, 念君長城苦寒良可哀
別時提劍救邊去, 遺此虎紋金鞞靫
中有一雙白羽箭, 蜘蛛結網生塵埃
箭空在, 人今戰死不復回
不忍見此物, 焚之已成灰
黃河捧土尚可塞, 北風雨雪恨難裁

북풍행

— 이백(李白)*

촉룡이 차가운 문에 깃들어

빛이 여전히 아침에 열린다.

해와 달의 빛이 어찌 여기에 이르지 않으리.

오직 북풍이 노호하며 천상에서 내려오는구나.

연산에 내리는 눈꽃의 크기는 연꽃 같아서

편편히 불리어 헌훤대에 떨어지는구나.

유주에는 십이월에 임 생각하는 아낙들

노래 그치고 웃음 그치고 두 눈썹도 꺾였구나.

힘없이 문에 기대어 길 떠난 임을 바라보며

만리장성에 계신 임의 고통과 추위를 생각하니 애련하기만 하여라.

떠나던 날 칼을 가지고 변방을 구하러 가더니

이 호랑이 무늬 박힌 화살 통만 남기셨도다.

통 속에는 한 쌍의 흰 깃털 화살만

거미줄이 쳐지고 먼지만 이는구나.

화살 통만 남아

사람은 전쟁에 죽고 다시 돌아오지 않는다.

차마 이 물건을 보지 못하여

태워서 이미 재가 다 되었도다.

황하의 물은 오히려 흙으로 막을 수 있건만

북풍과 눈비는 없애 버리기 어려움을 한하노라.

* 이백은 태백(太白)이란 자로 많이 불린다. 호를 청련거사(靑蓮居士)라 하며,
시선(詩仙)이란 별칭으로도 널리 불린다. 흔히 두보(杜甫)와 함께 나란히
'이두'(李杜)로 불리기도 하는 중국 최고의 시인이다. 무려 천 편이 넘는 작품이
남아 있는 것에 비해 그의 삶은 생몰 연대를 비롯하여 많은 부분이 추정에
의존한다. 그나마도 신비한 행적이 대부분이다. 환상적이고 호방한 시가 많다.

텅 비어 아무것도 없다.

空洞無物(공동무물)

동진東晉 시기의 명사 주개周顗는 재능과 활달한 유머로 명성을 떨쳐 동생의 질투를 살 정도였다. 주개는 늘 상대를 웃게 만들어 그와 관련한 일화가 많다. 한번은 최고 가문 출신의 왕도王導와 황제 명제 앞에서 이야기를 나누었다. 명제가 진장眞長이 어떤 사람이냐고 묻자 주개는 서슴없이 "그 사람은 등에다 천 근을 짊어질 수 있는 황소이지요."라고 답했다. 왕도가 웃음을 참지 못하자 주개는 "굽은 뿔의 늙은 어미 소만은 못하지요."라고 했다. 왕도를 비유한 우스갯소리였다. 왕도는 아무 말도 하지 못했다. 한번은 왕도가 주개와 술을 마시다 취중에 주개의 불룩한 배를 가리키며 "대체 그 안에 뭐가 들었기에 그렇게 나왔소?"라고 놀렸다. 주개는 "사실 이 안은 텅 비어 아무것도 없다오. 하지만 그대 같은 사람 수백 명은 충분히 담을 수 있지."라고 응수했다. 두 사람은 박장대소했다. '공동무물'空洞無物은 아무것도 없다는 뜻이지만 문장이나 말에 내용이 없음을 비유하기도 한다.

늙은 준마가 마구간에 엎드려 있다.

老驥伏櫪(노기복려)

207년 5월 조조는 관도官渡 전투에서 모든 사람의 예상을 깨고 원소袁紹를 대파했고, 7월에는 대군을 이끌고 노룡채盧龍寨를 나와 오환을 정벌했다. 이 무렵 원소의 아들 원상袁尙과 원희袁熙는 평주의 공손강公孫康에게 도망쳐 재기를 노리고 있었다. 조조의 측근들은 내친김에 평주를 공략하여 원씨 형제를 뿌리 뽑자고 했지만 조조는 이들이 서로 반목하다가 죽일 것을 예상하고 군대를 물렸다. 조조의 예상대로 공손강은 원씨 형제의 목을 베어 조조에게 보냈다. 조조는 군을 전부 수습하여 회군했다.

하북 창려에 이르러 조조는 동쪽 갈석산에 올라 동해를 굽어보며 「관창해」觀滄海라는 천고의 명시를 남겼고, 군영으로 되돌아와 지친 몸과 마음으로 다음과 같은 시를 썼다. "늙은 준마 마구간에 엎드려 있어도 마음은 천 리를 달린다. 피 끓는 용사 나이 들었지만 굳센 마음 여전하구나." 老驥伏櫪, 志在千里. 烈士暮年, 壯心不已 당시 조조의 나이 쉰셋이었다. '노기복려'老驥伏櫪는 바로 이어지는 '지재천리'志在千里와 함께 많이 인용된다. 전장을 누볐던 조조의 회한과 의지가 묻어나는 명시다.

노래자가 부모를 기쁘게 하다.

老萊娛親(노래오친)

노래자老萊子는 춘추 시대 초나라의 명사로 도가에서는 그를 시조로 받든다. 노래자는 벼슬이 싫어 산속에서 밭 갈고 농사지으며 늙은 부모를 모시고 살았다. 부모를 기쁘게 해 드리기 위해 노래자는 귀여운 새를 기르며 새의 노래 소리를 들려 드리는 등 갖은 정성을 다했다. 어느 덧 노래자의 나이 칠십이 넘었다. 하루는 부모님이 백발의 아들을 보고는 "아들이 이렇게 늙은 걸 보니 우리 살날이 얼마 남지 않았구나."라며 탄식했다. 노래자는 너무 가슴이 아팠지만 내색 않고 오색 옷을 지어 입고는 작은 북을 두드리며 춤을 추었다. 칠십 먹은 아들이 재롱을 떠는 모습에 부모님은 환한 미소로 화답했다. 하루는 노래자가 실수로 발을 헛디뎌 넘어지는 일이 있었다. 노래자는 부모님이 걱정하실까 봐 땅바닥에 그대로 드러누워 어린애가 우는 시늉을 하며 데굴데굴 굴렀다. 부모님은 아들이 일부러 넘어져 구르는 줄 알고는 "정말 잘 노는구나. 어서 일어나렴." 하며 기쁨을 감추지 못했다. '노래오친'老萊娛親은 부모를 즐겁게 해 드리는 자식의 효성을 나타내는 성어이다.

온갖 생각이 겹친다.

百感交集(백감교집)

위개衛玠는 진晉나라 회제 때 태자의 시종관인 태자세마에 임명되었다. 당시의 정치 상황은 흉흉하기 이를 데 없었다. 309년 급기야 북방 흉노 세력의 하나인 유유劉裕가 침공하여 시국은 큰 혼란에 빠졌다. 난을 피해 위개는 벼슬을 버리고 식구들과 남방으로 옮겨 가기로 했다. 하지만 원체 병약했던 위개로서는 피난이 여간 고역이 아니었다. 천신만고 끝에 장강을 건너는데 지칠 대로 지친 위개는 식솔들에게 "이 망망한 장강의 물을 보니 마음속에 온갖 생각이 겹치는구려. 감정이 있는 사람이라면 뉘라서 이런 심사와 느낌을 떨칠 수 있으리오."見此芒芒, 不覺百端交集. 苟未免有情, 亦復誰能遭此라며 탄식했다.

간신히 강남으로 피신했지만 위개는 편한 생활을 보내지 못했다. 아내가 먼저 세상을 떠났고, 다시 건강으로 돌아왔지만 312년에 스물일곱의 젊은 나이로 세상을 버렸다. 재주 많고 잘생겼던 위개는 때를 못 만난 데다가 병약하여 제명에 살지 못했다. 눈을 감는 순간에도 많은 생각이 세심한 그의 마음을 어지럽혔을 것이다. 우리는 흔히 '만감萬感이 교차交叉한다.'라는 표현을 많이 쓰는데 같은 뜻이다.

한바탕 싸우지 않으면 서로 친해지지 않는다.

不打不成相識(불타불성상식)

억울하게 죄인으로 몰려 강주로 쫓겨난 송강宋江은 대종戴宗과 이규李逵를 만나 강변 비파정 주점에서 술을 마셨다. 안주로 올라온 어탕이 시원찮자 송강은 술집 주인에게 신선한 탕으로 바꿔 달라고 했다. 하지만 술집에 신선한 물고기가 없었다. 성질 급한 이규는 자기가 배로 가서 두 마리 가져오겠다며 자리에서 일어났다. 대종이 술집 주인에게 맡겨 두라고 했지만 이규는 막무가내였다. 아니나 다를까, 이규는 강변에 있는 고깃배들을 들쑤시고 다니며 잡아 놓은 고기마저 다 도망가게 만들고 물고기를 담는 광주리마저 박살을 냈다. 물고기 주인인 장순張順이 와서는 이규와 한바탕 싸움을 벌였다. 이규는 물에 익숙한 장순을 당해 낼 수 없어 잔뜩 물을 먹고는 고통스러운 비명을 질러 댔다. 대종과 송강이 달려왔고, 대종은 장순에게 송강 형님께 인사를 드리라고 고함을 질렀다. 송강의 명성을 잘 알고 있던 장순은 황급히 인사를 드렸고 이규도 소개를 받았다. 대종이 "싸우지 않으면 친해지지 않는다더니 오늘 두 사람은 형제가 되었다."라고 하자 모두 호쾌하게 웃었다. 싸우면서 정이 든다는 말이 이 말이다.

뇌지에서 한 발짝도 넘어오지 마라.

不敢越雷池一步 (불감월뇌지일보)

진晉나라 명제 때 사람인 유량庾亮이 온교溫嶠에게 보낸 편지에 나오는 한 대목이다. 유량은 명제 황후의 오라비로 조정의 실세였다. 당시 서부 변방이 편치 않았는데 유량은 대신 온교를 강주자사로 추천했다. 얼마 뒤 유량은 역양태수 소준蘇峻이 모반을 꾀한다는 밀보를 접했다. 유량은 바로 조치를 취하지 않고 소준을 조정으로 불러 대사마에 임명함으로써 군대를 동원하지 않고 그를 잡으려 했다. 대신들은 모두 반대했지만 유량은 자신의 권세로 밀어붙였다. 그의 고집은 결국 이를 눈치 챈 소준의 선제공격을 초래했다. 이에 온교는 적극적으로 소준을 대적하자고 유량에게 건의했다. 하지만 유량은 서부 변방이나 잘 지키라면서 "뇌지에서 한 발짝도 넘어오지 마라."라고 경고했다. 수도 건강이 소준에게 함락당하자 유량은 하는 수 없이 온교에게 몸을 맡겼다. 온교는 아무 말 없이 그를 받아들인 뒤 차분히 대비하여 소준의 공격을 물리치는 한편 몇 차례 전투 끝에 소준의 반란을 완전히 진압했다. 이후 '불감월뇌지일보'不敢越雷池一步는 일을 처리함에 너무 소심해서 일정한 범위를 넘지 못하는 행동이나 사람을 비유하는 성어가 되었다.

성문에 불이 붙으면
재앙이 연못의 물고기까지 미친다.

城門失火, 殃及池魚 (성문실화, 앙급지어)

남북조 시대 동위東魏의 무장 후경侯景은 대승상 고환高歡의 아들 고
징高澄과 사이가 나빠 서위西魏로 투항했고, 이에 고징은 한궤韓軌를
보내 후경을 토벌했다. 후경은 다시 남방 양나라에 투항했다. 양
나라 무제는 소연명蕭淵明에게 동위를 정벌하게 했지만 큰 손실을
입고 패했다. 동위의 장군 두필杜弼은 양나라에 격문을 보내 "후경
이란 소인배는 기회만 있으면 평지풍파를 일으킨다. 이 때문에 초
나라 원숭이가 도망치자 재앙이 숲속 나무에 미쳤고 송나라 성문
에 불이 나자 연못의 물고기까지 재앙을 만났듯, 장차 장강과 회
하 유역, 형주와 양주 일대의 관리와 백성이 무고하게 전쟁의 고
통에 빠질 것이 두렵다."라고 경고했다. 과연 후경은 반란을 일으
켰고, 양나라는 몇 년에 걸친 전란에 엄청난 고통을 겪다 결국은
나라까지 망했다. 이 말은 '지어지앙'池魚之殃이라고 줄여 말하기도
하는데, 아무런 까닭 없이 어떤 일에 연루되어 재앙이나 큰 손실
을 입는 것을 비유한다.

큰 그릇은 더디게 만들어진다.

大器晚成 (대기만성)

이 유명한 사자성어는 『도덕경』의 다음 대목에서 나왔다. "가장 큰 네모에는 모서리가 없고, 가장 큰 그릇은 더디게 만들어지며 (만들어지지 않고), 가장 큰 소리는 들리지 않고, 가장 큰 형상은 형태가 없다."大方無隅, 大器晚成, 大音希聲, 大象無形

동한 말, 최염崔琰이 조조 밑에서 상서 벼슬을 하고 있을 때 조조는 큰아들 대신 작은아들 조식을 후계자로 삼고자 했다. 최염은 강력하게 반대했다. 조식이 자신의 조카사위였지만 최염은 사사로움에 치우치지 않았다. 그런 최염에게는 최림崔林이란 사촌동생이 있었다. 최림은 젊었을 때 별다른 두각을 나타내지 못해 사람들로부터 무시를 당했다. 하지만 최염은 그를 몹시 아끼면서 "재능이 큰 사람은 시간이 걸려야 그릇이 될 수 있다. 최림은 장차 큰 그릇이 될 것이다."라고 했고, 최림은 훗날 조정에 크게 중용되었다.

『도덕경』에서 '대기만성'大器晚成은 '큰 그릇은 만들어지지 않는다.' 라는 뜻에 가깝지만 현실에서는 큰일을 할 인재는 비교적 늦게 성취한다는 뜻으로 정착되었다. 일찍 피어 일찍 시드는 꽃보다 더디게 피더라도 오래 피는 꽃이 많은 세상이 좋은 세상이 아닐까?

장기를 두는 당사자가 길을 잃다.

當局者迷〔당국자미〕

이 말 뒤에 따라서 나오는 대목은 "구경꾼은 길을 잘 살핀다." 傍觀必審이다. 흔히 바둑판이나 장기판에서 구경하는 사람이 수를 더 잘 본다는 말과 같은 뜻이다. 당나라 때 원담元澹은 『위전』魏典 30편을 지어 많은 학자로부터 칭찬을 들었다. 이 무렵 위광魏光이 명재상 위징魏徵이 수정한 『예기』를 경전에 편입시키자는 건의를 올렸다. 현종은 바로 승낙하고 원담에게 자세히 교정을 보고 주해를 달도록 했다. 원담이 이 일을 끝내고 주해본을 올리자 우승상 장열張說이 예로부터 전해 오는 훌륭한 주석본이 엄연히 존재하는데 왜 또 주석본이 필요하느냐며 이의를 제기했다.

현종의 마음이 흔들리자 원담은 「석의」釋疑라는 글을 지어 자신의 관점을 해명했다. 여기서 원담은 주인과 객의 문답 형식으로 장열의 문제 제기에 반박했다. 종래 주석서들에 문제가 많아 새로이 정리한 것인데 수구적 사고방식에 매여 있으면 되겠느냐면서 바로 이 성어를 언급했다. '당국자미'當局者迷는 당사자가 왕왕 지나치게 생각이 많아 주관적 편견에 빠지는 반면 지켜보는 사람은 객관적으로 정확하게 상황을 파악한다는 것을 비유한다.

동쪽 창문으로 일이 새어 나가다.

東窓事發 (동창사발)

명나라 때 전여성田汝成이 펴낸 『서호유림지여』에 나오는 이야기다. 북송 말 북방의 강력한 금나라 군대가 남침하자 송나라 조정은 주전파와 주화파로 갈렸다. 악비岳飛는 주전파를, 진회秦檜는 주화파를 대표했다. 간신 진회는 온갖 음모와 술수로 악비와 그 부장 장헌張憲 및 악비의 아들 악운岳雲을 살해했다. 전해지는 말에 따르면 진회는 아내 왕씨王氏와 함께 자기 집 동쪽 창문 아래에서 악비를 해치고자 음모를 꾸몄다. 당시 왕씨는 결정을 내리지 못하는 진회에게 소매에서 감귤을 꺼내 둘로 쪼개면서 "이게 뭐 어렵습니까? 옛말에 호랑이를 놓아주기는 쉬워도 잡기는 어렵다 했습니다."라는 말로 진회의 결심을 촉구했다. 그 후 진회가 서호로 놀러 갔다 병이 나서 죽고 그 아들도 뒤따라 죽었다. 왕씨가 도사를 불러 초혼제를 지냈는데 도사는 악비를 해친 자들이 모두 쇠족쇄를 찬 채 지옥을 떠돌고 있는 모습을 보았다. 진회에게 아내 왕씨에게 전할 말이 없느냐고 하자 진회는 '동창사발'東窓事發이라고 전해 달라고 했다. 이 말을 전해 들은 왕씨는 놀라서 몸져눕더니 이내 죽었다. 음모와 비밀이 발각되었음을 가리키는 성어이다.

비바람이 몰아치는 같은 배에 탔다.

風雨同舟(풍우동주)

춘추 시대 오와 월 두 나라는 오랫동안 원수처럼 싸웠다. 한번은 두 나라 사람이 같은 배를 타고 강을 건너게 되었다. 처음 두 사람은 서로 쳐다보지도 않았다. 강 중간쯤 이르자 광풍이 몰아쳐 사나운 파도가 밀어닥쳤다. 배가 곧 뒤집힐 듯 위험천만한 상황이었다. 거대한 풍랑 앞에서 두 사람은 원한을 잊고 서로를 구하기로 묵계했다. 힘을 합친 두 사람은 난관을 극복하고 무사히 강을 건넜다.

2009년 미국 워싱턴에서는 제1차 중미전략경제대회가 열렸다. 이 자리에서 당시 재무부 장관이던 티머시 가이트너는 『손자병법』의 바로 이 대목을 인용하면서 G2로 부상한 중국과 미국이 서로 대립하기보다는 협력해야 한다는 점을 강조했다.

상황에 따라서는 아무리 미운 적과도 손을 잡고 위기를 극복해야 할 때가 있다. 세계 외교에서 이런 관계와 사례는 다반사이다. 문제는 강경, 감정일변도로 치닫는 우리의 남북 관계이다. 세계 초강대국조차 자국의 이익을 위해 고전까지 인용해 가며 협력을 강조하는 판에 우리는 여전히 낡은 냉전적 사고방식에 사로잡혀 있다.

새 둥지가 뒤집히면 온전한 알은 없다.

覆巢無完卵 (복소무완란)

공융孔融은 동한 말기의 명사로 헌제 때 북해상을 지냈다. 일설에
따르면 조조가 유비와 손권孫權을 정벌하려 했을 때 공융은 극구
반대했다. 조조는 공융의 말을 무시했고, 이 때문에 공융은 뒤에
서 몇 마디 원성을 늘어놓았다. 공융과 사이가 좋지 않던 어사대
부 치려郗慮가 이를 알고는 조조에게 없는 말까지 보태 악의적으로
도발했다. 화가 난 조조는 즉각 공융과 그의 전 가족을 죽이라는
명령을 내렸다. 공융이 체포될 당시 가족들은 어쩔 줄 몰라 하며
혼비백산 우왕좌왕했다. 그런데 공융의 두 아들은 태연자약하게
바둑을 두며 신경 쓰지 않는 모습이었다. 집안사람들은 아직 어린
애라 어떤 상황인지 모른다며 얼른 도망치라고 권했다. 그러나 두
아들은 아무렇지 않다는 듯, "새 둥지가 뒤집혔는데 알이 온전할
수 있겠습니까?"라고 대꾸했다. 두 아들은 아버지와 함께 조용히
잡혀갔다. 공융과 두 아들 모습 뒤로 모래알처럼 흩어지고 있는
우리 가정과 가족의 모습이 겹친다. '복소무완란'覆巢無完卵은 가족
에게 재앙이 몰아치면 누구도 피할 수 없음을 비유하는 성어이다.

경보가 죽지 않으면
노나라의 난리는 끝나지 않는다.

慶父不死, 魯難未已（경보불사, 노난미이）

기원전 662년 노나라 장공이 죽고 공자 반般이 국군이 되었다. 그러나 탐욕스럽고 잔인한 권력욕의 화신 경보慶父 때문에 두 달이 채 못 되어 피살되었다. 경보는 민공을 즉위시켰지만 내란의 주범인 경보에 대한 백성의 불만은 극에 달했다. 당시 제나라 환공은 관중과 포숙의 도움을 받아 나라를 부국강병으로 이끌어 중원의 패주가 되었다. 환공은 노나라 내란에 관심을 갖고 대부 중손추仲孫湫를 보내 상황을 파악하게 했다. 귀국한 중손추는 "경보를 제거하지 않는 한 노나라의 재난은 그치지 않을 것입니다."라고 상황을 정확하게 보고했다. 과연 경보는 민공마저 살해했다. 상황이 여의치 않자 경보는 거나라로 도망쳤다. 희공이 즉위한 뒤 노나라에서는 거나라에 경보를 돌려보내 달라고 요구했고, 경보는 귀국하던 중 자살했다. 화근이 될 것 같으면 그 불씨까지 완전히 확실하게 제거해야지 눈에 보이는 급한 불만 꺼서는 안 된다. 측근 정치에 의존하는 리더는 경보의 사례를 경고로 받아들여야 할 것이다. 그 측근이 권세를 믿고 설치면 조직 전체가 불안해지기 때문이다.

남의 말만 듣고 코를 꿰다.

聽人穿鼻(청인천비)

493년 남조 제나라 무제가 죽자 그 손자 소소업蕭昭業이 뒤를 이었고, 무제의 유언에 따라 이부상서 서효사徐孝嗣가 새 군주를 보좌하며 조정을 이끌었다. 일 년 뒤 소란蕭鸞은 황제 찬탈의 음모를 꾸미면서 서효사의 지지가 꼭 필요하다고 판단하여 도움을 청했다. 서효사는 반대하지 않았다. 서효사의 친구 악예樂豫가 이를 알고는 서효사를 책망했다. 하지만 서효사는 소란이 무서워 악예의 말을 듣지 않고 끝내 소란의 반란에 편을 들었다. 거사하는 날 대장군 소심蕭諶이 궁중에 진입한 후 소란이 서효사 등의 수행을 받으며 입궁했다. 소소업은 놀라서 부들부들 떨다가 결국은 소심 등에게 목이 졸려 죽었다.

장홍책은 이 사건을 논평하면서 서효사가 대들보나 주춧돌 같은 인재가 되지 못하고, 코를 꿴 채 끌려가는 소처럼 남의 말만 듣는 자일 뿐이라고 일침을 놓았다. 모든 권력에는 견제가 필요하다. 특히 권력층 내부에서 건전한 상호 견제가 이루어진다면 가장 바람직하다. 이것이 이루어지지 않으면 특정한 권신이 설치게 되고, 권력은 부패하고 타락할 수밖에 없다.

계수나무 가지를 꺾다.

折桂(절계)

극선郤詵은 진晉나라 무제 때 사람이다. 무제가 천하에 유능한 인재를 추천받아 선발하라는 구현령求賢令을 내리자 극선은 시국 대책을 논한 글을 제출했고, 이 글로 주목을 받아 의랑이란 벼슬을 받았다. 능력을 발휘해 승진을 거듭한 그는 마침내 옹주자사에 임명되었다. 자사로 부임하기에 앞서 무제는 술자리를 베풀어 극선에게 농반진반으로 "경은 자신을 어떻다고 생각하시오?"라고 물었다. 극선은 "신이 대책으로 선발된 것은 계수나무 숲에서 계수나무 가지 하나를 꺾은 것에 지나지 않고, 곤륜산 아래에서 옥석 하나를 얻은 것에 불과합니다."라고 응수했다. 무제는 웃었다. 그런데 곁에 있던 시중 하나가 극선이 조정이 베푼 은혜를 경멸한다며 당장 관직을 박탈해야 한다고 열을 올렸다. 그러자 무제는 "내가 극선과 농담을 주고받은 것뿐인데 왜 그렇게 호들갑인가."라고 나무랐다. 자사로 부임한 극선은 엄격한 법 집행과 과감한 정책으로 크게 위신을 세우고 백성의 사랑을 듬뿍 받았다. 극선이 말한 '계수나무 가지 하나를 꺾다.'에서 '절계'折桂라는 단어가 나왔고, 이는 훗날 고시 급제를 비유하는 성어가 되었다. 극선의 호기가 묻어나는 재미난 성어이다.

닭 우는 소리를 듣고 일어나 검술을 연마하다.

聞鷄起舞(문계기무)

진나라 사람 조적祖逖은 어렸을 때는 공부를 게을리했지만 청년이 되면서 지식의 빈곤을 절감하고 분발하여 공부했다. 그 뒤 유곤劉琨과 함께 벼슬을 하면서 침식을 같이할 정도로 깊은 우정을 나누었다. 두 사람은 나라를 위한 기둥이 되어 큰 공을 세우겠다는 원대한 이상도 함께 품었다. 어느 날 밤, 조적이 꿈에서 수탉이 우는 소리를 듣고는 잠에서 깼다. 조적은 곤히 자고 있는 유곤을 깨워 "남들은 한밤중에 닭 울음소리를 들으면 불길하다고 하는데 나는 그렇게 생각하지 않네. 앞으로 닭이 울면 일어나 함께 검술을 연마하는 게 어떨까?"라고 말했다. 유곤은 흔쾌히 동의했고, 두 사람은 매일 닭이 울면 일어나 검술을 닦았다. 두 사람은 비가 오나 눈이 오나 함께 문무를 갈고닦아 서로 약속하고 꿈꾼 대로 나라의 동량이 되었다. '문계기무'聞鷄起舞는 뜻을 가진 인재가 때맞추어 분발하여 각고의 노력을 다하는 것을 묘사한 성어이다.

말 한마디가 무겁고 백금은 가볍다.

一言爲重百金輕（일언위중백금경）

개혁가 왕안석의 시에 나오는 한 구절이다. 왕안석은 신종 때 재상이 되어 대대적인 개혁에 나섰지만 특권 수구 세력의 저항에 부딪혀 성공하지 못했다. 자리에서 물러난 왕안석은 글을 지어 시류의 폐단을 폭로하고 자신의 포부를 거듭 밝혔다. 그는 「상앙」이라는 칠언시를 통해 상앙商鞅이 개혁에 앞서 백성의 신뢰를 얻은 점을 강조했다.

상앙은 성 남문에다 석 장 높이의 나무 기둥을 세워 놓고 북문으로 옮기는 사람에게 금 이백 냥을 주겠다고 했다. 사람들이 믿지 않자 상앙은 상금을 천 냥으로 올렸고, 기둥을 옮긴 한 젊은이에게 그 자리에서 상금을 주었다. 이 일로 백성이 상앙의 개혁법을 믿고 따르게 되었다. 여기서 '입목득신'立木得信이란 천고의 유명한 성어가 탄생했다. 왕안석은 이 사례를 빌려 자신의 개혁 의지를 나타냈다.

개혁이든 정책이든 인간관계이든 모든 일의 시작은 상호 신뢰로부터 출발하는 것이다. 백성을 믿지 못하는 위정자는 끊임없이 적을 만들어 내고, 심지어 가상의 적까지 만들어 백성을 공격한다. 실패한 위정자의 일관된 공통점이다.

용문에 한번 오르니
몸값이 열 배로 뛰는구나.

一登龍門, 身價十倍 (일등용문, 신가십배)

대시인 이백은 스물다섯 살에 고향을 떠나 각지를 전전했다. 남다른 재능과 큰 포부를 가졌지만 마땅한 추천자를 만나지 못해 서른이 넘도록 벼슬에 나아가지 못했다. 당시 형주장사로 있던 한조종韓朝宗은 후진을 많이 추천하여 명망이 높았다. 이백은 형주를 여행하던 차에 그에게 편지를 보내 자신을 도와주길 청하면서 이렇게 썼다. "제가 듣기에 태어나 만호후에 봉해지진 못하더라도 한 형주(한조종)의 눈에 들길 바란다고 하더군요. …… 많은 인재가 당신의 문하로 달려가 일단 추천을 받으면 마치 잉어가 용문에 오르듯 몸값이 열 배로 뛴다더군요."

용문은 산서성과 섬서성을 가르는 황하의 일단으로 이곳의 거센 물살을 거슬러 올라 용문에 이르면 잉어가 용으로 변한다는 전설이 전한다. 위대한 역사학자 사마천도 자신이 용문에서 태어났다고 술회했다. 이 성어는 그 후 어느 순간 기회를 만나 두각을 나타내면 그 가치가 크게 오른다는 뜻으로 정착했다.

막수

莫愁(막수)

'막수'莫愁는 묘한 단어이다. 글자의 뜻을 풀이하자면 '근심하지 마라.' 혹은 '근심 없다.' 정도가 되겠지만 뭔가 부족하고 아쉽다. 여성의 이름으로서 '막수'는 석성의 막수와 낙양의 막수가 있었다. 『구당서』에는 "'막수악'莫愁樂은 '석성악'石城樂에서 나왔다. 석성에 막수라는 여자가 있어 가요를 잘했다. …… 그 가사는 '막수는 어디 있나? 막수는 석성石城의 서쪽.'"이라는 대목이 보인다. 여기서 말하는 석성은 호북성 종상현 서쪽에 있는 막수촌이다. 이로부터 막수는 아름다운 부인의 대명사가 되었다. 낙양 막수는 남조 시대 양나라 황제 무제의 시에 등장하는데 노씨盧氏 집안으로 시집갔다 해서 '노가부'盧家婦로도 불렸다. 역시 아름다운 부인을 가리키는 단어로 정착했다.

무협소설가 김용金庸의 『신조협려』神鵰俠侶에 보면 '이막수'李莫愁라는 여인이 등장하는데 실연失戀 탓에 아주 잔인하게 변한 캐릭터로 소설의 흥미를 더해 준다. 어느 쪽이든 막수는 아름다운, 하지만 묘한 매력의 분위기가 넘치는 원숙한 여성의 대명사로 보면 될 성싶다.

대가

大家 (대가)

어느 한 분야에서 큰 성취를 이룬 사람을 그 분야의 '대가'大家라 부른다. 현대 중국어로 대가는 '다자'dàjiā로 발음하며 '여러분'이라는 뜻을 지닌다. 상대에 대한 존중의 의미가 들어 있는 표현이다. 그런데 단어의 어원을 조금 더 깊이 캐고 들면 '여러분'이란 뜻과는 전혀 다른 의미의 '대가'를 만나게 된다.

동한 시대를 대표하는 여성을 들라면 거의 예외 없이 반소班昭를 꼽는다. 반소는『한서』를 남긴 반고의 여동생으로, 반고가『한서』를 끝내지 못하고 죽자 화제의 명으로 '표'表와 '천문지'天文志를 완성하여『한서』편찬을 마무리한 당대 최고의 지식인이기도 했다. 그녀는 황제의 부름을 받아 수시로 황궁을 출입하면서 황후를 비롯한 궁중 여인네들을 가르쳤는데, 황후 등은 이런 그녀를 '대가'大家라 불렀다. 스승에 대한 극존칭이었던 셈이다. '家'(가)는 '고'姑로도 읽기 때문에 '대고'大姑로도 썼다. 군이 뜻을 풀이하자면 '대단한 여성' 정도가 된다. 이 단어는 그 후 박학다식하고 대의를 깊게 바로 알고 있는 여성을 비유하게 되었다. 바야흐로 '대가'의 시대가 도래하고 있다.

얼음을 마시는 집

飲氷室(음빙실)

'음빙'飲氷은 『장자』에 보이는 특이한 단어이다. "그런데 제가 아침에는 (사신이 되라는) 명령을 받았는데, 지금 저녁에는 얼음을 마실 판입니다. 제 내장이 뜨거워졌기 때문일까요?" 이 아리송한 대목에 대해 당나라 때 사람 성현영成玄英은 "아침에 임금의 명을 받고 저녁에 얼음을 마신다 하니 마음이 얼마나 초조하고 두려운가를 잘 보여 준다."라고 해석했다. 훗날 '음빙'은 대체로 두려워하고 걱정하는 마음을 비유하는 단어로 사용되었다.

중국 근현대의 걸출한 사상가이자 개혁가로서 유신변법을 주동했던 양계초梁啓超는 만년에 천진에 기거하면서 자신의 서재 이름을 『장자』의 이 대목을 따서 '음빙실'飲氷室이라 했다. 변법에 실패하고 관료 생활에서도 성공하지 못한 자기 일생에 대한 자조自嘲의 의미가 없진 않지만, 평생 사회와 백성에 대해 걱정하면서 지식인으로서 무한한 책임을 강조했던 그의 고결한 성품을 잘 반영하는 이름이기도 하다는 생각이 든다. 아홉이나 되는 그의 자녀가 중국 근현대사에 큰 족적을 남기는 인재로 성장할 수 있었던 것도 양계초의 이런 '노심초사'勞心焦思의 결과가 아닐까.

오늘 아침 술이 있으면 오늘 아침 취한다.

今朝有酒今朝醉(금조유주금조취)

당나라 시인 나은羅隱의 시 구절이다. 나은은 나름의 큰 뜻을 품고 고군분투 공부했으나 포부를 펼칠 기회를 끝내 얻지 못했다. 두 차례 과거에도 떨어졌다. 나은은 더 이상 공명을 추구하는 것은 허망하다고 생각하여 고향인 절강 여항으로 은거할 준비를 했다. 이름도 '횡'橫에서 '은'隱으로 바꾸고 강호를 떠났다. 자기 몸 하나라도 깨끗하게 지키고 싶었다.

이 시 구절은 나은의 이런 소극적이고 비관적인 심경의 한 단면을 나타낸다. 이러지도 저러지도 못하는 자신의 처지를 한숨으로 털어 내며 세속을 피하려 한 그의 정서는 후대 지식인에게 적지 않은 영향을 주었다. 이 대목에 이어 나은은 "내일 근심일랑 내일이 오면 근심하자."明日愁來明日愁라고 읊조린다.

지금 우리 사회에 나은과 같은 심경으로 사는 사람이 적지 않을 것 같다. 세태가 인재를 내친다. '오늘 아침 술이 있으면 오늘 아침 취한다.'는 몰락한 생활과 소극적이고 퇴폐적인 정서를 나타내며, 때로는 눈앞의 향락만 추구하는 사람을 비유하기도 한다.

호랑이를 위해 창귀가 되다.

爲虎作倀(위호작창)

송나라 때 사람 이염李揀 등이 편찬한 역대 설화집 『태평광기』에 나오는 이야기다. 굶주린 호랑이가 산속에서 사람을 만나 잡아먹었다. 잡아먹힌 사람의 귀신은 호랑이 몸에서 빠져나가질 못했다. 다른 사람을 호랑이에게 바쳐 잡아먹게 하고 그 사람의 몸을 빌려야만 호랑이 몸에서 나갈 수 있었다. 귀신은 호랑이의 앞잡이가 되어 호랑이가 다른 사람을 찾는 것을 도왔다. 다른 사람을 찾아낸 귀신은 한시라도 빨리 호랑이 몸에서 빠져나가고 싶어 잡힌 사람의 허리띠를 풀고 옷을 벗겨 호랑이가 먹기 편하게 대령했다.

이렇게 호랑이가 사람을 잡아먹는 것을 돕는 귀신을 '창귀'倀鬼라 불렀고, 이 이야기에서 '위호작창'爲虎作倀이란 성어가 탄생했다. '위호작창'은 호랑이를 돕는 창귀를 뜻하지만 악한 사람의 앞잡이가 되어 그자를 대신해 나쁜 짓을 일삼는 것을 비유한다. 우리 주위를 살펴보면 '창귀'가 창궐猖獗하고 있는 동네가 많다. 백성이 잡아먹히고 있다는 말이다.

새끼 뱀일 때 없애지 않으면
큰 뱀이 되어서는 어찌할 수가 없다.

爲虺弗摧, 爲蛇若何 (위훼불최, 위사약하)

춘추 시대 후기에 오와 월 두 나라의 쟁패가 시작될 무렵 월나라의 힘은 오나라에 비해 많이 달렸다. 이에 월왕 구천句踐은 오나라에 화의를 요청하여 오나라의 공격을 늦추고자 했다. 마침 제나라를 공격하여 중원 진출이라는 큰 야망을 이루려던 부차夫差는 후방의 위협인 월나라가 마침 강화를 요청해 왔다며 이를 받아들이려 했다. 오자서는 월나라의 의도를 간파하고는 화의에 강력하게 반대했다. 오자서는 "우리에게 싸워 이길 수 있는 힘이 아직 있을 때 바짝 조여야 합니다. 뱀은 새끼일 때 없애지 않고 다 크길 기다렸다간 어찌할 수가 없습니다."라고 했다. 부차는 오자서의 충고를 듣지 않았고, 오나라는 결국 월나라에 망했다. 이에 앞서 오자서는 오나라의 멸망을 저주와 함께 예언하면서 스스로 목숨을 끊었다.

존망이 걸린 중차대한 상황에서 정확한 형세 판단은 결정적인 작용을 한다. 자신의 공명과 화려한 명성을 위해 배후의 적이나 상대를 무시하거나 얕보다가는 큰 낭패를 본다. 적이 약할 때 없애지 않으면 반드시 후환이 된다는 것을 비유하는 말이다.

잉어 한 쌍

雙鯉 (쌍리)

원나라 때 사람 좌극명左克明이 펴낸 『고악부』에 이런 시가 보인다. "멀리서 오신 손님, 잉어 두 마리를 내게 남겼네. 동자를 불러 잉어 삶게 했더니, 배 속에 한 자가량 천에 쓴 편지가 들었네." 친구가 잉어를 한 쌍 보냈기에 배를 갈라 보니 천에 쓴 편지가 들어 있더라는 이야기에서 비롯된 시인데, 명나라 때 편찬된 『단연총록』丹鉛總錄에는 배 속에 편지를 넣은 것이 아니라 흰 천을 마치 두 마리 잉어처럼 묶어 편지를 봉했다고 기록되어 있다. 또 옛날 시에서는 '잉어를 삶다.'라는 표현도 진짜 배를 갈라 삶은 것이 아니라 편지를 뜯어본다는 뜻이라 한다.

이렇게 해서 '쌍리'雙鯉 또는 '쌍어'雙魚는 편지의 별칭이 되었다. 또 이 고사를 한나라 때 흉노로 끌려간 소무蘇武가 '기러기 발에 편지를 묶어 전한'雁足傳書 고사와 연계하여 '어안'魚雁을 편지의 별명으로 삼기도 했는데, 여기서 '어장안족'魚腸雁足, '안봉어소'雁封魚素, '어안침부'魚雁沈浮 등과 같은 성어가 파생되어 나왔다.

제비 두 마리가 편지를 전하다.

雙燕傳書(쌍연전서)

『개원천보유사』는 오대 시대 왕인유王仁裕가 펴낸 책으로「전서연」에 보면 이런 이야기가 전한다. 당나라 때 장안에 소란紹蘭이란 젊은 부인이 있었다. 남편은 장사꾼으로 형주에 거래가 있어 떠났는데 몇 년이 지나도록 소식이 없었다. 하루는 소란이 쓸쓸한 심정으로 문에 기대어 밖을 내다보고 있는데 처마 밑으로 한 쌍의 제비가 조잘거리며 쉬고 있었다. 소란은 자기도 모르게 "제비야! 너희는 남해에서 왔다지? 돌아가는 길에 형주를 지날 터인데 귀찮겠지만 몇 년 동안 소식 없는 내 남편에게 편지 좀 전해 주렴."이라고 말했다. 그랬더니 그중 한 마리가 날아와 소란의 무릎에 앉았다. 소란은 천에다 한 수의 시를 써서 제비 다리에 싼 다음 붉은 실로 잘 묶어 날려 보냈다. 한편 형주에 있던 남편은 어느 날 자기 머리 위를 뱅글뱅글 도는 제비 한 쌍을 보게 되었다. 그러다 한 마리가 남편의 어깨 위에 앉았다. 제비 발에 묶인 편지를 발견하고 읽은 남편은 눈물을 흘리며 짐을 꾸려 집으로 돌아갔다. '쌍연전서'雙燕傳書는 이렇게 해서 '소식을 전한다.'라는 뜻의 성어가 되었다.

천 리 밖에서 사람을 막다.

拒人於千里之外 (거인어천리지외)

전국 시대 노나라 평공이 맹자의 제자 악정자樂正子에게 국정을 맡기려 하자 맹자가 매우 기뻐했다. 맹자의 또 다른 제자인 공손추 公孫丑는 자기만 못한 악정자가 노나라 국정을 맡는다는 사실이 불편하여 맹자에게 실력, 문제 파악 능력, 견문과 식견 등에서 자기와 악정자 중 누가 더 나으냐고 물었다. 맹자는 공손추가 낫다고 대답했다. 공손추는 "그런데 어째서 그렇게 기뻐하십니까?"라고 항의했다. 이에 맹자는 미소를 지으며 이렇게 대답했다. "악정자의 최대 장점은 대인 관계가 좋다는 것이다. 이는 천하의 어떤 일보다 중요하다. 대인 관계가 좋으면 사해의 모든 사람이 주변으로 모여 다양하고 좋은 의견을 제기한다. 반면 그렇지 못하고 자기만 옳다고 생각하는 사람은 오만한 목소리와 표정으로 천 리 밖에서 사람을 거부하고, 누가 뭐라 해도 정색을 하며 '내가 일찌감치 알고 있었다.'라고 말한다. 그래서야 어떻게 좋은 의견을 들을 수 있으며, 나라를 제대로 다스릴 수 있겠느냐?" 공손추는 그제야 맹자의 뜻을 알아들었다. 이 성어는 사람을 가까이하지 않으려는 극히 오만한 태도나 남의 의견을 듣지 않으려는 고집불통의 자세를 비꼬는 말이다.

봄바람은 모든 사람에게 불고,
여름비는 모두를 적신다.

春風風人, 夏雨雨人 (춘풍풍인, 하우우인)

춘추 시대 양나라 재상 맹간자孟簡子가 죄를 짓고 제나라로 도망쳤다. 맹간자를 맞이한 제나라 재상 관중은 맹간자의 형편없는 몰골과 단 세 명에 불과한 수행원에 깜짝 놀랐다. "양나라 재상으로 계실 때 식객이 셋뿐이었습니까?" "삼천이 넘었지요." "이 세 사람은 왜 당신을 떠나지 않았습니까?" 맹간자가 세 사람을 쳐다보며 이렇게 말했다. "이 사람은 아버지가 돌아가셨을 때 장례비가 없기에 제가 대신 치러 주었고, 이 사람은 어머니가 돌아가셨는데 장례를 치를 수 없기에 제가 도왔고, 이 사람은 형님이 감옥에 있었는데 제가 꺼내 주었습니다. 그래서 저를 따른 것입니다."
이 말에 관중은 만감이 교차했다. 집으로 돌아가면서 혼잣말로 "맹간자를 보니 내 앞날을 생각하게 되는구나. 내 앞날은 그만도 못할 것 같구나. 나는 봄바람처럼 모든 사람에게 불어 주지 못했고, 여름비처럼 모두를 적셔 주지 못했다."라고 중얼거렸다. 이 성어는 남을 도우면 그들도 보답한다는 것을 비유하는 성어이다. 그러기 위해서는 보답을 바라기에 앞서 베풀어야 한다.

겉만 그럴듯하고 속은 비어 있다.

虛有其表(허유기표)

당나라 때 역사와 인물을 독특한 방식으로 소개하는 『명황잡록』은 정처회鄭處誨의 작품이다. 이 성어는 여기에 나오는 일화에서 비롯되었다. 현종이 소정蘇頲의 재능을 아껴 그를 재상으로 삼고자 중서사인 초숭肖崇에게 조서를 작성하게 했다. 초숭은 재빨리 조서를 작성했다. 초숭이 올린 조서를 본 현종은 그중에 '나라의 보배'란 뜻의 '국지괴보'國之瑰寶란 구절이 아주 마음에 걸렸다. 소정에 대한 칭찬이었지만 소정의 아버지 이름에 '괴'瑰 자가 들어 있었기 때문이다. 현종은 다시 쓰게 했다. 황제의 심기를 불편하게 만들었다고 생각한 초숭은 두려운 나머지 식은땀을 흘리며 반나절이 지나도록 한 글자도 써내지 못했다. 나중에 현종이 보니 '국지괴보'를 '국지진보'國之珍寶로 바꾸었을 뿐이었다. 크게 실망한 현종은 초숭이 물러가자 조서를 땅바닥에 내던지며 "정말이지 겉만 그럴듯하고 속은 비었구나." 하며 성을 냈다. 원래 초숭은 잘생긴 미남자였다. 그런데 글은 제대로 써내지 못하자 현종은 그를 '허유기표'虛有其表라고 비꼰 것이다. 지금 이런 자가 우리 주변에 너무 많아서 문제다.

내 침대 옆에서
다른 사람이 코 골며 자는 꼴을
용납할 수 있겠는가?

臥榻之側, 豈容他人鼾睡 (와탑지측, 기용타인한수)

송나라 때 사람 악가岳珂가 편찬한 『정사』에 나오는 이야기다. 960년 후주의 대장 조광윤趙匡胤은 진교에서 쿠데타를 일으켜 송나라를 세웠다. 하지만 완전한 천하통일까지는 험난한 길이었다. 974년 가을, 조광윤은 대신을 보내 아직 항복하지 않고 있는 남당의 후주 이욱李煜에게 송나라의 수도 변경으로 인사를 드리러 오라고 했다. 갔다가 억류당할 일이 겁이 난 이욱은 병을 핑계로 가지 않았고, 조광윤은 이를 구실로 남당 정벌에 나섰다. 이욱은 방어에 나서는 한편 외교사령에 능숙한 서현徐鉉을 보내 공격 중지를 설득하게 했다.

조광윤을 만난 서현은 "작은 나라가 큰 나라를 받드는 것은 아들이 부모를 봉양하는 것과 같거늘 아무런 죄도 없는데 어째서 토벌에 나선 것입니까?"라며 조목조목 따지고 들었다. 조광윤은 뭐라 할 말이 없었다. 이윽고 조광윤은 단도직입적으로 "여러 말 필요 없다. 강남(남당)에 무슨 죄가 있겠는가만 자고이래로 천하가 한 집이거늘 내가 잠자는 침대 옆에서 다른 사람이 코를 골며 자는 것을 용납할 수 있겠는가?"라는 말로 일축했다. 자신의 세력 범위를 남이 침범하게 할 수 없다는 재미난 비유다.

처음이 있으면 끝이 있다.

有始有終 (유시유종)

모든 일에는 처음이 있다. 하지만 끝이 없는 경우가 있다. 일을 마무리하지 못하거나 않기 때문이다. 항우는 무엇이든 끝까지 배우지 못하는 습성이 있었다. 이 때문에 결국 유방에게 역전패했다. 끝을 볼 줄 몰랐기 때문에 재기하려는 생각조차 하지 않았다. 시작은 창대하였으나 끝은 미미했던 것이다.

일을 시작했으면 처음 자세를 끝까지 견지하여 좋든 나쁘든 크든 작든 결과를 낼 줄 알아야 한다. 그래야 다음 일에 착수할 기반을 갖출 수 있다. 물론 시작이 좋아야 한다. 그래서 선시선종善始善終이란 말이 나왔고, 아름다운 죽음을 선종善終이라고 하는 것이다. 시작이 좋으면 끝이 좋다는 뜻이기도 하지만, 시작을 제대로 잘해야 마무리를 잘 끝낼 수 있다는 뜻에 더 가깝다. 『논어』에는 이와 같은 뜻으로 '유시유졸'有始有卒이란 표현이 있다. 시작만 있고 끝이 없는 것은 '유시무종'有始無終이라 한다. 무엇보다 시작에 이어지는 과정이 반듯해야 한다. 시작은 잘해 놓고 오만과 독선에 빠져 과정을 망쳐 버리면 끝은 보나마나다. 좋은 결과와 마무리는 초발심初發心을 유지하는 자세와 과정에 대한 세심한 배려로 결정된다.

명구 찾아보기

무치즉무소불위(無恥則無所不爲) → [8 · 7]

무편무당, 왕도탕탕(毋偏毋黨, 王道蕩蕩) → [5 · 11]

묵돌불검(墨突不黔) → [8 · 31]

문계기무(聞鷄起舞) → [12 · 16]

문과즉희(聞過則喜) → [9 · 14]

문방사보(文房四寶) → [2 · 2]

문인상경(文人相輕) → [4 · 1]

물필선부야, 이후충생지(物必先腐也, 而後蟲生之) → [6 · 15]

미생지신(尾生之信) → [4 · 16]

반계(磻溪) → [6 · 22]

반문농부(班門弄斧) → [8 · 26]

방서(謗書) → [5 · 3]

백감교집(百感交集) → [12 · 4]

백마생(白馬生) → [2 · 18]

백병생어기(百病生於氣) → [2 · 28]

백인예지불가밀(百人譽之不可密) → [6 · 5]

백인지필사, 현우만인지필배(百人之必死, 賢于萬人之必北) → [2 · 8]

백천학해이지어해(百川學海而至於海) → [2 · 16]

법령생이불번(法令省而不繁) → [1 · 13]

변고유진, 편민유리(變古愈盡, 便民愈利) → [11 · 9]

변통혁폐, 여시의지(變通革弊, 與時宜之) → [5 · 14]

별이청지즉우(別而聽之則愚) → [11 · 12]

병지승패, 본재어정(兵之勝敗, 本在於政) → [5 · 21]

복미불칭, 필이악종(服美不稱, 必以惡終) → [2 · 5]

복비지분, 심어지척(腹誹之憤, 甚於指斥) → [8 · 8]

복소무완란(覆巢無完卵) → [12 · 12]

복수난수(覆水難收) → [4 · 24]

봉복대소(捧腹大笑) → [8 · 29]

봉요(蜂腰) → [2 · 21]

부국선생(負局先生) → [5 · 9]

부복장주(剖腹藏珠) → [9 · 29]

부신독서(負薪讀書) → [6 · 18]

부이교지, 인의이지흥(富而敎之, 仁義以之興) → [6 · 7]

부재불여의다(富財不如義多) → [8 · 9]

분향(分香) → [5 · 4]

불감당(不敢當) → [6 · 4]

불감월뇌지일보(不敢越雷池一步) → [12 · 6]

불괴우인, 불외우천(不愧于人, 不畏于天) → [10 · 15]

불성인사(不省人事) → [3 · 26]

불여귀(不如歸) → [10 · 18]

불타불성상식(不打不成相識) → [12 · 5]

불통치란, 불가이어변(不通治亂, 不可以語變) → [10 · 1]

붕당(朋黨) → [7 · 26]

붕비위간(朋比爲奸) → [4 · 29]

붕이불심, 면붕야. 우이불심, 면우야(朋而不心, 面朋也. 友而不心, 面友也)

  → [4 · 4]

비어선자, 자진지계(比於善者, 自進之階) → [5 · 12]

빈축(嚬蹙) → [3 · 21]

빙탄불언, 이냉열지질자명(氷炭不言, 而冷熱之質自明) → [5 · 20]

선치인자, 능자치자야(善治人者, 能自治者也) → [10 · 16]

성문실화, 앙급지어(城門失火, 殃及池魚) → [12 · 7]

세여파죽(勢如破竹) → [9 · 12]

세요(細腰) → [7 · 7]

세이(洗耳) → [3 · 7]

소면조천(素面朝天) → [9 · 23]

소비하청(笑比河淸) → [9 · 27]

소인매습군자지단, 군자불기소인지장

  (小人每拾君子之短, 君子不棄小人之長) → [1 · 29]

수도보법(修道保法) → [4 · 8]

수성수능류, 부도즉불통(水性雖能流, 不導則不通) → [10 · 5]

수적석천(水滴石穿) → [9 · 13]

숙맥불변(菽麥不辨) → [6 · 29]

슬하(膝下) → [6 · 25]

습비성시(習非成是) → [3 · 22]

습속이지, 안구이질(習俗移志, 安久移質) → [4 · 13]

시간(尸諫) → [2 · 13]

시간(屍諫) → [2 · 13]

시발불가부반(矢發不可復反) → [4 · 12]

시부지, 불가강생. 사불구, 불가강성(時不至, 不可强生. 事不究, 不可强成)

  → [1 · 16]

시수(詩囚) → [10 · 22]

시시무형화, 화시유형시(詩是無形畵, 畵是有形詩) → [7 · 18]

시약불여시방(施藥不如施方) → [4 · 7]

시언의, 가장언, 성의영, 율화성(詩言意, 歌長言, 聲依永, 律和聲) → [1 · 4]

하루 명언 공부
: 내 삶에 지혜와 통찰을 주는 명언명구 365

2013년 12월 24일   초판 1쇄 발행
2024년 1월 14일   개정판 2쇄 발행

지은이
김영수

펴낸이	**펴낸곳**	**등록**
조성웅	도서출판 유유	제406-2010-000032호(2010년 4월 2일)

주소
경기도 파주시 돌곶이길 180-38, 2층 (우편번호 10881)

전화	**팩스**	**홈페이지**	**전자우편**
031-946-6869	0303-3444-4645	uupress.co.kr	uupress@gmail.com

	페이스북	**트위터**	**인스타그램**
	facebook.com	twitter.com	instagram.com
	/uupress	/uu_press	/uupress

편집	**디자인**	**마케팅**
이경민	이기준	전민영

제작	**인쇄**	**제책**	**물류**
제이오	(주)민언프린텍	다온바인텍	책과일터

ISBN 979-11-89683-30-6 03150